国家社会科学基金一般项目（项目编号：14BJL062）研究成果

基于结构转型、时空质均衡演化的新型城镇化质量提升研究

胡　星◎著

Research on the Quality Improvement of New Urbanization Based on Structural Transformation and Spatial-Temporal-Quality Equilibrium Evolution

经济管理出版社
ECONOMY & MANAGEMENT PUBLISHING HOUSE

图书在版编目（CIP）数据

基于结构转型、时空质均衡演化的新型城镇化质量提升研究 / 胡星著 . —北京：经济管理出版社，2020. 4

ISBN 978-7-5096-7060-6

Ⅰ . ①基… Ⅱ . ①胡… Ⅲ . ①城市化—研究—中国 Ⅳ . ① F299.21

中国版本图书馆 CIP 数据核字（2020）第 051162 号

组稿编辑：韩　峰
责任编辑：李红贤
责任印制：黄章平
责任校对：王淑卿

出版发行：经济管理出版社
（北京市海淀区北蜂窝 8 号中雅大厦 A 座 11 层　100038）
网　　址：www.E-mp.com.cn
电　　话：（010）51915602
印　　刷：三河市延风印装有限公司
经　　销：新华书店
开　　本：710mm×1000mm/16
印　　张：15.75
字　　数：256 千字
版　　次：2020 年 4 月第 1 版　2020 年 4 月第 1 次印刷
书　　号：ISBN 978-7-5096-7060-6
定　　价：68.00 元

前　言

Preface

新型城镇化是我国经济社会发展的重大战略，也是一项庞大复杂的系统工程。推进城镇化由传统粗放的发展模式向新型城镇化模式转变，是一项艰巨的历史任务。与传统城镇化相比，新型城镇化更强调内在质量和效益的全面提高，注重由偏重数量规模增加向注重内涵提升转变。传统的城镇化模式由于结构失衡和发展不充分等一系列深层次矛盾，如人口城镇化与土地城镇化不匹配、工业化与城镇化不协调、发展模式粗放、大中小城市发展不协调、高成本、低效率等问题，从而导致城镇化质量不高，也使未来的城镇化之路面临严峻挑战。我国已进入新时代，而新时代的基本特征和根本性的发展目标就是实现经济的高质量发展。适应新发展理念的要求，新时期新型城镇化的发展就是要把全面提高城镇化的质量作为核心和关键。这对于促进我国经济社会结构转型和区域协调发展、经济由高速度增长向高质量发展转型，以及全面建成小康社会等，都具有重要的理论意义和现实意义。

本书在对国内外相关研究文献进行综述的基础上，从以下几个层面展开研究：第一，从发展经济学、城市经济学、新兴古典经济学、新经济地理学以及空间经济学、区域经济学等多学科角度对国内外城镇化质量相关理论研究进行系统回顾与梳理。第二，以演化经济学的视角重新构建一个新型城镇化理论分析框架，根据其演化机理进一步揭示新型城镇化动态演化规律与特征，并提出一个动态演化模型。第三，对新型城镇化及城镇化质量等内涵与特征进行界定，揭示新时期新型城镇化的本质特征，对新型城镇化的动力机制进行分析，对城镇化与经济发展的内在关系进行论证并着重从产业结构层面进行相关检验和空间差异分析。第四，对中国传统城镇化模式带来的各种结构失衡问题进行剖析，并用耦合协调度模型进行进一步计量检验和时空差异分析。第五，重新构建一个包含6个子系统、15个准则层、47项具体指标的新型城镇化发展质量评价指标体系，并在全国31个省（自治区、直辖市）的层面进行城镇化质量测度和空间差异分析。第六，对新型城镇化进程中土地利用效率和城市规模的影响关系、新型城镇化的经济—人口—空间三个要素的耦合协调度进行计量分析和检验并据此得出相应结论。第七，依据理论分析和定量分析结果，提出新型城镇化质量提升必须进行经济、社会和空间三大结构转型，土地和户籍两大制度转型，以及时间、空间和质态三个维度的同步推进和均衡演化。第八，提出城镇化转型发展的路径和机制，即创新驱动、协调推进、市场主导、内生发展。第九，根据新型城镇化各子系统的定量分析和综合评价，进一步提出提升城镇化质量、推进新型城镇化协调发展的六大战略措施，即注重人的城镇化、推进产城融合互动、促进城乡融合发展、优化区域空间结构、完善社会治理结构、构建金融支撑体系。第十，对河南省部分市县（区）新型城镇化实践探索的案例进行研究。在上述研究内容的基础上，笔者进行了课题研究总结并从六个方面提出了未来研究方向。

本书的研究特点或主要创新点在于：从理论和学术上看，一是将演化经济学纳入新型城镇化的分析框架体系中，用动态的、演化的方法看待新型城镇化发展过程，并构建了一个新的动态演化模型作为新型城镇化研究的理论框架，为新型城镇化质量的研究提供了一个理论视角；二是着重从经济、空间、社会三大结构转型和时间、空间、质态三个维度均衡演化的角度探讨新型城镇化质量提升的发展路径，试图在更深层次上进行理论提炼。从现实应用上看，通过结构失衡分析和相关实证检验，可以更加全面地评价中国城镇化的水平和质量，全面了解并从更深层次上分析中国城镇化所处的发展阶段和目前的发展态势。从研究内容上看，将新型城镇化战略与城乡融合、乡村振兴、精准扶贫战略联系起来，并通过实际案例分析得出相应启示，使本书的研究内容得到进一步拓展。

作为一项重大的理论和实践课题，新型城镇化是一个涉及多学科、多领域、多部门、系统复杂且长远的发展过程。笔者从演化的视角分析这一发展过程并构建理论分析框架尚属于初步尝试和探索，许多问题有待深入研究。由于这方面可供借鉴的文献资料不足以及笔者水平有限，书中难免存在诸多纰漏，敬请各位专家学者不吝赐教。

胡 星

2020 年 3 月

目　录

Contents

第一章
导　论

第一节　研究背景和研究意义

一、研究背景

（一）传统城镇化道路的不可持续

城镇化是经济社会发展的重要特征和基本规律，是中国现代化建设的重大历史任务和长远的重大发展战略。中国城镇化经过几十年的快速发展，取得了巨大成就，到2017年，常住人口城镇化率已经达到58.52%。然而，城镇化在快速发展的进程中也显露出诸多问题：速度较快而质量较低；人口城镇化与土地城镇化失衡；工业化与城镇化不协调；发展模式粗放，区域发展不平衡、大中小城市发展不协调；高成本（能耗、污染）、低效率等。总之，由于结构失衡和发展不充分等一系列深层次矛盾，城镇化质量不高，使未来的城镇化之路面临严峻挑战。根据国际经验，城镇化率达到 50% 左右时，往往是城镇化持续发展期，也是经济社会各类矛盾凸显和城市病集中爆发的时期。中国城镇化率已近 60%，各种矛盾出现在所难免，因而迫切需要转换发展模式，把提高质量和效益放在更加重要的位置上，即走新型城镇化之路。

（二）新发展理念的基本要求

目前，中国正处于经济结构战略调整的关键时期，对城镇化的发展也提出了更高的要求，城镇化已进入以提高质量为重点的新时期，党的十八大报告更是明确了这一新要求，即城镇化质量要有明显提高。为推进新型城镇化的实现进程，2014 年 3 月 18 日，我国出台了《国家新型城镇化规划（2014—2020 年）》，提出新型城镇化发展的指导思想和发展目标，这标志着我国新型城镇化发展正式进入战略层面。2015 年 10 月 26~29 日，党的第十八届五中全会召开，为实现“十三五”时期的发展目标提出了“创新、协调、绿色、开放、共享”五大发展理念，这是关系我国经济社会发展全局的一场深刻变革，对新型城镇化建设具有重大的现实意义和深远的历史意义。

（三）新时代实现经济高质量发展的必然要求

继往开来，不忘初心。党的十九大作出了“中国特色社会主义进入新时代”的重大历史判断，“经济已由高速增长阶段转向高质量发展阶段”。这为今后我国区域发展战略和政策的制定及发展道路、发展模式的转型指明了方向。

所谓高质量发展，首先要建立在适度经济增长的基础上，其次表现为一个国家和地区的经济社会结构全面优化、持续高级化的变革过程，这一过程就是质量提升的过程。本书认为，这一概念还可以从动态和静态两个方面去理解：从动态角度看，高质量发展是一种发展方式和发展过程；从静态角度看，高质量发展是指要实现的发展目标。

从发展方式和发展过程的角度理解，高质量发展就是要“从粗放低效的方式向集约高效的方式转变，从速度规模型向质量效率型转变，从要素驱动、投资驱动向以创新驱动为主转变；改善资源配置，实现规模经济，不断提高全要素生产率对经济增长的贡献度”。从发展目标的宏观视角来看，高质量发展的内涵特征可以简单概括为：通过转变发展方式，实现“水平提高、结构优化、平衡协调、生态友好；效率与公平并重、速度与质量匹配；市场机制健全有效，经济运行和调控机制成熟完善、居民生活高质量等”目标。其中，结构的优化和高级化是高质量发展的最本质特征。例如，投入结构、产出结构、技术结构、空间结构、就业结构、收入分配结构、城乡结构等方面实现持续的优化和高级化。但高质量发展最终要充分体现“以人为核心”的最高发展目标，即不断提高人的自我发展能力和自我价值，实现人的全面发展和进步。

坚持质量第一、效益优先，区域协调发展，加快农业转移人口市民化；坚持产城融合、坚持城乡融合发展、统筹实施新型城镇化战略与乡村振兴战略等一系列重大发展战略措施的提出，是顺应新时代的新目标和新要求的具体体现。今后中国城镇化建设必须坚持新发展理念，由速度型向质量型转变，走出一条中国特色的新型城镇化之路，这是未来中国经济社会战略转型和实现高质量发展的必然选择。

二、研究意义

在中国面临经济与社会双转型以及城镇化发展出现新问题的现实背景下，有必要进一步加强对新型城镇化质量提升这一课题的研究。新型城镇化坚持新发展理念，强调由速度型向质量型转变，强调以人为核心和结构优化、城乡融合、平衡协调、生态宜居等特征；无论是就发展的路径方式还是就发展的目标而言，都与高质量发展的内涵高度契合。作为区域经济发展的重大现实热点问题和重大战略举措，新型城镇化通过发挥其在新时期由高速度增长向高质量发展转变中的推动和引领作用，将是实现区域经济高质量发展的重要途径。本书正是基于中国传统城镇化模式所导致的结构失衡和高速度低质量等问题，着力进行理论的梳理并探讨现实问题的解决方案。

（一）理论意义

（1）有利于进一步丰富和完善新型城镇化质量研究的理论体系，推动城镇化理论创新。本书在理论研究的基础上，基于动态演化观，将演化经济学纳入新型城镇化的分析框架体系中，并试图建立一个新的分析框架作为新型城镇化研究的理论基础。这不仅有利于丰富和完善城镇化的理论体系，而且有利于城镇化研究的理论创新。

（2）为新型城镇化高质量发展提供理论指导。本书从厘清城镇化质量发展等概念入手，着重从经济、空间、社会三大结构转型和“时间—空间—质态”三个维度同步推进的角度探讨新型城镇化质量提升的发展路径，并结合多种定量分析方法和经济模型方法，科学设计城镇化水平和质量指标综合体系，试图在更深层次上进行理论提炼和实证检验，从而为城镇化质量提升研究提供理论指导。

（二）现实意义

（1）有利于整体评价中国城镇化的水平和质量，全面了解并从深层次分析中国城镇化所处的发展阶段、发展态势及存在的现实问题。

（2）有利于实现从重视城镇化数量和规模扩张向注重质量和效益转变。

（3）有利于突破城镇化的结构障碍和制度障碍。

（4）有利于促进城乡融合、乡村振兴战略目标的实现。

（5）有利于促进社会经济结构转型、推动质量型供给侧结构性改革。

（6）有利于缩小区域和城乡差距、促进城镇化高质量发展。

（7）有利于优化经济结构、转变发展方式。

（8）有利于促进创新驱动、实现经济“内生增长”和经济社会的高质量发展。

第二节　研究内容

本书的研究内容主要包括：

（1）理论支撑体系的构建和完善。在相关文献综述的基础上，本书首先从发展经济学、城市经济学、新兴古典经济学、新经济地理学以及空间经济学、区域经济学等多学科角度对国内外城镇化质量相关理论研究进行系统回顾与梳理，说明其对中国城镇化问题研究的理论适用性和局限性，在此基础上试图寻求理论上的突破——从演化经济学的视角重新构建一个新型城镇化理论分析框架，一种更加适合中国新型城镇化演化发展的理论框架。

（2）城镇化与经济发展的内在关系、城镇化的动力机制分析。从经济增长、产业结构变迁揭示城镇化与经济发展的内在关系并进行实证检验；强调城镇化既是经济发展的历史过程，也是经济发展的必然结果，是人类社会发展的客观规律，但不是经济发展的源动力；从动力机制看，技术创新所带来的三次产业结构的变迁和聚集经济是城镇化的内生动力，其与政府推力和区域耦合力共同构成一个综合动力系统。

（3）城镇化时空质序列演化规律的揭示。从动态表征上考察，揭示“三个维度”的城镇化规律：一是时间维度的城镇化，表现为以 S 形曲线表达的城乡人口有序变化的阶段性规律特征，人口由农村向城市转移，城镇化水平提高；二是空间维度的城镇化，表现为由聚集与扩散机制决定的集中型城镇化与扩散型城镇化交织的区域空间运行规律特征；三是质态维度的城镇化，表现在城镇由粗放型增长向集约型增长转变的持续性规律特征。上述三种规律特征，共同构成城镇化进程中质量的统一判别，并以此作为城镇化协调发展和均衡演化的评价基础。

（4）中国传统城镇化所导致的结构失衡和非均衡演化剖析。在概述中国城镇化发展特点及取得成就的基础上，进一步揭示和剖析传统城镇化模式所导致的各种结构失衡：①三大结构内部的失衡。着重产业结构、需求结构、城乡区域结构、城市规模结构和空间布局、收入分配结构、社会治理结构等方面的多重失衡分析。②三大结构间的失衡。即经济城镇化、空间城镇化与人口城镇化三者之间的不协调、不匹配，如城镇人口的增长和城镇承载能力增长不匹配、“人的城镇化”和“地的城镇化”不匹配等。③在城镇化的“时—空—质”三个维度方面表现出不同步推进的非均衡演化规律特征。用计量分析方法进一步检验“经济—人口—空间”三个城镇化的耦合协调度并进行空间差异分析。

（5）新型城镇化水平与质量指标体系的综合设计和实证测度。城镇化是一个多层次、全方位、复杂的系统性的过程，根据新型城镇化发展的目标和城镇化质量内涵，按照科学性、系统性原则，构建一个能全面反映新型城镇化水平和质量要求的指标评价体系，采用全国 31 个省份城镇化建设的实际统计数据，用熵值法、聚类分析法等方法，确定指标权重，并通过分析处理计算出 31 个省份的城镇化质量指数，进行实证测度和空间差异分析。

（6）提出新型城镇化实现结构转型与均衡演化、协调发展的战略路径和具体措施。依据上述理论与实证分析结果，研究新型城镇化如何实现三大结构转型与两大制度（土地制度和户籍制度）转型，并提出时空质均衡演化、协调发展、质量提升的战略路径和具体措施。

第三节 研究目标

本书的主要研究目标（拟解决的关键问题）如下：

第一，将演化经济学的分析范式纳入本书的研究中，从理论上构建一个新的新型城镇化发展的分析框架，从而能够更加完整准确地解释新型城镇化的动态演化发展过程，以进一步全面描述和反映中国现阶段城镇化发展的现状和未来趋势。

第二，通过分析城镇化动力机制和结构特征，揭示城镇化在历史演进过程中的内生性以及在时间、空间和质态三个维度体现出来的不同的规律特征。

第三，客观描述和反映中国传统城镇化过程表现出的内在结构与外在结构的失衡现状与程度，并用计量分析方法进行实证检验。

第四，构建一个新的衡量新型城镇化质量的指标体系，并从全国省级层面进行实证测度，以综合和动态反映全国新型城镇化的质量状况。

第五，基于上述研究，提出中国新型城镇化均衡演化、结构转型的战略路径与质量提升的具体措施（三个维度、四大路径和六大举措）。

第四节 研究思路和研究方法

一、研究思路

在对国内外相关研究文献进行综述的基础上，本书按以下思路进行研究：首先，对新型城镇化及城镇化质量等内涵进行了界定，在此基础上描述了城镇化与经济发展的内在关系、城镇化的结构特征及时空规律；其次，对中国传统城镇化模式带来的各种结构失衡问题进行剖析；再次，用科学系统的方法重新构建一个新型城镇化发展评价指标体系并进行实证测度和分析；最后，依据理论分析和实证研究结果指出，新型城镇化建设和质量提升必须通过经济、社会和空间结构的三大转型以及时间、空间和质态三个维度的同步推进和均衡演化，并提出具体转型路径和城镇化高质量协调发展的措施。

二、研究方法

（1）理论分析与实证研究相结合。从多学科角度对城镇化理论进行梳理，在此基础上引入新的理论（演化经济学）分析范式，建立城镇化理论框架模型；更加注重实证研究方法，如熵值法、聚类分析法、耦合协调度模型等。

（2）定性分析与定量分析相结合。在定性分析、结构分析的基础上，利用大量相关统计数据进行定量分析和检验；建立质量评价指标体系进行实证测度。

（3）实地调研考察与案例分析相结合。笔者进行了大量实地调研，通过十多个省市的实地考察调研，对金融支持城镇化发展、金融扶贫、城乡一体化发展、农村土地流转等方面的典型案例和城镇化中的问题和经验进行分析总结。

（4）静态分析与动态比较分析相结合。既有对一定时期城镇化状态的客观描述，又有对不同时期、不同区域城镇化发展质量的时间和空间差异特征的动态比较分析。

第五节 创新与不足

一、创新之处

（1）从概念上看，本书提出“城镇化质态”的概念，将“城镇化质态”定义为“组成城镇化质量的各结构要素（如人口、土地、产业、资金、技术、制度等）的组合状态或协调运行状态”。提出和使用这一概念有助于从动态角度观察新型城镇化的发展规律，将城镇化质量的提升看成一个动态演化的发展过程。并从新型城镇化的内涵特征方面揭示其本质特征即质量特征。

（2）从理论上看，本书将演化经济学纳入新型城镇化的分析框架，基于演化经济学“遗传—变异—选择”的过程分析范式，提出一个新型城镇化的动态演化模型，并从时间、空间和质态三个维度进一步揭示新型城镇化的动态演化规律与特征，即阶段性规律特征、交织运行规律特征、持续性发展规律特征。

（3）从观点和内容上看，本书的创新在于以下三点：一是提出从经济、社会和空间三大结构转型及时间、空间和质态三个动态维度的城镇化的均衡演进来破解新型城镇化的难题：时间维度上，促进水平增长；空间维度上，促进城乡一体；质态维度上，促进功能提升。二是强调城镇化的自然历史过程和其具有的内生性，提出在内在机制上由政府主导型向市场推动型城镇化的转变是实现城镇化高质量发展的重要路径。三是在理解新型城镇化内涵特征的基础上，认为应将新型城镇化战略与乡村振兴战略、精准扶贫战略联系起来，并通过实际案例分析得出相应启示，使研究内容得到进一步拓展。

（4）从方法上看，本书用定量分析和实证分析来弥补以往研究的不足。质量评价指标体系设计更加科学系统，方法应用和研究结论更加合理；建立耦合协调度模型检验“经济—人口—空间”三个城镇化的耦合协调度，并进行空间差异分析；构建一个新型城镇化发展的综合指标评价体系，对 2012~2016 年全国 31 个省（自治区、直辖市）的新型城镇化质量进行实证测度和动态趋势分析。研究发现，近年来全国各省域间城镇化质量非均衡状况没有明显改善，而且东部省份与西部省份差距较大，这可以为新型城镇化质量提升战略措施选择提供政策依据。

二、不足之处

（1）受限于篇幅、研究期限、研究能力和数据可获得性等问题，在战略措施选择中，本书没有对关乎城镇化质量的生态环境问题设置专门的章节系统阐述。

（2）对新时代新型城镇化质量提升进程中的新矛盾、新现象或许涉足不够。

（3）对新型城镇化质量提升的演化路径和机制以及部分政策措施等，或许探讨或论证得不够深入。

本章小结

本章基于传统城镇化的不可持续性、新发展理念以及新时代经济高质量发展的客观要求等前提背景，提出新型城镇化质量提升研究的重要理论意义和现实意义。从理论支撑体系的构建、城镇化演化规律、结构失衡分析、指标体系构建与测度以及质量提升的战略路径和措施等方面对课题的研究内容和研究目标进行概括归纳，介绍了基本的研究思路和研究方法，从概念上、理论上、观点内容及方法上提出本书的创新之处以及存在的不足。

第二章

国内外相关研究综述

第一节　国外相关研究综述

一、关于城镇化与经济发展关系的研究

学者们在对城镇化与经济发展关系的研究上有不同的观点，但多数学者的研究表明，城镇化与经济增长之间呈现显著的正相关关系，经济发展水平越高，城镇化水平也越高。Gallup 等（1999）认为，城镇化不是经济增长的原因，但它是伴随经济增长过程出现的一种现象。Henderson（2003）也发现城镇化本身不能成为经济增长的动力，因为城镇化本身对生产率的增长并没有很显著的影响，也就是说，尽管城镇化促进了经济增长，但是这种增长只有水平效应，不具有持续性。持不同观点的学者如 Lucas（1988）利用内生增长模型的框架研究了城市化与经济增长之间的互动关系，发现城市化在经济增长中具有重要作用。Moomaw 和 Shatter（1996）的分析表明城市化率与人均 GDP 成正比

而与生活水平成反比。Krey 等（2012）强调了城镇化进程对经济增长的作用，尤其对发展中国家的经济增长具有重要影响。可见，学者们对于城镇化与经济增长二者关系的看法并不完全一致。

关于城市化进程规律，一些学者提出城镇化水平与经济发展水平之间是一种粗略的线性关系，如诺瑟姆（Northam，1975）。另外一个被广泛接受的观点（Chenery 和 Syrquin，1975；Davis 和 Henderson，2003）认为城市化和经济发展之间存在一个凹函数的关系，即随着经济的发展，城市化的速度会越来越慢。

二、关于城镇化结构转型的研究

发展经济学中一系列二元经济模型分析了城乡人口迁移和经济发展关系问题。刘易斯（Lewis，1954）认为，要实现经济发展，就要将传统农业部门的剩余劳动力转移到现代的城市工业部门，以完成二元结构向一元经济的转变。华人经济学家杨小凯和赖斯（Yang 和 Rice，1994）的研究显示，城市的起源、城乡的分离都是分工演进的结果。在这一演进过程中，城乡之间的自由迁居、市场机制以及财产的自由转让制度都是加速经济发展、消除城乡二元结构的条件。

三、关于城镇化时空机制的研究

诺瑟姆（Northam，1975）指出各国城镇化以 S 形曲线发展，从时间特征上看，城镇化划分为初期、中期和后期三阶段。阿尔弗雷德·韦伯（A. Weber，1909）指出，城市经济的本质特征在于它的空间聚集性，城市聚集经济是城市形成和城市化发展的基本动力。佩鲁（F. Perroux，1955）用极化和扩散效应揭示了增长极（城镇）的空间作用机理。弗里德曼（R. Friedman，1966，1972）则用“中心—外围”结构理论揭示了城市聚集区空间结构形态的阶段性及其非均衡演变规律。保罗·克鲁格曼（P. Krugman，1991）在规模报酬递增理论基础上，将空间因素引入一般均衡分析，构建了核心—边缘模型、区域与城市系统模型，解释了城市产业聚集等经济活动的空间分布特征及规律，揭示了城市中心区的形成机制。

四、关于城镇化质量的研究

国外学者做了大量关于衡量评价城镇化质量的研究。近现代外国学者主要从城市可持续发展、生态城市和城市居民生活质量、智慧城市几个方面对城镇化质量进行研究。

“可持续发展”概念最早在1972年联合国人类环境研讨会上提出，并在20世纪80年代引用到城市化中，1991年推出的“可持续城市计划”将研究扩展到多个领域。前期的研究理论着重从资源高效利用等角度，研究城市的可持续发展，如Walte（1999）认为城市实现可持续发展的必要条件是最大化城市自身的效率。国外学者构建了城市可持续发展评价体系，并把文化因素考虑了进去。对于城镇化质量评价指标的设计，Daly（1989）提出测评可持续发展政策目标的四项标准。2001年联合国人类住区中心编制了城市发展指数，主要以生产能力、基础设施、废物处理、健康及教育五大类共12个指标来评价城市化发展质量。美国学者道格拉斯·韦伯斯特（Douglas Webster，2000）从城市竞争力的视角构筑评价指标体系，他认为影响竞争力的因素有四个，分别为经济结构、区域禀赋、人力资源及制度环境。美国经济学家加尔布雷思（J. Galbraith，1958）从人居生活质量出发来研究城镇化质量。迪纳等（Diener等，1984）将人居生活质量直接定义为生活满意度，并通过测量主观幸福感（Subjective Well-being，SWB）来测定人居生活质量（主要包括总体生活满意度和各具体领域满意度）。Paulo（2011）采用DEA模型对欧洲206个城市的生活质量进行了研究。

生态城市理念源于田园城市的构想，而“生态城市”的概念在1971年被首次提出。联合国教科文组织更是在生态城市建设中融入了生态保护、文化保护、自然风貌等因素。英国的埃比泽·霍华德（A. Howard，1898）在他的《明日的田园城市》一书中第一次系统提出加快城镇化进程，“用城乡一体化的新社会形态来取代城乡对立的旧社会形态”。理查德·雷吉斯特（R. Register，1984）提出了以相对较小的城市规模建立高质量城市、就近出行等生态城市原则。

欧盟最早提出智慧城市的设想。2007年10月，欧盟委员会在《欧洲中等城市智慧城市排名》（*Smart Cities Ranking of European Medium—Sized Cities*）

中从智慧经济、智慧公众、智慧生活等维度界定了智慧城市。IBM 公司认为，智慧城市运用新一代信息技术改变了政府、公司或社区与人们的相互交流方式。由于智慧城市理念提出时间较短，属于新兴概念，理论界对它的研究还处于萌芽阶段，其实践意义还有待检验。但是，从提出者的初衷来看，智慧城市的构想也是人们不断改善并提升城市化质量的努力成果。

第二节　国内相关研究综述

一、关于城镇化与经济增长相关性的研究

周一星（1995）利用 1977 年世界上 157 个国家和地区的资料统计分析，得出城镇化与经济发展之间呈现十分明显的对数曲线关系的结论。冯俊新（2012）通过严谨的计量分析检验了关于城市化进程非线性的假说，并分别利用参数模型和非参数模型研究了这种非线性关系的具体形式。许学强等（1997）利用 1981 年 151 个国家的数据资料研究发现，城市化率与人均 GDP 的相关系数高达 0.81。其他学者的研究大多表明了城镇化与经济增长间的正相关关系。但陈飞等（2014）的研究表明，由于时滞等因素的影响，城市化快速发展的时期并非是在经济增长最快的阶段，而是在经济增长比较缓慢的阶段。他还研究发现，不仅城镇化对经济增长具有促进作用，经济增长也会反向带动城镇化的发展，城镇化与经济增长具有很强的内生性。

关于中国城市化与经济发展关系的实证研究。多数学者（周一星等，1982，1995）认为中国的城市化水平严重滞后于工业化和经济发展水平。部分学者（郭克莎，2002；陈明星、陆大道等，2009）的研究显示二者总体是同步的。少数学者（邓宇鹏，1999）认为中国城市化超前于工业化，并得出隐性超城市化论。中国的城市化与经济发展的关系是否符合非线性关系这一规律？冯俊新（2012）通过计量模型进行研究，发现在控制产业结构等变量以后，中国的城市化进程与经济发展之间的关系符合一般的国际规律，而且中国正处于城市化快速发展的中期。这个结果否定了中国的城镇化进程具有独特性的观点。

城镇化与工业化的时序联动关系是一国经济发展过程中的重要结构关系。陈飞（2014）认为，这种关系有两种表现，即平衡联动与不平衡联动，平衡联动即工业化与城镇化同步增长，而不平衡联动又分为城镇化滞后和过度城镇化两种。

二、关于城镇化动力机制的研究

曹广忠（2010）、陈洋（2007）等认为工业化和经济发展是我国城镇化发展的核心动力；魏冶等（2013）通过对 2000 年以来我国城镇化发展的动力机制加以考察，从行政力、市场力、外部力和内在力四个维度分析了城镇化的动力；魏亚儒（2014）总结分析了我国城镇化发展不同阶段的动力因素，指出城镇化发展是诸多动力综合作用的结果——政治权力是城镇化发展的长期动力，经济发展是城镇化发展的根本动力，而制度创新是城镇化发展的直接动力。顾朝林、吴莉娅（2008）分析了全球化对中国城市化的影响。赵君、肖洪安（2004）的研究结论是，工业化是城镇化的直接产生和推动力量，经济结构的优化演进为城镇化的进程提供了持续动力。刘振宇、魏旭红（2013）从供需结构视角对城镇化动力机制进行了研究，认为供给和需求的共同拉动是城镇化起始阶段的最主要动力，供给来自农村大量剩余要素，而需求主要来自城镇产业结构调整，两相契合，构成城镇化进程的重要推进力量。他们还认为，在需求和供给不断趋向均衡的发展过程中，城镇化水平和质量也在不断地提升。他们还从制度结构、空间模式视角进行了相关研究，例如，研究何种空间集聚模式（县域经济、小城镇、城市群等）与发展依托对城镇化进程的推动作用最为明显。陈飞（2014）认为，人口聚集一方面增加了知识溢出，另一方面减少了交易成本，从而推进了城镇化进程。

三、关于城镇化质量内涵的研究

国内城镇化质量研究内容如下：其一，理论体系研究，涉及内涵分析和评价指标体系构建；其二，实证研究，运用一定的模型和方法对评价体系指标数据进行实证回归分析，并对城镇化质量的区域差距进行评价分析。

对城镇化质量内涵的研究也是近年来学术界的热点，众多学者的理解不尽相同。童华胜、陈俊铃（2005）认为，城镇化的质量实质就是城镇现代化的水平，但城镇化质量与城镇化水平并不呈现一种正相关的关系。刘素冬（2006）认为，城镇化质量的真正内涵就是在不牺牲城市资源的城市化进程中，城市实力逐渐增强、城市人民生活质量进一步提高、城市环境和基础设施得到进一步改善、最终形成城乡一体化的终极目标。叶裕民（2001）指出，城镇化质量包括城市的现代化和城乡一体化两个方面的问题，需要从核心层面和区域层面角度进行分析。国家城调总队（福建省分队）（2005）则从人的生存现状及生活质量、经济发展水平、社会协调能力、社会公平等角度界定了城镇化质量的内涵。

四、关于城镇化质量评价体系的研究

这方面的研究分为两个方面，即城镇化质量的单项评价研究和综合评价研究。梳理发现，关于城镇化质量的综合评价研究较多。例如，叶裕民（2001）提出的城市化质量指标体系、国家统计局“建立中国城市化质量指标体系及应用研究”课题组研究提出的城镇化质量指标评价体系，以及中国社会科学院城市发展与环境研究所（2013）联合推出的《中国城镇化质量报告》等，都是对城镇化质量状况的系统的综合评价研究。

从研究对象的空间范围来看，国内实证研究可以分成国家层面、区际层面、域内层面和单个城市层面四个层次。

（一）国家层面

叶裕民（2001）从城市现代化和城乡一体化两方面，构建质量评价模型，对全国九个人口超过300万的超大城市展开实证分析。后来，赵雪雁（2004）和王忠诚（2008）在叶裕民的城镇化质量研究方法的基础上，对我国西北地区和我国直辖市的城镇化质量分别进行了评价和测度。韩增林和刘天宝（2009）利用熵值法，从经济、基础设施、生态、社会等十个层面，对全国286个地级以上城市的城镇化质量、城市群分布拟合状况展开了分析。魏后凯（2013）从城市发展、城镇化效率和城乡协调三个维度，构建模型对全国180多个城市展开了研究。

（二）区际层面

国家城调总队（福建省分队）课题组（2005）从经济、社会、生活、生态、基础设施、城乡协调等层面，综合评价了华北地区各省的城镇化质量。王德利、赵弘等（2011）运用模型对首都经济圈城市化发展质量的空间分异等特征进行了评价。

（三）域内层面

赵海燕等（2007）借鉴了叶裕民的研究模型，分析了黑龙江省的城镇化质量。袁晓玲等（2008）从物质、精神和生态文明三个方面，综合评价了陕西省 10 个地级市的城镇化质量水平。郝华勇（2011）从经济、居民生活和社会事业等角度，评价了山西省和湖北省的城镇化质量。刘静玉（2013）和张玮哲（2014）等在剖析城镇化质量内涵的基础上，运用主成分分析方法，从区域和区际角度定量分析了河南省城镇化质量差异。

（四）单个城市层面

于涛等（2010）以江苏省常熟市为例，分析了我国东部发达地区县级市城镇化质量。周艳妮、尹海伟（2011）以新型城镇化战略设计为基本依据，从动力因子、质量因子和公平因子三个方面对东营市城镇化质量进行综合测度等。

五、关于城镇化质量提升路径和对策的研究

从城镇化模式和路径研究的角度探讨城镇化的可持续发展，例如，从“地的城镇化”到“人的城镇化”、从“要素驱动”到“创新驱动”（辜胜阻，2014）、从政府机制占据主导地位的“外生模式”到充分发挥市场机制作用实现资源高效配置的“内生模式”。另外，关于生态（低碳）城市、宜居城市、智慧城市等城市形态的研究等也与城镇化质量内容相关。一些学者在城镇化质量提升对策方面也进行了研究。例如，胡序威（2007）从城镇化与现代化关系的角度、

朱传耿（2008）从人口城镇化角度分别探讨了城镇化质量提升的对策建议。

六、关于城镇化水平和空间格局演化的研究

从不同的研究尺度、不同的区域层面，从单一指标到多元指标，从传统的统计描述到专业的计量模型方法，学者对城市体系、城镇化水平的空间格局、城市群结构的空间演化等进行了大量实证研究。

本章小结

本章对国内外相关研究的综述从两个层面展开：一是国外相关研究综述，主要涉及四个方面：城镇化与经济发展关系的研究、城镇化结构转型的研究、城镇化质量的研究和城镇化时空机制的研究。二是国内相关研究综述，涉及的范围较广，包括城镇化与经济增长相关性的研究、城镇化动力机制的研究、城镇化质量内涵的研究、城镇化质量评价体系的研究、城镇化质量提升路径和对策的研究以及城镇化水平和空间格局演化的研究等。

综上所述，国外城镇化的研究已经渗透到经济发展的各个领域，而且在以解决质量问题为己任、不断进行理论探索的基础上，更加注重城镇化实际问题的解决。由于国内学者对城镇化质量的研究起步较晚，因而总体上尚存在一些明显的不足：一是关于城镇化质量的深层次理论提炼不够，对城镇化可持续发展关注不足；二是针对城镇化质量的定量分析与实证分析不足；三是城镇化质量评价指标体系种类繁多，由于其指标权重的不同，得出的结果也不尽相同，因此其准确性还有待考究；四是对城镇化质量问题的综合研究，尤其是从结构转型和时空演变角度探讨城镇化质量提升的研究分量更是不足，对新型城镇化的结构与制度的双重转型、空间结构演化的动态规律缺乏系统分析，还没能形成一套完整的适合国内城镇化协调发展的理论体系。因此，在经济新常态背景下，在快速推进城镇化的过程中，对新型城镇化质量的研究仍有待深入。这也将成为今后研究的趋势。

第三章

基于不同学科视角的城镇化理论分析

随着城镇化的发展，学者们对城镇化的理论研究也不断深入，从发展经济学、城市经济学、新兴古典经济学、新经济地理学、区域经济学的不同角度对城镇化进行理论分析，为发达国家和发展中国家的城镇化发展提供了理论支持和经验借鉴。目前，我国的新型城镇化建设任重道远，同样离不开理论的支持和指导。本章将从不同学科的视角对城镇化理论进行梳理。

第一节　发展经济学视角下的二元经济结构转变理论

发展经济学中关于城镇化最经典的理论是二元经济结构理论。其创立者刘易斯在 1954 年对经济发展过程中的“二元经济”现象进行了系统研究，提出了著名的二元结构理论。在刘易斯模型中，经济由两个部门组成：一是传统的农业部门，这一部门存在大量过剩人口，劳动者仅能维持基本生存，因而农业劳动力的边际生产率为零或为负（即零值劳动力），劳动者在最低工资水平上提供劳动，劳动存在无限供给；二是现代城市工业部门，其特征是具有远高于农业部门的劳动生产率，并且工业部门工人的工资是由传统农业部门农民的平均收入来决定。显然，一般来说工人的工资水平略高于农民的平均收入。随着工业部门资本积累的增加和规模的扩张，工业部门对劳动力的需求会不断增加，由于农业部门的劳动力无限供给，因而工业部门就能在现有的工资水平下得到源源不断的劳动力。这一过程将一直延续到农村所有剩余劳动力被城市工业部门完全吸收，农业部门与城市工业部门边际劳动生产率趋向一致，经济实现商业化或现代化为止。

刘易斯二元经济模型是人口城市化研究的重要理论基础，对发展经济学的创立和发展中国家经济政策的制定也产生了重要影响。但是，由于刘易斯模型的基本假定与发展中国家的现实不符，以及忽视了传统部门即农业的发展等，其理论在实践中存在一定的局限性。

针对刘易斯理论的不足，拉尼斯和华裔经济学家费景汉进行了修正，提出“拉尼斯—费模型”，强调农业部门的重要性，进一步丰富了农业剩余劳动力转移理论的内容。但它对城市失业与农村劳动力转移并存的现象无法进行理论解释。对此，托达罗（1999）做了解释。托达罗模型也是以二元经济模型为基础，并引入了“预期收入”的概念，以此来取代城市的实际收入，较好地解释了在发展中国家普遍同时存在农村劳动力人口流动与城市失业的情况下，劳动力仍从农村向城市转移的现象。尽管托达罗模型与刘易斯模型、拉尼斯—费模型有所区别，但在城乡二元结构通过劳动力的转换逐步实现城乡一体化方面是一致的。

乔根森（D. W. Jorgenson，1961）创立了一个新的人口流动模型，进一步发展了二元经济结构理论，他的研究带有较强的新古典特色。他的模型以农业剩余为理论基础，认为以最大人口增长率为前提的农业剩余才是劳动力转移的充分和必要条件。乔根森把人口增长视为一个内生变量，人口增长取决于经济增长。而对劳动力转移的意义，乔根森则将其归根于消费结构的变化，经济发展过程中农村劳动力之所以源源不断地流向城市，是由于消费结构的改变，因为人们对粮食的需求有限而对工业品的需求无限。他强调农业发展和技术进步，认为工资水平是不断上升的，这是比前几个理论更为现实的地方。但是乔根森没有考虑城市失业问题，关于粮食需求弹性为 0 或 1 的假定也与事实不符，这是该理论的缺陷。

尽管二元经济结构理论在一些基本假定方面存在缺陷，但作为第一个二元经济结构理论，它揭示了发展中国家工业化与城市化进程中结构转换的动力机制以及城乡关系对立运动的客观规律，对新型城镇化问题的研究具有重要的理论价值。

第二节　城市经济学视角下的聚集经济理论

发展经济学的二元经济结构理论虽然揭示了经济结构转换过程中农业人口转向工业部门的必然性，但未能说明工业为什么要集中分布于城市。城市经济学则从聚集经济视角弥补了二元经济结构理论这一缺陷。

聚集经济是城市经济学的一个核心概念，一般是指经济活动集中在某些特定有限的范围，并使厂商成本降低的经济现象。它是城市存在和发展的重要原因和动力。城市空间聚集会产生规模足够大的群体的外部经济，它能给专业化生产以及各种经济协作活动提供便利，从而降低企业的生产成本，提高劳动生产率和综合经济效益。因此，在研究城镇化时要同时进行工业化的研究。城市化同工业化一起推动经济发展重心的转移，促进城市数量上的扩张和质量上的提升。

马歇尔（1920）较早关注产业聚集这一现象。他通过考察英国一些传统工业企业集群现象，发现了外部规模经济与企业集群之间的密切关系，认为企业集群是基于外部规模经济而形成的。这种外部规模经济给集聚企业带来的好处具体归结为三个方面：第一，提供专业化的劳动力市场，促进了劳动分工（劳动力市场规模效应）；第二，支持非贸易的专业化投入品的生产，即促进了中间产品的发展（中间投入品的规模效应）；第三，公司从信息技术溢出中获益，提高了生产效率（信息交换和技术扩散效应）。

其他学者对聚集经济也有论述。工业区位理论的创始者韦伯（1906）在《工业区位论》一书中也阐明了聚集能给企业带来更多的收益，企业有聚集的愿望。新经济地理学的代表人物藤田昌久、保罗·克鲁格曼（2005）也认为，产业聚集是在需求、外部经济和累积性因果循环的作用下形成的。美国经济学家波特（2012）从竞争经济学的角度发展了产业聚集理论。他认为，一个国家的竞争优势来自具有竞争优势的产业，而优势产业则来自产业集群，并提出了国家竞争优势的“钻石模型”或“钻石体系”。在这个钻石体系中，由于存在“循环积累原理”而产生自我强化，从而形成产业集聚和产业集群，由此推动一个国家或地区产业的竞争优势不断提高。

人类社会经济活动地理上的集中形成了城市。资源和要素由周围的腹地流向城市，由此使生产活动逐步向城市聚集，也就产生了规模经济。城市作为聚集的中心，是区域经济的增长点，也会带来更大程度的聚集。埃德温·米尔斯和布鲁斯·汉密尔顿（1989）用城市形成模型解释了整个过程。规模经济使生产集中，生产集中会带来劳动力的集中。人们为了降低通勤成本，会选择离工作单位较近的地方居住和生活，由此带来了人口的聚集，居住聚集会带来衣食住行的消费，由此带动第三产业发展，第三产业同样要考虑运输成本，在考虑区位因素后，第三产业也会向产业集中地聚集，因此就有了聚集经济。聚集带来的人口和产业的集中，正是城市形成的基础。但是过度聚集又会形成负面影响，带来聚集的不经济。随着城市的发展，人口密度越来越大、交通拥挤、环境污染、住房及生活成本不断提高，城市发展速度减缓等一系列问题都会呈现出来，已经积累的资金、技术开始寻找更好的发展机会，于是企业向周边地区转移，形成扩散。

聚集经济理论揭示了城镇化进程中聚集—扩散机制的内在作用。城镇化的初期，聚集发挥主要作用。随着城镇化的发展，城市的扩散作用增强，扩散的范围也更广。城市先进的经济技术向农村扩散，而农村则不断接受城市文化的影响，形成一种相互交织的力量，聚集—扩散这种经济发展的空间机制推进了农村的城镇化进程。

第三节　新兴古典经济学视角下的分工与专业化理论

20 世纪 80 年代后，华裔经济学家杨小凯（1994）等运用超边际的分析方法，以分工与专业化思想为核心，揭示了城市形成和演变的过程。

杨小凯认为，个人专业化带来的熟能生巧、知识积累，会进一步引起分工，并由此产生递增报酬，从而导致经济的内生增长。在城市化理论领域，杨小凯等也构造出一个与新古典城市化模型不同的城市化模型，用分工演进来解释城市的起源、城乡的分离以及城乡差别的由来。此后，杨小凯还通过模型证明了分工的发展提高了交易效率，使城市的数量减少而规模扩大，由此形成城市的一个分层结构：居于上层的是大城市，但数量最少；居于中间的是中等城市，数量居中；居于下层的是小城市或小城镇，数量众多。他认为这种大城市、中等城市、小城镇的分层结构是市场选择的结果，而不是人为设计的。

新兴古典经济学从城乡交易效率的差异分析了城市的出现及城乡差距的存在，较好地解释了在一个较长的历史时期内城市的产生、发展和演变的全过程，并得出一个有价值的结论：市场本身有能力选出合理的城市分层结构。

第四节　新经济地理学视角下的规模经济理论和核心—边缘理论

保罗·克鲁格曼（1991）认为，传统经济地理理论只是基于理想的完全竞争市场结构，而没有明确地说明市场结构的现实性。他运用规模经济（促进集中）和运输费用（导致扩散）的相互作用来解释区域产业集中和中心—外围格局的形成，并建立数学模型，考察城市体系和国际贸易的形成机理。因而，垄断竞争、规模经济和运输成本成为新经济地理学重要的理论基石。

新经济地理学关于城市化理论的基本观点是，城市是通过劳动力流动、城市工业集聚来实现的。由于“历史某种偶然性”，制造业部门获得专业化分工得以强化的先发优势，这一优势使大量生产要素在制造业部门集聚并得以强化，制造业中心区规模不断扩展，并逐渐演变为城市的雏形。在城市化的规模影响上，由于存在运输成本和规模经济这对具有相反作用的“离心力”和“向心力”，二者的作用将促使经济集聚与扩散，最终形成规模不同的城市体系。

新经济地理学更为微观层面的城市化理论是“中心—外围”理论在城市化研究方面的扩展和应用，丰富了城市化理论的内容，能够为中国的新型城镇化实践提供理论支撑。但其理论也存在不完善的地方。比如，克鲁格曼新经济地理学对空间集聚的分析完全依托初始条件、偶然性，路径依赖也是不全面的。另外，新经济地理学强调市场规模经济，忽视了技术的作用，对劳动分工和专业化的重视也不够。

第五节　区域（空间）经济学视角下的区位理论和不平衡增长理论

区域经济学是一门基于空间视角的经济学科，它主要从区域发展的空间过程的角度论述与城市化有关的理论和模式，其中区位理论与增长极理论是重点。

一、区位理论

区位理论经历了从古典区位理论到近代区位理论，再到现代区位理论的发展过程。

古典区位理论有两个代表性的理论，即农业区位论和工业区位论。

（1）农业区位论。德国经济学家杜能（J. H. von Thunen，1862）经过长期潜心研究，在其代表作《孤立国同农业和国民经济的关系》中提出著名的农业圈层模式，即农业区位论。杜能从一个假想空间（即“孤立国”）出发，探索农业生产方式的一般地域配置原则，他给“孤立国”设了六个假定条件，重点分析了两大问题，得出结论：为了从土地资源中获取最大的纯收益（地租），农场的经营方式随着与城市中心距离的增加进行变化，在空间上呈现出圈层的形态结构。这为以后区位论的发展奠定了基础，对城市土地利用问题的研究亦具有重要的指导意义。

（2）工业区位论。在杜能创立农业区位论后，随着机器大工业的发展以及铁路、轮船等交通工具的应用，出现了以探讨成本和运输费用为内涵的工业区位研究。工业区位论的代表人物是德国经济学家韦伯（A.Weber），他根据“运输费、劳动费和聚集”三个区位因子相互作用的分析与计算，确定工业生产的最佳区位，揭示了工业布局的一般规律。韦伯工业区位论是经济区位论的重要基石之一，对现实工业布局具有非常重要的指导作用。

在近代区位论中，也有两个代表理论，即中心地理论和市场区位论。以中心地理论为例，20 世纪 20 年代以后，韦伯的工业区位论得到进一步拓展，促使区位理论由成本学派向市场学派发展，区位论由立足于单一企业转向立足于城市。克里斯塔勒的《德国南部的中心地——关于具有城市职能聚落的分布与发展规律的经济地理学研究》完成了对零散的中心地研究的系统化与理论化。中心地理论对城市的形成、城市布局、城市等级划分等进行了经济学研究，探讨了城市服务功能地域（空间）网络体系规律，对于现代城市规划与城镇化发展具有指导意义。

现代区位理论派别繁多，诸如运输区位论学派、市场学派、行为学派、计量学派、社会学派、历史学派等。这些理论学派分别从不同视角研究了影响企业分布的主客观区位因素。尤其是行为学派区位论，将人的行为、人的地位和作用作为区位选择的核心因素，企业最优区位也不再是某一个“点”，而是一个“盈利的空间界限”或范围。例如，史密斯建立的“盈利空间界限模型”（Smith，1971）。

总之，区位理论的重要贡献在于分析了城市地租产生的根源，揭示了城市（产业）的空间分布状态和分布规律。

二、不平衡增长理论

法国学者佩鲁（1955）的增长极理论强调通过核心区的创新活动产生极化效应和扩散效应，从而产生“城市化趋向”或形成“城市化区域”。美国著名城市规划学家弗里德曼（A. J. Friedmann，1966）的“中心—外围”理论认为，任何区域都是由核心区域和边缘区域所组成，区域经济发展是通过核心区的极化效应和扩散效应，以及核心区与边缘区相互依存的机制而实现的。其结果是核心区的范围逐渐扩大，边缘区的范围逐渐缩小，这样在各层级核心区的带动下，整个地域空间的经济也就迅速发展起来。在现实中，这种核心区往往由规模不等、功能各异的大中小城市构成。缪尔达尔（Gunnar Myrdal）认为，由于“扩散效应”和“极化效应”的作用，各地区经济发展出现了不平衡及差距，从而出现“地理上的二元经济”结构。1958 年，著名经济学家赫希曼（A. Hirschman）出版的《经济发展战略》一书，也论述了平衡增长战略的不可行性，并提出了“非均衡增长”理论。赫希曼指出，“在经济发展的高级阶段，引起平衡增长可能性的正是过去不平衡增长的经历”。这一理论在一定程度上揭示了国民经济各产业之间的内在联系，也成为发展中国家工业化与城市化的重要理论基础。

本章小结

本章对基于不同视角的城镇化理论基础进行了较为系统的梳理。发展经济学中以刘易斯为代表的学者从二元结构转换的角度揭示了工业化与城镇化发展的动力机制及发展过程。城市经济学从聚集经济的角度揭示了城镇化进程中聚集—扩散机制的内在作用，马歇尔、韦伯、克鲁格曼、波特等学者都从不同视角建立了自己的聚集理论。以杨小凯为代表的新兴古典经济学家运用超边际的分析方法，以分工与专业化思想为核心，通过城乡交易效率的差异分析了城市的出现及城乡差距的存在，并揭示了城市形成和演变的过程。以保罗·克鲁格曼为代表的新经济地理学运用规模经济和运输费用的相互作用来解释区域产业集中、中心—外围格局的形成以及不同规模的城市体系的形成。不同时期的区位理论分析了城市地租产生的根源，揭示了城市及产业的空间分布状态和分布规律。不平稳增长理论中，佩鲁的增长极理论强调通过核心区的创新活动产生极化效应和扩散效应，从而产生“城市化趋向”或形成“城市化区域”；缪尔达尔认为由于“扩散效应”和“极化效应”的作用，各地区经济发展出现了不平衡及差距，从而出现“地理上的二元经济”结构；赫希曼的不平稳增长理论揭示了国民经济各产业之间的内在联系，也是发展中国家工业化与城市化的重要理论基础。

上述诸多学科从不同角度解释了城市及城市（城镇）化的形成过程与动力机制，为我国城镇化问题的研究提供了多方位、多角度的理论支撑与实践指导。但是，城镇化是一个不断演化的、动态的、复杂的系统过程，中国的新型城镇化发展面临诸多困难与挑战，而传统的城镇化理论对新型城镇化演变过程这一复杂社会经济系统已难以做出更好的解释。为更好地指导我国新型城镇化建设，促进其高质量发展，还需要不断进行理论的拓展与创新。

第四章

新型城镇化动态演化理论分析框架

——基于演化经济学的新视角

本章将从一个新的理论视角——演化经济学来构建新型城镇化的理论分析框架，以丰富和拓展城镇化理论体系。

第一节 演化的定义

通常地，演化是指事物渐进的变化和发展过程，是事物从一种状态变为另一种状态的动态过程。按照魏特（Witt，2001）的定义，“演化”是我们所考察的系统沿时间轨迹的一个自我变化过程。兹曼（Ziman，1976）认为，演化不仅是一个逐渐发展的过程，它还包括了遗传变异和自然选择。弗罗门（2003）关于演化的理论除了具有“动态性”的含义,更关注“历史性”“累积性”“路径依赖”等内容。斯宾塞（Spencer，1897）对它的定义包含两方面，它既可以指自然界的进化，如达尔文进化论的观点，也可以指社会结构和文化系统的发展和变迁。

总之，事物的“演化”意味着系统要素随时间和空间的推移而动态改变，演化脉络呈明显的时空二维性，而且相互促进、相互影响，是一个过程不可分割的两个方面。“演化”还包含“不确定性和非均衡”之意。

第二节　演化经济学的基本特征及理论借鉴

演化经济学是现代西方经济学研究的一个富有生命力的新兴学科，主要借鉴生物演化的思想以及自然科学的最新研究成果，以动态的、演化的视角分析经济现象及规律。

主流经济学在经济人稳定偏好的条件下，给定技术和制度约束，局限于对可供使用的资源禀赋如何进行静态配置的研究，而这种经济学目标显然已经不能适应知识经济和信息时代的要求。当今社会，重要的是技术和制度的创新以及新资源的创造、新偏好的形成。“创新、协调、绿色、开放、共享”五大发展理念已成为社会共识和趋势。而演化经济学正是这种革命性变化的主导力量。演化经济学就是对经济系统中新奇事物的创生、传播和由此所导致的结构转变进行研究的经济科学新范式。

演化经济学基本理论特征及其借鉴价值如下：

（1）基于生物学的分析范式。以生物进化论的三种机制“遗传、变异和选择”为基本分析框架，用达尔文的生物学思想来代替物理学在经济学中的分析范式，在此基础上，采用一种系统的、整体演化的观点形成一种动态的经济演化模型。

从基本假设来看：人性二重性（利己与利他）与文明创造者的本性；个体之间的异质性（多样性）；人类心智 / 外部世界二重结构本体论；系统协同效应等，这些不仅包含重要的哲学基础，而且对经济现实也具有重要影响。

（2）动态演化观。与新古典经济学的静态均衡分析相比，演化经济学注重对“变化”的研究，它以动态的、有机的和开放的世界观为基础，与西方主流经济学以静态的、机械的和封闭的世界观为基础的分析范式有本质上的不同。它强调经济变迁的路径依赖，强调创新和对创新的模仿在经济演化中的核心作用。这种动态演化观对分析中国当前社会经济结构转型更是具有重大的理论意义和现实意义。

（3）质量型经济政策观。演化经济学强调资源创造而非资源配置，以生产而非交换为核心。资源的创造关键性地取决于“新奇的创生”。新奇（即创新）的创生是永无休止的经济变化的原因，是经济系统内生的，被置于核心地位。演化经济学强调创新竞争而非价格竞争，创新是经济发展的核心驱动力。生产、知识、创新、协同、报酬递增和由此引致的技术变迁和制度变迁是经济发展的核心机制；提倡如技术创新、制度创新等质量型的经济政策。

演化经济学认为世界是复杂的，是在特定时空中通过多重因素相互交叉、网络式的反馈环路和非线性不可逆过程而形成的（刘阳，2010）。经济政策的主要目标不能只是预测，而是“在特定时空下，通过结构转变，为社会各阶层提供更大和更平等的发挥创造潜力的机会”。演化经济学强调以生产为核心，强调资源创造，强调高质量的经济活动在经济发展中的决定性作用等。这种质量型经济政策观与当前的供给侧结构性改革思路及推进经济高质量发展的理念十分吻合。

（4）研究方法的多样化和实用性。一是重视历史和地理差异分析，揭示在不同的历史和地理条件下，不同地域经济发展的内部规律和模式所出现的差异性；二是运用比较法和动态分析法，通过经验观察，认识经济系统内部机制的不完全规律性；三是重视制度分析方法，研究人类行为与制度的关系。从方法论看，提出解释学方法和批判实在论，前者是一种人文科学方法论，又称（哲学）诠释学，其目的是通过对人类的理解过程进行理解，进而揭示人类行为的意义。解释学方法其实是关于人类心智的科学。演化经济学认为，新偏好的形成、新资源的创造，技术和制度的创新等都与人类新知识的创造密切相关。尤其是批判实在论，使经济学的科学研究方法摆脱了经验主义和实证主义的束缚，为进一步理解事物的内在结构、因果关系、生成机制、发展趋势等方法论概念奠定客观的分析基础。

演化经济学的思想和方法无疑为我们展现了一个不同的视角，开拓了新的研究思路，其演化观、政策观和方法论都具有巨大的理论和实践价值。因此，完全可以引入演化经济学的基本理论与范式，采用演化经济学整体演进的观点来分析并构建一个新型城镇化的基本理论框架——根据“遗传—变异—选择”的过程分析范式，建立新型城镇化“空间过程—经济学机理—路径创造”的系统分析框架；在空间尺度上：研究对象包括从区域—（中心）城市—都市圈—

城市群的演化路径；从系统的、整体的、动态演化的视角分析城镇化的结构转型与协调发展等问题；从发挥人的能动性和创造性的角度制定新型城镇化的政策措施；用技术创新和制度创新驱动城镇化内生发展[①]。

第三节　新型城镇化的动态演化分析机理

一、关于“质态”的概念

在对已有文献的梳理中发现，学者们并没有直接使用“城镇化质态”这一概念。笔者首先提出并使用这一概念，“质态”可以理解为一种“质量状态”或“运行状态”，是一种“结构要素组合”，含有“动态”之意。由此，可将“城镇化质态”定义为“组成城镇化质量的各结构要素（如人口、土地、产业、资金、技术、制度等）的组合状态或协调运行状态”。从这一概念出发有助于从动态角度观察新型城镇化的发展规律，将城镇化质量的提升看成一种动态演化的发展过程（胡星，2017）。

二、演化分析思路

演化经济学引入时间因素和动态分析，演化过程就成为其关注的核心问题，上述思路和框架可以很好地应用于新型城镇化的研究中：新型城镇化实际上也是一个复杂的、动态的演化过程，这种演化是一个从时间到空间再到质态全方位、多维度变化的过程；历史、时间、空间、经济、社会等各种因素都会对演化进程产生不同影响；技术变迁和聚集经济在这一演化进程中发挥核心作用，是内生动力来源；制度变迁对技术变迁具有重要影响，并具有路径依赖性；不同区域、不同历史时期，城镇化的演化具有不同的规律；城镇化模式和道路选择也必然具有差异性；城镇化质态的提升依靠创新引领和驱动，通过结构转型

① 具体内容将在第六至第八章、第十至第十一章展开论述。

和市场化的内生发展路径支撑。

三、演化分析范式

在演化经济学基本假设基础上，可以用“遗传—变异—选择”的过程分析范式构建城镇化演化的理论框架：遗传机制——对应城镇化演化的“继承与延续”；变异机制——对应城镇化演化的“创新与变迁”，是经济系统演化的核心，创新有发生和扩散两个阶段（黄凯南，2010）；选择机制——对应城镇化演化的“转型与内生”。选择机制是经济系统在演化过程中如何寻找和确定演化路径的机制，重在研究变异或“新奇”在经济系统中扩散的原因、时间和方式。这种自然选择有时具有路径依赖性，往往是由市场化的力量所决定。正如阿尔钦（Alchian A.，1950）的观点，选择机制的核心是市场竞争。

演化经济学同时也强调路径创造（path creation），即开辟新的路径轨道（path trajectory）。贾根良（2015）认为，路径创造是“文明演进的根本性力量”，路径创造理论应该成为我国创新型国家建设的重要理论基础之一。

具体到新型城镇化问题，转型其实就是一种路径创造。这种转型或选择既要遵循城镇化发展的客观规律，坚持市场导向，又需要借助外部力量的推动，发挥政府的引导和协调作用。要打破原有模式的路径依赖，从传统的“要素驱动”转向“创新驱动”；从数量扩张到质量提升；从自上而下的外生模式向自下而上的内生发展转变。

第四节　新型城镇化的时空质动态演化阶段与规律

一、从传统城镇化到新型城镇化的演化过程

从空间状态上分析，从低水平均衡到非均衡发展，最后达到更高水平均

衡是城镇化空间结构演进的一般规律。根据弗里德曼（J.R.Friedmann，1966）对区域空间结构演进阶段的划分，结合世界城镇化及中国城镇化发展的历史进程，可以将城镇化的空间结构演化划分为以下四个阶段：

（一）低水平均衡阶段（低级城镇化阶段）

此阶段没有出现区域之间经济发展的不平衡问题，空间结构表现出极大的稳定性，处于一种低水平的均衡状态；人口、产业等要素较少流动；城乡基本处于分散和隔离状态；城镇化速度低甚至停滞，更谈不上质量。

以中国城镇化为例，中华人民共和国成立初期到改革开放，中国城镇化开始起步（1949 年城镇化率为 10.64%），并经历了“大跃进”和“文化大革命”时期的大起大落（由 1960 年的 19.8% 下降到 1978 年的 17.92%），近 30 年的年均增速只有 0.24%。随后陷入长期停滞。

（二）聚集发展阶段（初级城镇化阶段）

受工业化和极化效应的影响，区域发展开始出现不平衡，人口、产业大量向核心区（城镇）聚集，促使城镇规模扩大，城镇成为区域增长极，城乡差距扩大，呈二元结构；城镇化呈快速增长态势，但城镇往往呈粗放式增长，因而城镇化质量较低。

改革开放以来，受沿海外向型经济的驱动，中国城镇化开始快速发展，到 2012 年，城镇人口达 7.1 亿，城镇化率已超过 50%，与世界城镇化水平基本持平。年均增速基本达到 1% 的水平，其中，1995~2011 年连续 16 年加速发展，城镇化率年均提高 1.4 个百分点，有些省份年均提高 1.5 个百分点以上。这意味着每年有 1300 万左右的农民进城。此阶段的城镇化以人口和产业向城镇集中为主，即集中型城镇化。但是，由于重速度轻质量，积累了一系列的矛盾和问题。

（三）扩散发展阶段（中级城镇化阶段）

随着科学技术进步和产业结构的变化，新的、高层次的经济活动向大中城市聚集，同时，较低层次的传统产业活动向周边扩散。受扩散效应影响，城乡要素逐渐过渡、渗透，城市和农村两种异质空间相互作用的结果即形成城乡边缘区。城乡地理上的二元结构和区域“中心—外围”的空间结构逐渐转变为多核心结构，形成“核心区—城乡边缘区—外围区”的三元结构，出现城市郊区化；此阶段城镇化仍保持较快速度增长，随着产业结构的调整和经济结构的优化，城镇化质量有所提高。

随着中国城镇化进程的快速推进，城镇化的扩散效应日趋明显，尤其是在发达地区，城市群和城市带的形成使城镇化的发展进入一个新的阶段，开始出现郊区化甚至逆城镇化现象，即以分散型城镇化为主的阶段。从城镇化水平上看，北上广深等一线城市的城镇化率已超过 80%，城镇化速度基本稳定或下降，进入以提高质量为重点的新型城镇化时期。

（四）高水平均衡阶段（高级城镇化阶段）

城乡人口、产业等要素从聚集、扩散到进一步融合，呈现空间经济一体化、城乡一体化发展，产业结构趋于高级化，城市群不断形成和壮大并发挥强大的辐射带动作用，城镇功能得以提升和完善。城镇化速度和质量更加协调，尤其是城镇化质量得到显著提升，城镇化水平趋于稳定，区域经济发展和城镇化进入有序的高水平均衡阶段。

未来 10~20 年，伴随着城镇化进程的继续推进，中国城镇化进入以提升质量和效益为主的新的发展时期。速度与质量协调、城乡协调、区域协调，降低资源与环境的代价，实现经济社会的可持续发展，达到高水平均衡的新型城镇化目标，将是一项十分艰巨的历史任务和重大的战略转型构想。

各阶段特征与空间结构状况如表 4–1 所示。

表 4–1　城镇化空间演化的四个阶段及特征

阶段特征	城乡空间结构	城镇化速度 / 质量状况
Ⅰ低级城镇化	低水平均衡　城乡分离	速度低，质量低
Ⅱ初级城镇化	聚集发展　城乡二元	速度高，质量低
Ⅲ中级城镇化	扩散发展　城乡三元	速度中，质量中
Ⅳ高级城镇化	高水平均衡　城乡一体和融合	速度中，质量高

阶段Ⅰ和阶段Ⅱ基本对应传统城镇化时期，阶段Ⅱ和阶段Ⅲ是传统城镇化向新型城镇化的过渡时期，阶段Ⅳ则为新型城镇化时期。

城镇化速度与城镇化质量是城镇化进程中不可分割的两个方面。新型城镇化应立足本国实际，因地制宜，以提升城镇化质量为核心、以质量带动速度，实现城镇化速度与质量的协调推进，达到高水平均衡。

二、新型城镇化时空质演化规律

从时空质耦合的角度分析，城镇化空间结构的演化阶段对应从时间、空间到质态三个维度的动态演化过程，并遵从一定的规律性：

（1）时间维度的城镇化：表现为以诺瑟姆S形曲线表达的城乡人口随着工业化进程发展的有序变化的阶段性规律特征。即随时间推移，人口由农村向城市转移，城镇化水平得以提高（对应阶段Ⅰ和阶段Ⅱ）。

（2）空间维度的城镇化：表现为由聚集与扩散机制决定的集中型城镇化与扩散型城镇化交织的空间运行规律特征（对应阶段Ⅱ和阶段Ⅲ）。

（3）质态维度的城镇化：影响城镇化质量的各结构要素（如人口、土地、产业、资金、技术、制度、环境等）的优化配置组合和协调运行，主要表现在城镇功能的日趋完善、城镇承载能力的不断提升，城镇由粗放型增长向集约型发展转变的持续性发展规律特征（对应阶段Ⅳ）。

以上三个维度的演化详见第九章的分析。三个维度动态演化的规律特征如表4–2所示。

表4–2 新型城镇化的“时—空—质”动态演化规律及特征

维度	规律特征	动态表征	城镇化型（质）态
时间	阶段性	规模扩张—水平增长	数量型、增长型
空间	空间交织运行	城乡三元—城乡一体	数量型、外生型
质态	持续性发展	内生发展—功能提升	质量型、内生型

新型城镇化需要完成上述四个阶段（见表4–1）构成的一个完整的顺序演替，以及“时间—空间—质态”三个维度（见表4–2）完整的动态演化过程，由此表现出其演化的阶段性规律、空间交织运行规律以及持续性发展规律三个

"本质性规律特征"（胡星，2017）。

第五节　新型城镇化的动态演化模型

根据演化的特点，三个维度的演化并不是独立的，而是相互促进、相互影响、交织进行的。将前述"遗传—变异—选择"的分析框架纳入整个新型城镇化演化过程，根据各变量之间的横向对应和纵向关联，可以构建一个较为简单的新型城镇化演化模式框架（见图 4-1）。

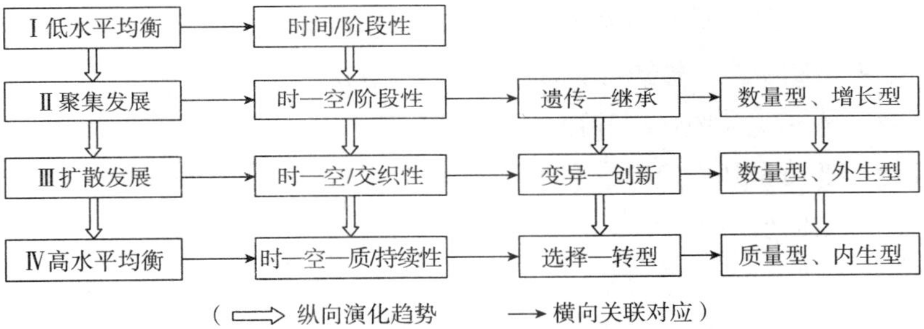

图 4-1　新型城镇化动态演化模型

通过中国城镇化各阶段发展相关数据实证检验分析（过程略），可以得到以下基本结论：过去几十年，中国传统城镇化是以一种较高增长速度但较低质量水平的非均衡演化方式推进；从空间维度来看，表现出空间的交织性运行规律特征，即城乡二元结构与三元结构的交织、聚集机制和扩散机制的交织。现阶段，中国城镇化正处于从中级阶段向中高级阶段的演进过程中，经过上述时—空—质顺次、交替与动态均衡演化和创新驱动，最后将迈向高级城镇化阶段，达到高水平均衡，实现由"数量型城镇化"向"质量型城镇化"的持续性发展、内生发展或高质量发展目标转型。

本章小结

本章基于演化经济学的新视角，用“遗传—变异—选择”的过程分析范式，构建了一个新型城镇化动态演化的模型框架。演化经济学的分析范式、动态演化观、质量型经济政策观以及研究方法体系等对于新型城镇化问题的研究具有重要的理论借鉴意义和现实应用价值。结合中国城镇化发展，揭示了从低水平均衡的传统城镇化到高水平均衡的新型城镇化的动态演化发展过程，揭示了三个维度的演化规律，即时间维度上表现出的阶段性规律，空间维度上表现出的空间交织运行规律，质态维度上表现出的持续性发展规律三个“本质性规律特征”。从空间结构看，主要表现为城乡关系从城乡分割到城乡二元、城乡三元再到城乡一体和城乡融合的过程；从城镇化速度与质量的关系来看，则表现为从低速度、低质量到中速度、高质量的过程，从数量型、增长型、外生型到质量型、内生型的形态转变。

第五章

新型城镇化的内涵特征、动力机制及相关检验

第一节　城市化与城镇化的含义

一、城市与城镇

“城”和“市”原本是两个不同的概念。在中国古代，“城”是指为抵御敌人而围起来的墙垣，“市”是居民交换商品的场所。在生产力发展的驱动下，商品生产日渐发达，商品交换日趋频繁，这种交换客观上要求安全、通达而又相对固定的环境，促进了“城”与“市”的相互结合，并最终走向统一，这才产生了真正意义上的城市，并形成了“市因城安”“城因市兴”的局面。可见，城市是“城”与“市”的自然结合，是人类社会发展到一定阶段的产物，是工业、商业、交通、服务业、金融业、信息业等的集中地，是社会进步的标志和

人类文明的结晶，并且伴随着生产力的发展与生产关系的变革，逐步成为一个国家或地区的政治、经济和文化中心。

相比“城市”概念，“城镇”一词最早出现在行政层面。城镇定义在世界各国体现出不同的特点。例如，埃及等国规定首都和地区中心为城镇；伊朗、墨西哥、肯尼亚等国以居民点人口数量为划分标准，规定有一定数量以上的人口才称为城镇；荷兰、南斯拉夫等国用人口规模和从业构成两个指标，规定从事农业生产的人口比例不超过某一比例的居民点为城镇；印度、捷克和斯洛伐克等国采用多个指标——人口数量、人口密度、成年男子从事非农业活动比例等来定义城镇。以上定义城镇的各种标准都反映了城镇区别于乡村的本质特征。通常情况下，城镇的本质特征表现为：其一，在规模上，城镇相对乡村而言聚居较多的人口；其二，城镇的人口密度与建筑密度比乡村密度要大；其三，在物质构成上，城镇具有较完善的市政设施和公共设施。

与“城市”和“城镇”词义相近的是“市镇”，即具有交易功能性质的场所，也指由于人口迁移和商品贸易的发展而形成的一个居民聚落地。如我国明清时期的江南地区（苏州、杭州、湖州等地），依托农业、手工业和商品贸易的发展及京杭大运河发达的水系交通，围绕丝绸和棉布两大产业，形成了 1000 多个市镇。丝织业的发展也进一步吸引人口大量迁居此地，富豪商贾云集，由此带动了江南水乡经济的繁荣和兴盛。

中华人民共和国成立之初，我国设立城镇的标准较低，改革开放后，我国城镇化步伐加快，虽然参考指标历经数次变化，但划分标准依然集中在人口数量、从业状况、生产总值、行政职能作用等方面。本书定义的城镇是指经国务院批准的设市建制的城市市区和经批准设立的建制镇的城区。城镇通常情况下表现出人口高度集中、以二三产业为主、政治经济文化中心、生产力先进等特征。

二、城市化

城市化概念是城市化理论的起始问题。1867 年，西班牙工程师塞达（A. Serda）在其《城镇化基本理论》一书中，首次使用了 Urbanization 概念，翻译成中文即为城市化或城镇化。城市化现象真正发端于 18 世纪工业革命，并逐渐成为一种全球化的趋势，直到 20 世纪，这一名词才在全球范围内被学者普遍接受。

国外学者对城市化的研究分布在不同的学科。人口学代表人物埃尔德里奇（H. Eldridge）认为，“人口的集中过程就是城市化的全部含义”，其界定 Urbanization 的含义强调人口在地理空间上分布的变化，表现为“人口从乡村地区流入大城市以及人口在城市中的集中”。[①] 从这个角度看，Urbanization 可以理解为人口城市化，即“居住在城市地区的人口比重上升的现象”。社会学代表人物沃思（L. Wirth）等对 Urbanization 的阐释更强调人们生活方式上的改变，认为“城市化是指从农村生活方式向城市（镇）生活方式发生质变的过程”。地理学界认为，城市化是指在地理空间内非城市地域逐渐转变成以集中和高密度为主要特征的城市性地域特征的过程，地理学把城市化看成一个空间变化过程，它最直观的表现就是地域的转化，即“空间城市化”的过程。从城市经济学的角度解读 Urbanization 的含义则侧重于城乡之间生产要素流动和经济方式的转变，诸如城市经济学家 K. J. 巴顿（Buton）在《城市经济学》一书中从要素流动的角度将城市化定义为人口和经济活动在地理上的大规模集中。

各学科都根据自身学科特点对城市化概念进行了解释，都有其合理性。多学科视野下的城市化概念，能帮助人们更加全面、深刻地理解和研究城市化问题。

经济学主要从工业化的角度来定义城镇化，认为城镇化是随着工业化的进展而出现的经济活动或生产要素在城市的集聚，并产生一定的集聚效应；“城市化”是指农村经济向城镇经济转变中，伴随要素向城市的聚集，产业结构和就业结构等经济结构实现非农化、高级化发展的过程。其中，人口和劳动力的空间转移是主体。

三、城镇化与城市化的区别

城镇化概念晚于城市化，但二者内涵上没有本质区别。如辜胜阻（2012）认为城镇化是指农村人口向城镇区域转移的过程。周加来（2001）认为，城镇化是农村地域向城市地域的转化过程。倪鹏飞（2013）认为，城镇化不仅表现为城镇数目的增多、城市面积的扩大、城市人口的增加，还包含人口职业、产业结构、空间形态的转变。但从词义上看，二者又有所区别，城镇既包含了

① 洪俊、宁越敏：《城市地理概论》，安徽科学技术出版社，1983 年版，第 17–18 页。

"城市"又包含了"镇",含义比城市化更广。因此,城镇化既包括城市化,又突出了中小城市与中心镇的地位。或者说二者强调的重点不一样。立足于我国的国情,现有正式的官方文件都使用"城镇化"一词(本书也使用"城镇化"一词)。

第二节　新型城镇化的内涵与特征

一、新型城镇化的内涵

"新型城镇化"是在"城镇化"概念基础上的进一步延伸,其在非农产业扩大、人口集聚、城镇空间扩张和城镇发展意识转化四个方面与传统的"城镇化"概念并无明显差异,只是在实现的目标、内涵、方式及内容上有所区别(单卓然等,2013)。

2007 年 3 月,习近平在《走高效生态的新型农业现代化道路》一文中首次使用"新型城镇化"一词。但作为一个概念,新型城镇化出现于官方正式文件是在 2012 年底。2012 年中央经济工作会议首次正式提出"把生态文明理念和原则全面融入城镇化全过程,走集约、智能、绿色、低碳的新型城镇化道路"。2013 年 1 月 29 日,在住房城乡建设部公布的首批 90 个国家智慧城市(镇)试点名单里,使用了"城市(镇)"这一括号补充备注形式。

彭红碧等(2010)指出,新型城镇化是以科学发展观为统领的健康、可持续的发展过程。王发曾(2010)指出新型城镇化的实质是指能够适应和推动生产力提高的发展进程。发展方式方面更注重城镇化质量的提升,旨在优化城镇功能、传承文化精髓、塑造个性特色、实施人文关怀。

从国家战略层面,新型城镇化要反思传统城镇化过程中的错误做法,必须以可持续发展为重要内涵,注重人口城镇化与空间城镇化相协调,走结构功能优化、绿色低碳环保、安全健康、集约高效、社会和谐稳定之路。

根据众多学者对新型城镇化的理解和国家新型城镇化战略规划、党的十八大、十九大报告精神,结合新时代经济从高速增长向高质量发展阶段转变的要求，可以将新型城镇化的基本内涵概括为：新型城镇化是以城乡融合、产城互动、节约集约、生态宜居、和谐发展为基本特征的城镇化，是大中小城市、小城镇协调发展、互促共进的城镇化（陈飞、颜银根、何文，2014），是注重民生、注重可持续发展、注重质量和效益提升的城镇化。本书认为，在新时期，还应把乡村振兴和精准扶贫（精准脱贫）纳入新型城镇化的内涵，以乡村振兴促进城乡融合发展，实现新型城镇化高质量发展目标。

二、新时期新型城镇化的本质特征

新型城镇化从内涵上说，是从“物的城镇化”到“人的城镇化”的过程；从实现路径上看，是从“被动城镇化”到“主动城镇化”（徐匡迪 2013）的过程。在新的历史时期，新型城镇化也应当具有新的本质特征或质量特征。

（1）民生特征。新型城镇化在继续推进城镇人口数量增加的同时，更加强调“人的城镇化”，必须突出人的全面发展这一核心，走民生导向型城镇化道路。即从人的需求出发，坚持城市发展为了人民、城市发展的成果由人民共享。人的城镇化的关键是要积极有序地促进农业转移人口市民化，妥善解决其就业及住房、教育、医疗等社会保障和基本公共服务问题，解决城镇化进程中的“人的城镇化”与“地的城镇化”不协调问题，解决半城镇化问题。

（2）产业特征。新型城镇化是以产业为支撑，产城融合、城乡融合的城镇化。如果说传统城镇化的重点在于“城”，则新型城镇化要“城”“乡”兼顾。因此，新型城镇化必须以农业发展为基础，与农业现代化、新型工业化良性互动，协同发展。要构建现代产业体系，实现产城（镇）融合互动，集群发展。积极探索城镇化道路和模式，妥善解决“三农”问题，带动农业现代化的发展和乡村振兴，实现城乡融合。新时期新型城镇化战略还应与乡村振兴、精准扶贫战略构成一个有机整体。这是新时代赋予新型城镇化的新内涵和历史使命，也是实现城镇化高质量发展的客观要求。

（3）空间和效能特征。新型城镇化是空间结构优化、效能提升型的城镇化。新型城镇化更加注重城镇体系的空间合理布局、结构优化，注重城镇功能的完善和效能提升，注重大中小城市、小城镇与城市群的协调发展。在城镇化推进过程中，不断促进城市系统的形成和城市化区域的扩大。新型城镇化注重速度与质量协调，注重城镇化的质量和效率，是“质量型城镇化”。

（4）资源和环境特征。新型城镇化是集约、智能、低碳、绿色发展的城镇化。传统城镇化模式对我国本已脆弱的生态环境造成了巨大压力，新型城镇化绝不能再沿袭传统模式，必须把生态文明理念和原则全面融入城镇化全过程，转变发展方式，重视资源节约、环境保护，以现代新兴技术为支撑促进智慧城市建设，注重城镇的可持续发展，以最小的资源环境影响来获取最大的城镇化收益，向集约、智能、低碳、绿色发展转型。

（5）创新经济特征。新型城镇化是发展规模经济、聚集经济和创新经济的重要载体，与经济发展双向互促是其基本规律。新型城镇化是产业、人口等要素聚集的过程，也是培育和发展市场经济、创新经济的过程，规模经济和聚集经济效益的产生主要依靠市场机制，资本、知识、技术、创意、理念等创新要素发挥关键作用甚至决定作用，创新经济以及创新驱动发展必须激发内生动力。另外，必须注意正确处理好政府与市场的关系，既要坚持市场在资源配置中的决定作用，又要科学合理地发挥政府在创造制度环境、建设基础设施、提供公共服务及加强社会治理等方面的相应职能，提升政府治理的现代化、科学化水平。

三、新型城镇化的结构特征

（1）人口结构的转换。人口结构的转换即农业人口向非农业人口的转换。城市能够创造更多的就业机会，大量吸收农村剩余人口，劳动力从第一产业向第二产业、第三产业逐渐转移，从而发生就业结构与城乡人口结构的转换。

（2）地域结构的转换。由于城市数量增多，城市规模不断扩大，农业用地向非农业用地转换，从而发生城乡土地利用结构、城乡地域景观的转换。

（3）经济结构的转换。主要表现为产业结构的转换，即生产要素特别是劳动和资本等从农业向非农产业流动，并通过技术进步推进产业结构的转换升级。

（4）生活方式的转换。即城市文明不断向农村渗透，由农村生活方式转换为城市现代化的生活方式。

综上所述，新型城镇化包含着人口结构、地域结构、经济结构、生活方式的多方面的转换，是包括经济城镇化、人口城镇化、空间城镇化、城市文明的扩散与强化的过程（陈飞，2014）。除此，新型城镇化还包括社会城镇化、生态城镇化、生活城镇化等多个层面。它们之间相互联系、相互制约、相互协调的过程就是城镇化质量的提升过程。

四、新型城镇化与传统城镇化的区别

相较于传统城镇化，新型城镇化在发展理念、发展目标、发展方式、驱动力、空间布局等方面都与传统城镇化有本质的区别（见表 5-1）。

表 5-1　新型城镇化与传统城镇化的对比

	传统城镇化	新型城镇化
发展理念	物的城镇化	人的城镇化
发展目标	GDP 的增长、数量扩张	人的全面发展、质量提升
空间方向	人口向城镇的单向转移	城乡双向流动
推进方式	粗放、外延式；污染、失调	集约、内涵式；绿色、协调
驱动力	要素驱动、政府主导	创新驱动、市场主导
空间布局	摊大饼式，无序蔓延	科学布局，空间优化
城市建设管理	重建设、轻管理服务；环境恶化	注重管理服务；环境友好
产城关系	产城分离、产业同构	产城融合、集群发展
城乡关系	城乡对立，二元分割	城乡统筹，城乡融合
区域关系	各自为政，恶性竞争	区域合作，协同发展

第三节　新型城镇化的动力机制

城镇化的动力机制是指影响城镇化发生和发展的各动力要素的构成及运行过程。世界城镇化经验显示，城镇化过程受农业、工业和第三产业三大主导力量的共同推动。

作为动态过程，中国新型城镇化核心动力来源主要是经济增长、技术创新和产业结构转换三种动力机制。与国外相比，中国由于国情不同，又表现出自己的特点。在行为主体方面，既有政府主导并推动的“自上而下”城镇化的

动力机制，又有以市场微观主体——家庭和企业及农村工业化带动的“自下而上”的动力机制；也有信息化推动产业结构优化升级从而推动新型城镇化质量提升的新动力。概括而言，我国城镇化的驱动力受多种因素的影响，一是“推力”，即劳动力剩余、农业劳动生产率提高；二是“拉力”，即城市二、三产业的发展，就业机会的增加；三是“助力”，即政府的推动和引导。除此之外，还有来自制度和政策的“阻力”，如户籍制度、土地制度、就业制度、社会保障制度等。总之，城镇化的动力机制是综合多元的。本书从其内生动力、外部推力和区域耦合力三个方面进行分析。

一、新型城镇化的内生动力（源动力）

从经济学角度看，城镇化是伴随经济增长而出现的一种经济结构转换过程。国内外大多数学者的研究表明，经济增长一般会带来城镇化水平的提高，而城镇化水平的提高又会促进经济增长。在现代经济增长条件下，科技进步的作用日益增大，经济增长的科技含量越来越高。科技进步会深刻地促进产业结构的转换，推动经济增长，进而影响城镇化进程。可以说，由技术进步带来的产业结构的转换是推动城市化发展的源动力。

城镇化通常表现为城镇人口的增加、城镇面积的扩大，是各要素在空间上聚集的结果。所以，城镇具有聚集效应，而聚集效应产生于产业的发展和产业结构的变化。产业结构与城镇化的关系非常紧密，产业结构的演进会改变城市的形态和规模，进而影响城镇化的发展进程，即产业结构与城镇化是相辅相成、相互促进的。

从发达国家城市化的经验来看，三次产业结构的变化是城镇化发展的内在驱动力。其中，农业发展是城镇化的初始动力，是推力。威廉·刘易斯提出的二元经济结构模型就曾指出，农业效率的提高产生了农业剩余人口，农业剩余人口为城市二、三产业的扩张提供了充足的劳动力。产业革命之后，工业化则成为城镇化的核心动力。第二产业属于要素密集型，需要投入大量的资本和劳动力。诺瑟姆在观察了自 1800 年以来世界城镇人口变化和城镇化发展的总体趋势后，把城镇化的过程分为三个阶段：初始阶段、加速阶段、成熟阶段。在加速阶段，城镇化水平急速提高，工业逐渐发展成为吸收就业能力最强的产业，工业的发展促使人们向城市聚集，居民点趋于集中。所以，一方面，第二产业自身吸纳了大量劳动力，推动了城镇化；另一方面，城镇的规模效益又使第二产业大量集中于城镇区域内，从而又拉动了城市的发展。随着工业化步入现代化阶段，资本密集化程度提高（尤其是现代社会，如人工智能技术的飞速进步），使现代工业部门创造的就业机会越来越少，众多工作岗位甚至将被机器（人）所替代，大量的农村劳动力将转移到城镇商业、服务业等第三产业领域，第三产业开始崛起，并一跃成为城市产业的主角，并且由于其自身对劳动力巨大的吸纳能力而成为城镇化的后续动力。

二、新型城镇化的外部推力

中国传统城镇化是政府主导型的城镇化，而新型城镇化与政府行为的高度关联在学术界也取得了高度的认同。申振东（2004）、钱文荣（2014）等对政府行政管理体制改革滞后、管制扩张趋势等论述表明，政府行为与城镇化发展具有十分密切的联系。

但政府在城镇化过程中会发挥重要的引导和推动作用。例如，通过制定宏观经济政策和区域发展战略，可以为新型城镇化建设提供指导与建议，从而有利于城镇化健康快速发展；政府通过制定新型城镇化发展规划，为新型城镇化发展提供依据与发展方向。但是，作为制度供给的主体，政府也可以通过相应的制度安排来影响和控制甚至是阻碍城镇化进程。目前政府对新型城镇化进程影响最大的制度，主要是土地制度和户籍制度以及劳动人事制度等。也就是说，政府对城镇化的主导作用既可以成为一种推力，也可以成为一种阻力。

三、新型城镇化的区域耦合力

耦合，来自物理学的一个概念，一般是指两个或两个以上的系统或运动方式通过各种相互作用而彼此影响的一种现象。经济学家借用“耦合”来描述经济领域中的某些现象。如在产业层面，通过寻找两个或更多产业之间相互作用的最佳结合方式，使其相互促进，互为支撑，协调发展，从而既促进传统产业转型升级，又推动企业可持续发展。尤其是随着资源、环境约束日益突出，一些资源依托型产业，比如冶金、化工、传统能源等产业市场增长空间越来越小，发展前景堪忧。因此，转向多元、低碳、高效的耦合发展模式成为一种必然。

从区域或空间层面上看，新型城镇化是人口集中、空间扩张和经济发展相互作用和促进的过程，亦即耦合过程。区域耦合力，一方面可以指人口城镇化、经济城镇化与空间城镇化等相互作用、相互依赖的程度（也可反映城镇化的协调程度，后有计量分析），另一方面也可指农村趋向城镇的聚集力和城镇对农村的扩散力，即城乡要素之间的自由流动和相互融合、相互渗透。农村自身的发展，尤其是农业劳动生产率的提高及农村非农产业的快速发展产生了趋向城镇化的强大聚集力，在农村劳动力不断向城镇聚集的同时，城镇的经济要素如资本、技术、信息以及生活方式等也会向周边农村渗透，形成扩散，从而推动城乡一体化发展和城乡融合。城镇化实际上也是要素资源的再配置过程，这表现为要素在空间上的聚集—扩散。这种聚集力与扩散力的相互作用、相互影响、相互融合也是推动我国城镇化的重要动力。因为，新型城镇化本质上也是结构转型的过程，是经济从分散到集中，再到融合的过程。

总之，新型城镇化的动力机制也处于不断演化中，由单一向多元转变、由政府主导向市场推动转变。同时，创新因素等也成为城镇化质量提升的新动能。

第四节　城镇化与经济发展的相关性分析

如前所述，城镇化是伴随经济增长、产业结构转换而呈现出的一种必然过程，同时，城镇化通过聚集效应和规模经济效应的发挥促进经济增长和经济发展。即城镇化与经济增长和经济发展密切相关（前面已有大量学者的相关研究综述）。

一、城镇化与经济增长的相关关系

利用相关统计数据，做简单回归分析。

对 1980~2015 年中国经济增长水平及城镇化率数据（见图 5-1）取对数做一元回归，可得：$urban = -72.98 + 21.96\log GDP$。

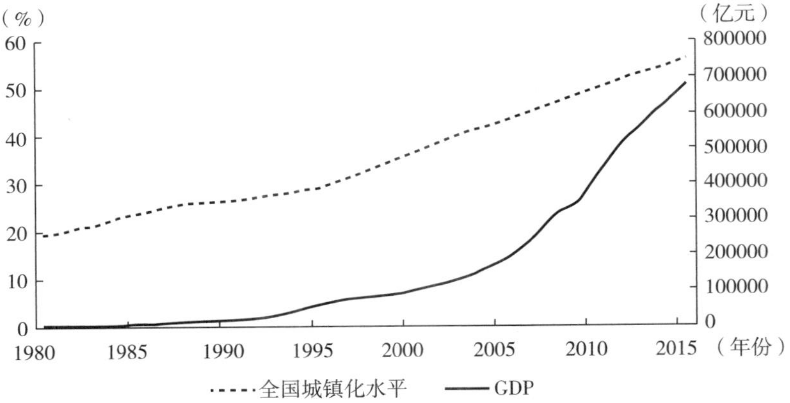

图 5-1　1980~2015 年中国经济增长水平及城镇化率

资料来源：笔者根据《中国统计年鉴》相关数据整理。

由此可知，城镇化与经济增长之间具有正相关关系，并且随着时间的推移，经济增长水平对城镇化率的影响越来越大。但是，就总体趋势而言，城镇化是经济增长和经济发展的必然结果，而不是经济发展的源动力，不是反过来靠“自上而下”的设计做出来的结果，尤其是通过行政权力强制安排出来、推出来的城镇化。从前面的动力机制分析来看，城镇化具有内生性特征。

二、城镇化与产业结构的相关关系

众多学者也从不同角度对城镇化与产业结构的关系进行了研究，得出了城镇化与产业结构存在相互影响的关系。张宗益等（2015）通过构建新型城镇化综合指标体系和产业结构高级化率指标，用 GMM 模型分析东部、中部、西部各地区城镇化对产业结构升级的影响，得出东部、中部、西部地区具有不同的产业结构升级的现象。蓝庆新等（2013）通过空间自相关检验和空间局域 LISA 地图，分析了新型城镇化和产业结构升级在中国各省的分布格局和空间上的相互依赖性，结果显示，中国新型城镇化和产业结构升级存在显著的空间相关性。

对 1998~2014 年中国三次产业构成中二、三产业比值与城镇化率数据（见图 5-2）做一元回归（令三次产业结构中第三产业增加值 / 第二产业增加值为 X），可得：urban =−0.243+0.729X。

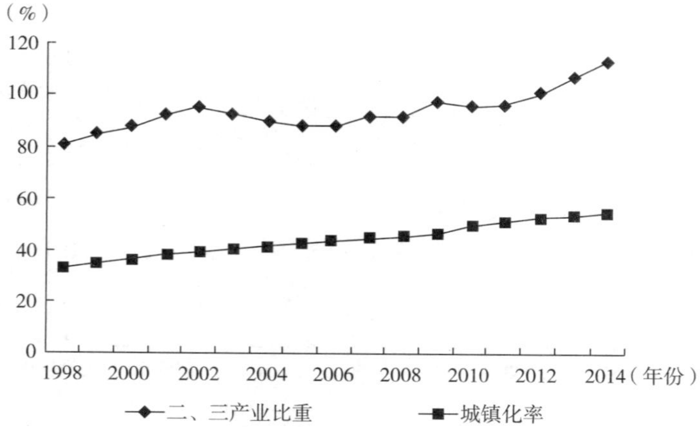

图 5-2　中国三次产业构成中二、三产业比值与城镇化率

资料来源：笔者根据《中国统计年鉴》相关数据整理。

由此可知，新型城镇化与产业结构优化呈正相关，在城镇化发展过程中产业结构不断变化，日趋合理，经济结构逐步优化。

第五节　产业结构变动与城镇化关系的实证检验
——基于区域空间差异的分析

一、指标选择及数据处理

（一）指标选择

产业结构变动（升级）可以从两个方面考察，即产业结构高级化和产业结构协调性。

1. 产业结构高级化指标

产业结构高级化主要表现为三次产业所占比重沿着第一、第二、第三产业的顺序不断上升的过程。为此，定义产业结构高级化变化值 W 如下：首先，将三次产业中每个部分增加值占 GDP 的比重作为空间向量中的一个分量，从而构成一组 3 维向量 $X_0=(x_{10}, x_{20}, x_{30})$，然后分别计算 X_0 与产业由低层次到高层次排列的向量 $X_1=(1, 0, 0)$，$X_2=(0, 1, 0)$，$X_3=(0, 0, 1)$的夹角 θ_1，θ_2，θ_3。

$$\theta_j = \arccos\left[\frac{\sum_{i=1}^{3}(x_{ij} \cdot x_{i0})}{\sum_{i=1}^{3}(x_{ij} \cdot x_{ij})^{0.5} \sum_{i=1}^{3}(x_{ij0} \cdot x_{i0})^{0.5}}\right] \quad (j=1, 2, 3) \quad (5-1)$$

其次，定义产业结构高级化值 W 的计算公式如下：

$$W=\sum_{k=1}^{3}\sum_{j=1}^{k}\theta_j \quad (5-2)$$

W 越大，表示产业结构高级化水平越高。

2. 产业结构协调性指标

产业结构协调性是指伴随产业结构的不断调整，产业间的关联程度和协调能力不断增强。可以用结构偏离度来反映产业结构的合理化程度。由于结构偏离度指标在计算过程中采用绝对算法，而且未能反映各部门在经济体中的重要程度，引入泰尔指数进行改进。具体计算公式如下：

$$TL=\sum_{i=1}^{n}(Y_i/Y)\ln\left(\frac{Y_i/L_i}{Y/L}\right) \quad (5-3)$$

其中，TL 为泰尔指数，代表产业结构合理化程度；Y 代表各部门产值，L 代表就业人数，i 代表产业，n 代表产业部门数，当各产业部门生产率水平相同，即 $Y_i/L_i = Y/L$ 时，TL 为 0，表示产业结构处于均衡状态，即产业结构协调性较高；当各产业部门生产率水平不同时，TL 值偏离 0，产业结构协调性差，表示产业结构不合理。

3. 城镇化指标

$$Urb = N_1/N \quad (5-4)$$

其中，Urb 为城镇化率，N_1 为该地区城镇人口数，N 为该地区总人口数。

（二）资料来源与处理

本书所用原始数据包括2006~2016年中国31个省份的三次产业产值、三次产业就业人数、城镇人口数量、总人口数量，31个省份的三次产业产值原始数据来自国家统计局和《中国统计年鉴》(2017)，各省份三次产业就业人数、各省份城镇人口数量和总人口数量原始数据来自各省份2017年的统计年鉴。

本书将中国31个省份分为东北、东部、中部和西部四类地区（东北地区包括辽宁、吉林和黑龙江；东部地区包括北京、上海、天津、河北、江苏、浙江、福建、山东、海南和广东10个省份；中部地区包括山西、河南、湖南、湖北、安徽和江西6个省份；西部地区包括陕西、内蒙古、甘肃、四川、重庆、广西、西藏、贵州、云南、青海、宁夏和新疆12个省份）。将所选指标按照四地区分类对数据进行处理得到产业结构高级化指标W、产业结构协调性指标TL和人口城镇化率Urb。具体来说，利用各地区三次产业产值和三次产业就业人数，计算三次产业就业人数与三次产业产值之比，运用产业结构协调性指标计算公式计算出2006~2016年TL值；利用各地区三次产业产值计算三次产业构成，运用产业结构高级化指标计算公式计算得出2006~2016年W值；利用各地区城镇人口数和总人口数之比计算Urb。

二、区域产业结构和城镇化发展差异分析

（一）东北地区发展现状

图5-3表示了2006~2016年东北地区产业结构变迁和城镇化发展趋势，W表示产业结构高级化程度，TL表示协调性水平，Urb反映城镇化水平。其中Urb和TL参照主坐标轴，W参照次坐标轴。由图5-3可知，东北地区城镇化率呈稳步上升趋势，截至2016年底，东北地区Urb值为61.7%。产业结构高级化程度大体上呈上升趋势，自2012年后高级化水平W上升速度较快，从2012年的6.45增加到2016年的6.67，上升了11.9%。而产业结构协调性发展不稳定，2010~2013年产业结构协调性较差。

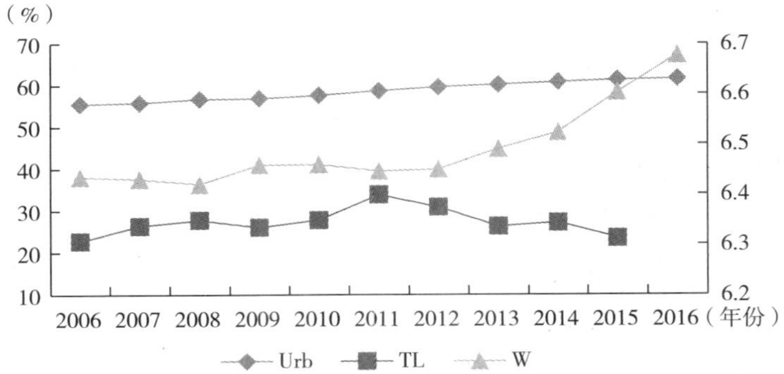

图 5-3　2006~2016 年东北地区产业结构变迁和城镇化发展趋势

注：Urb 和 TL 参照主坐标轴，W 参照次坐标轴。

（二）东部地区发展现状

由图 5-4 可知，2006~2016 年东部地区城镇化水平、产业结构高级化和协调性发展趋势平稳，城镇化水平 Urb 呈逐年稳步上升趋势，截至 2016 年底，东部地区人口城镇化水平为 65.94%。东部地区产业结构高级化水平 W 呈稳步上升趋势，2012 年之后增速达到 0.57%，将近之前增速的两倍，截至 2016 年底，东部地区 W 值为 6.95。产业结构协调性水平 TL 呈稳步下降趋势，2012 年后，东部地区产业结构协调性指标 TL 一直位于 0.15 以下，表明东部地区产业结构整体协调性较好，并且呈更加协调趋势。

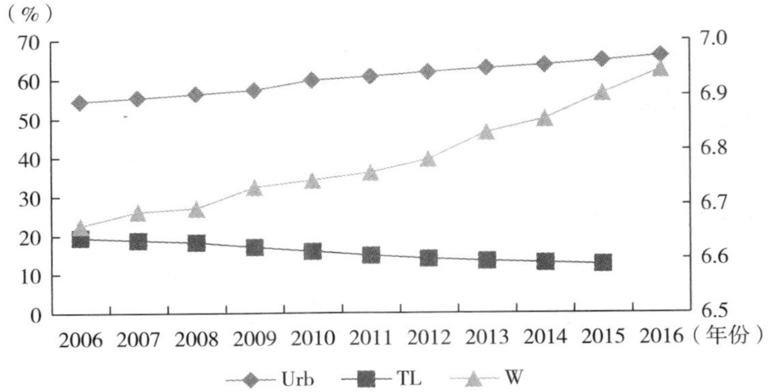

图 5-4　2006~2016 年东部地区产业结构变迁和城镇化发展趋势

注：Urb 和 TL 参照主坐标轴，W 参照次坐标轴。

（三）中部地区发展现状

图 5–5 显示了 2006~2016 年中部六省整体的产业结构和城镇化发展趋势。中部地区城镇化水平 Urb 呈稳步上升趋势，截至 2016 年底，中部地区整体城镇化水平为 54.21%。中部地区产业结构高级化水平大体上呈上升趋势，协调性水平呈下降趋势，相比东部地区，中部地区产业结构发展不太平稳，2006~2012 年，产业结构高级化和协调性水平较低，2012 年后产业结构高级化发展速度越来越快，产业结构协调性大大提高，截至 2016 年底，高级化水平 W 为 6.61，协调性控制在 0.2 以下。

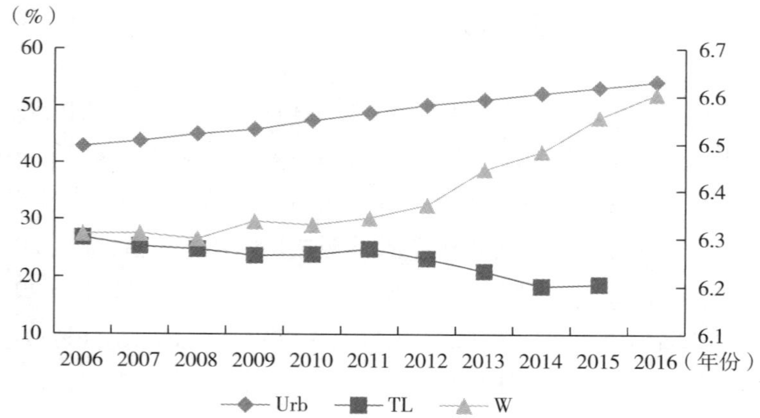

图 5–5　2006~2016 年中部地区产业结构变迁和城镇化发展趋势

注：Urb 和 TL 参照主坐标轴，W 参照次坐标轴。

（四）西部地区发展现状

图 5–6 显示了 2006~2016 年西部地区整体产业结构变迁和城镇化发展趋势。同其他地区一样，西部地区城镇化发展水平呈平稳上升趋势，而产业结构高级化水平发展不平稳，说明西部地区产业结构发展不均衡，有待进一步调整。虽然产业结构协调性水平优于东北地区、东部地区和中部地区，但是西部地区的工业化发展水平较低，产业结构不平衡问题依然较重，协调性水平较低。截至 2016 年底，西部地区城镇化水平 Urb 为 50.19%，低于东北地区、东部地区和

中部地区，产业结构高级化水平 W 为 6.75，低于东部地区，高于东北地区和中部地区。

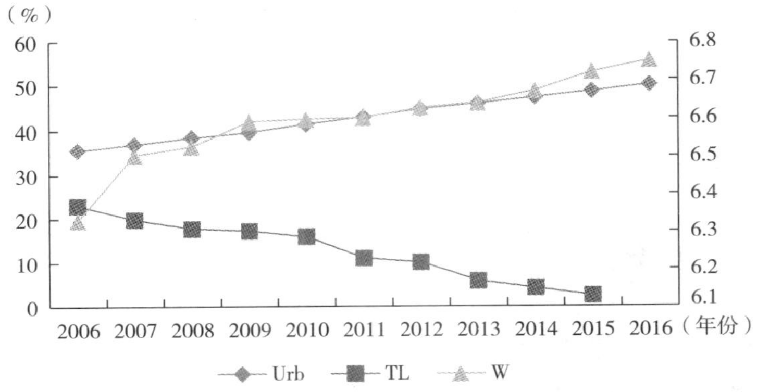

图 5-6　2006~2016 年西部地区产业结构变迁和城镇化发展趋势

注：Urb 和 TL 参照主坐标轴，W 参照次坐标轴。

三、实证检验

（一）模型建立

用最小二乘法可以判断产业结构协调性和产业结构高级化与城镇化之间的关系，对 TL 和 W 分别取对数形式，消除异方差的影响，构建如下计量模型：

$$Urb = C + \beta_1 lnTL + \beta_2 lnW + \mu \quad (5-5)$$

其中，Urb 为城镇化率，lnW 为产业结构高级化水平的对数，lnTL 为产业结构协调性程度的对数，μ 为随机误差项。通过处理原始数据，计算得出各年城镇化率 Urb 值、TL 值和 W 值，并构建计量模型测定产业结构协调性与高级化对城镇化发展程度和方向的影响。

（二）平稳性和协整检验

在利用 EViews 对所有变量数据进行回归分析之前，对数据进行平稳性检验和协整检验，若变量不平稳，需检查变量一阶差分后是否平稳，当所有变量同阶平稳时，则对数据进行协整检验，若残差项具有平稳性，则因变量与自变量具有长期均衡关系，然后利用广义最小二乘法对时间序列数据进行估计。

对东北地区、东部地区、中部地区和西部地区分别进行单位根检验，不难发现，对所有变量进行一阶差分估计后，数据变得平稳，其中东部地区平稳性最好，在 5% 的水平下，Urb、lnTL 和 lnW 的 ADF 值分别为 −4.37108、−3.8732 和 −3.3014，而其余地区在 10% 的水平下平稳。对残差项进行协整检验发现 e_i 在 5% 水平下平稳，因此自变量与因变量具有长期均衡关系。

（三）结果分析

利用广义最小二乘法对四地区变量数据进行分析，结果如表 5–2 所示。四地区 R^2 均在 0.82 以上，表明模型拟合优度较高，其中东部地区的 R^2 为 0.9933，表明模型拟合优度最好。F 值均在 163 以上，P 值较低，表明变量的解释能力较强。

表 5–2　产业结构高级化与协调性对城镇化的回归分析结果

变量	东北地区	东部地区	中部地区	西部地区
lnTL	−0.092654 （0.0095）	−0.21659 （0.0527）	−0.137237 （0.0636）	−0.03795 （0.002）
lnW	2.453744 （0.0002）	0.752354 （0.0001）	1.111245 （0.0353）	1.0554 （0.02）
R^2	0.873014	0.9933	0.823797	0.9478
F 值	240.6	519.04	163.63	478.44
P 值	0.00073	0.00	0.0022	0.00032

注：括号内数据为该变量的 P 值。

从产业结构协调性 TL 上看，lnTL 的系数均为负值，且解释能力较强，表明产业结构离差程度越大，对城镇化的阻碍能力越大，产业结构离差程度越小，对城镇化的阻碍能力越小。由于产业结构离差程度越小，产业结构协调性越好，因此对城镇化的促进作用越显著。不难发现，东部地区产业结构协调性对城镇化水平的影响最大，结构离差水平每增加 1 个单位，城镇化水平下降

21.659%，中部地区和东北地区次之，由于西部地区产业大部分是工业，虽然产业结构离差值较小，但产业结构协调性对城镇化的影响较小。

从产业结构高级化程度 W 上看，lnW 的系数均为正数，且系数比较显著，解释能力较强，表明产业结构高级化程度越高，对城镇化水平的正向推动作用越强。东北地区 lnW 的系数最大为 2.453744，中部和西部地区系数次之，东部地区最小。也就是说，产业结构高级化程度对东北地区、中部地区和西部地区城镇化的正向作用更显著，对东部地区城镇化的影响相对较小，也表明中国各地区产业结构高级化发展水平差异显著，东北地区、中部地区和西部地区对产业结构高级化的依赖程度较高，主要依靠大力发展二三产业，提高产业结构高级化水平来促进城镇化，东部地区产业结构协调性相对较好，高级化发展水平较稳定，两者对城镇化的影响相对均衡，但是协调性对城镇化的促进作用更明显。

从高级化和协调性数值上看，$|\beta_2/\beta_1|$ 均大于 1，表明目前中国产业结构高级化对城镇化的推动作用大于协调性，2006~2016 年中国产业经济的发展更加注重高级化的发展，对协调性的关注度相对较低。也从侧面表明了各地区产业协调性还有待加强，并进一步趋于稳定和优化。

（四）结论

（1）产业结构协调性指标 TL 与城镇化率 Urb 负相关，即产业结构离差程度对城镇化发展具有抑制作用。其中，东部地区产业结构协调性对城镇化的推动作用最明显，中部地区次之，产业协调性在东北地区和西部地区发挥的作用较小。

（2）产业结构高级化 W 与城镇化率 Urb 正相关，即产业结构高级化对城镇化发展具有正向推动作用。东北地区对产业结构高级化依赖性最高，提高产业结构高级化水平，对东北地区城镇化促进作用最显著，中部地区和西部地区次之，对东部地区城镇化水平的正向推动作用相对较小。

（3）东北地区、东部地区、中部地区和西部地区产业结构变动和城镇化的关系有差异。从人口城镇化率上看，东部地区最高，东北地区和中部地区次之，西部地区最低。截至 2016 年底，东部地区人口城镇化率为 65.94%，东北地区和中部地区分别为61.67%和54.21%，西部地区为50.19%。从产业结构高级化指标看，东部地区高级化水平最高，为6.94，其次是西部地区和东北地区，中部地区最差，为6.61。从产业结构协调性指标看，东北地区产业结构离差值最大，协调性最差为0.2344，西部地区最好，东部地区产业结构协调性相对较好，TL值为0.1246；中部地区接近0.2，较差。

上述原因在于：东北地区由于历史时期老工业基地的建设，经济得到快速发展，使目前东北地区人口城镇化水平相对较高，但是由于资源短缺和环境问题，东北地区的工业发展受到很大限制，第三产业发展不足，产业协调性较差；东部地区的整体城镇化发展水平和产业结构相对较好，产业结构高级化程度最高，城镇化率的提高是以产业结构高级化为主、产业结构协调性为辅共同推动；中部地区和西部地区城镇化率较低，产业发展主要依靠工业，尤其是西部地区第三产业发展较慢，劳动生产率较低，产业部门相对单一，三次产业的劳动生产率接近，使产业结构离差程度较小，因此西部地区存在较为严重的产业结构高级化和协调性失衡问题。

总之，产业结构高级化和协调性即产业结构的变动与城镇化密切相关；不同类型地区对城镇化的影响存在较明显的空间差异；由此也可为各地区采取不同的产业结构调整政策提供依据。即东部地区继续保持产业结构的高级化与协调性的均衡演进，东北地区在推进高级化的同时，应以产业协调性为主，中部地区和西部地区应当以推进产业结构高级化和协调性并重。

本书还采用1991~2016年河南省城镇化率与三次产业产值数据，通过协整分析的方法考察了三次产业对城镇化的推动作用；通过格兰杰因果检验考察了城镇化对三次产业的拉动作用，结果表明：城镇化与产业结构之间存在长期均衡关系，并具有明显的互动关系（计算过程略）。

本章小结

本章首先对城市化、城镇化等相关概念进行了界定，城市化与城镇化二者是既有联系又有区别的概念。而新型城镇化是基于传统城镇化的弊端而提出来的一个新概念，其与传统城镇化无论是在发展理念、发展目标，还是在发展方式及产城关系、城乡关系等方面都有本质区别。从内涵上说，新型城镇化是从“物的城镇化”到“人的城镇化”的过程；在新的历史时期，新型城镇化也具有新的本质特征或质量特征，主要表现在民生特征、产业特征、空间特征、资源环境特征、创新经济特征等方面。新型城镇化的动力机制也处于不断演化中，由单一向多元转变、由政府主导向市场推动转变；同时，创新因素等也成为城镇化质量提升的新动能。

城镇化是伴随经济增长、产业结构转换而出现的一个必然过程，与经济发展密切相关。本章选取产业结构高级化指标和协调性指标，对东部地区、东北地区、中部地区和西部地区的产业结构与经济发展关系进行了实证分析，并经过平稳性和协整性检验，结果表明：产业结构高级化和协调性即产业结构的变动与城镇化密切相关；不同类型地区对城镇化的影响存在较明显的空间差异，由此可为各地区采取不同的产业结构调整政策提供依据。即东部地区继续保持产业结构的高级化与协调性的均衡演进，东北地区在推进高级化的同时，应以产业协调性为主，中部和西部地区应当以推进产业结构高级化和协调性并重。

第六章

中国传统城镇化的发展现状与结构失衡分析

第一节 世界城市化的模式类型

1979 年，美国地理学家诺瑟姆（Ray M. Northam）通过研究世界各国城镇化的发展过程，描绘出了一条 S 形曲线。一些学者在此基础上介绍了城市化进程的一般规律，这些成为以后相关研究普遍接受的理论基础。例如，李笔戎（1988）全面介绍了发达国家 S 形的城市化全过程，即发生阶段变化速度缓慢、发展阶段变化速度加快、成熟阶段变化速度又趋减慢。谢文蕙（2008）提出了 S 形曲线的数学模型，并通过时间序列回归得出了全世界和部分国家的城市化发展所处的阶段。

根据城市化与工业化或经济发展水平之间的关系，可将世界城市化的发展模式分为三种类型：同步型城市化、过度型城市化和滞后型城市化（见表 6–1）。

（1）同步型城市化：在城市化进程中，城市化与工业化和经济发展水平相互协调、相互促进。随着城市规模的扩大和城市数量的增加，城市体系更趋合理，功能较为完善，城乡发展基本呈现一体化。西欧和北美发达国家的城市化基本属于这种类型。

（2）过度型城市化：也叫超前型城市化，是指城市化水平大大超过工业化水平，城市化的速度与经济发展阶段严重不协调，甚至出现了没有工业化的城市化。拉丁美洲及非洲的一些发展中国家属于此种类型。在这些国家，大量的农村人口涌入城市，但由于工业化水平落后，城市不能提供更多的就业机会和生活保障，城市人口膨胀、失业严重、生活条件恶化、犯罪问题多发等一系列社会矛盾问题凸显，“城市病”严重。

（3）滞后型城市化：是指城市化水平落后于工业化和经济发展水平，与过度型城市化相反。亚洲的一些国家，例如，印度、巴基斯坦，就出现过这种情况。为避免出现“城市病”，政府采取不当的城市化战略或制度安排，例如，户籍制度、城市限购等，来阻止城市化进程，结果不仅使城市的聚集效益得不到很好的发挥，而且还引发了诸如城乡差距扩大、离农人口“两栖化”等现象（王儒，2016）。

无论是过度型城市化还是滞后型城市化，都是一种违背工业化和经济发展规律的城市化模式。

表 6-1　世界城市化类型及特征

类型	工业化与城市化的关系	代表性国家（地区）
同步型城市化	相互协调	西欧、北美：美国、英国等
过度型城市化	城市化快于工业化	拉美国家：巴西、墨西哥等
滞后型城市化	城市化落后于工业化	亚洲国家：印度、巴基斯坦等

第二节　中国城镇化发展的基本特征

中国城镇化进程与世界城镇化一般规律基本吻合，呈现由慢到快的“半 S 形”特征。从发展类型看，城市化是一种先滞后、后超越于工业化和经济增长的模式。在改革开放以前，我国属于典型的滞后型城市化，如1960年我国城镇化率与工业化率之比仅为0.69，远低于1.4~2.5的合理范围。2010年以前，传统工业化道路（重工业倾斜战略）的缺陷、城乡分割的二元体制（户籍制度、土地制度、劳动就业制度、住房制度等）是这种滞后型城镇化的主要原因。2011年以后，城镇化发展明显快于工业化，但又引发了“产业空心化”、速度与质量不匹配等一系列问题。总体来看，城镇化与工业化的协调性较差。

中华人民共和国成立后中国城镇化的发展历程可用表6–2概括。

表6–2 中国城镇化发展历程及城镇化率的变化

时间	阶段	城镇化率变化
1949~1959年	起步阶段	10.6%~19.8%（年均增长0.9个百分点）
1960~1978年	曲折波动阶段	19.8%~17.9%（年均增长–0.1个百分点）
1979~1992年	恢复发展阶段	17.9%~27.5%（年均增长0.68个百分点）
1993~1997年	平稳发展阶段	27.5%~28.5%（年均增长0.2个百分点）
1998~2012年	快速发展阶段	28.5%~52.57%（年均增长1.6个百分点）
2013~2017年	新型城镇化阶段	52.57%~58.52%（年均增长1.2个百分点）

资料来源：笔者根据《中国统计年鉴》相关数据整理而得。

（1）从时间特征即发展阶段上看，中国的城镇化进程经历了中华人民共和国成立后的起步阶段、曲折波动阶段、恢复发展阶段、平稳发展阶段、快速发展阶段以及目前的新型城镇化阶段六个不同阶段。2011年城镇化率超过50%，2013年以来进入新型城镇化时期，2017年，城镇化率已超过58%，保持了高速发展的态势。目前，中国的城镇化又进入一个新的历史时期，即由高速增长进入高质量发展阶段。

（2）与发达国家相比，中国城镇化起步时间较晚，起步水平较低。一般认为，欧美等发达国家大规模的城镇化开始于19世纪的工业革命之后，而中国的城镇化则始于1949年之后，与发达国家相比整整晚了一个世纪。1949年，中国城镇化率只有10.6%，1978年不到18%。而巴西、墨西哥、韩国及欧美发达国家等起飞时都在26%以上。

（3）发展速度快，成效显著。中国城镇化虽然起步晚，但发展迅速，特别是改革开放以后，以每年 1 个百分点左右的速度增长，远超世界平均水平。城市数量、城市规模与现代化水平得到显著提高。

（4）从空间特征看，表现为区域间发展的不平衡和不充分，发展模式粗放，结构性矛盾突出。快速的城镇化增长水平也伴随着区域发展的不平衡，东部地区、中部地区和西部地区的城镇化水平差异大，尤其是西部广大地区的城镇化发展不充分，同时多方矛盾复杂交织，导致各种结构性失衡，因而城镇化总体质量水平不高。

（5）政府主导性强。与发达国家的工业化驱动型城镇化不同，中国的城镇化始终处于政府强有力的主导中，政府成为主要驱动力量。政府通过城镇化战略、方针、规划、制度、政策等对城镇化产生深刻的影响（促进或抑制作用）。同时，传统要素也是主要驱动力之一，而市场内生驱动、创新要素驱动则不足。

第三节　中国城镇化发展取得的成就

中国城镇化发展取得了如下成就：

（1）城镇化水平提高迅速。在近 20 年的时间里，我国城镇化进程明显加快，每年都保持 1% 左右的增长率，远远超过世界平均增长速度，也明显快于大多数发展中国家。根据国家统计局网站公布的数据，2011 年中国城镇人口首次超过农村人口，达到 6.91 亿，城镇化率达到 51.27%；2012 年，中国城镇化率追平世界平均水平，达到 52.57%；2013 年，中国的城镇化率超过世界平均水平，达到 53.73%。截至 2018 年底，中国城镇化率已经达到 59.58%（见表 6–3）。

表 6–3　中国城镇化率与增速

年份	城镇化率（%）	同比增长率（%）	年份	城镇化率（%）	同比增长率（%）
2001	37.66	3.98	2006	43.9	2.12
2002	39.09	3.80	2007	44.94	2.37
2003	40.53	3.68	2008	45.68	1.65

续表

年份	城镇化率（%）	同比增长率（%）	年份	城镇化率（%）	同比增长率（%）
2004	41.76	3.03	2009	46.59	1.99
2005	42.99	2.95	2010	47.50	1.95
2011	51.27	7.94	2015	56.10	2.43
2012	52.57	2.54	2016	57.35	2.23
2013	53.73	2.21	2017	58.52	1.57
2014	54.77	1.94	2018	59.58	1.06

资料来源：笔者根据《中国统计年鉴》（2017）及相关资料整理得到。

城镇化的快速发展解决了大量农村剩余劳动力的就业问题。《中华人民共和国2017年国民经济和社会发展统计公报》显示，2017年末，全国户籍人口城镇化率为42.35%，比2016年末提高1.15个百分点。全国农民工总量28652万人，比2016年增长1.7%。其中，外出农民工17185万人，增长1.5%；本地农民工11467万人，增长2.0%。

（2）城市数量不断增加，城镇体系日益完善。伴随着城镇化的快速推进，大中小城市及城镇的数量也快速增长。1978~2016年，全国城市数量从193个增加到658个。截至2016年，建制镇数量已经达到20883个，乡镇总数32683个，而且密集分布于珠江三角洲、长江三角洲等地带。城镇体系也日益完善，长三角城市群、珠三角城市群、京津冀城市群等城镇集群格局正在形成。一批具有国际竞争力的中心城市和专业城镇、特色小镇快速崛起，与此同时，大中小城市和中小城镇发展的协调性增强。

（3）城镇经济容量增加，综合功能得到提升，现代化水平不断提高，城市综合实力大大增强。在城市产业结构、空间布局、城市基础设施等方面都发生了明显的变化，人居环境条件显著改善。如1990年建成区面积为12856平方公里，2016年建成区面积达5.43万平方公里，增长了4倍多。年末实有道路面积也由1990年的10.2亿平方米增加至2015年末的71.8亿平方米；2015年人均城市道路面积15.60平方米，比2014年增加0.26平方米。城镇在公用事业建设方面也日益现代化，城市基础设施改善较快，城市用水普及率已经超过98%，燃气普及率已经超过95%，污水处理率已经达到90%。2015年末，建成区绿化覆盖率为 40.12%；排水管道长度从 2005 年的 1.3 万公里增长到 2015 年的 54 万公里，城市生活垃圾日处理能力从 3.7 万吨增长到 57.7 万吨。城市交通也有较快发展，特别是轨道交通。城市公共交通全年运送乘客从 483.7 亿人次增长到 769.8 亿人次。以轨道交通为主体的公共交通体系进一步完善，城市现代化水平显著提高。

总之，过去几十年城镇化的快速发展，为我国工业化进程、经济增长、劳动就业及人民收入水平的提高等做出了巨大贡献。

第四节　中国传统城镇化存在的主要问题

在取得巨大成就的同时，中国城镇化面临的问题和挑战也日趋严峻。例如，速度与质量不匹配；人口城镇化与土地城镇化不匹配；工业化与城镇化不协调；大中小城市发展不协调；高成本（能耗、污染）、低效率等。总之，各种结构失衡导致城镇化质量不高，突出表现为以下几点：

（1）城镇化与农业转移人口市民化不同步。农业转移人口规模大，市民化程度低，进程缓慢，面临的障碍多，这是我国城镇化的最大特色。据国家统计局网站消息，2018 年全国人户分离人口（即居住地和户口登记地不在同一个乡镇街道且离开户口登记地半年以上的人口）为 2.86 亿，其中流动人口 2.41 亿。2018 年末，常住人口城镇化率为 59.58%，户籍人口城镇化率（即本地户籍城镇人口占常住总人口的比重）为 43.37%，比 2017 年末提高 1.02 个百分点。二者仍相差 16.21 个百分点。预计到 2030 年，全国大约有 3.9 亿农业转移人口需要实现市民化，其中存量部分约 1.9 亿人，增量部分约 2 亿人。

（2）“半城镇化”问题突出。常住人口城镇化率与户籍人口城镇化率的较大差距意味着城镇化的不彻底，亦即“半城镇化”问题突出。2015 年，常住人口城镇化率为 56.10%，户籍人口城镇化率为 40.74%，相差 15.36 个百分点（见表 6–4），其中 2.6 亿为非户籍城镇常住人口的农民工及其家属，他们在就业、教育、医疗、住房、养老等诸多方面，并未享有和城镇户籍人口同等的权利和公共服务，实际上处在半城镇化半市民化状态。2016 年，常住人口城镇化率与户籍人口城镇化率仍有16.15个百分点的差距，2017年这一差距甚至略有扩大，相差16.17个百分点（见图6–1）。根据《国家新型城镇化规划（2014—2020年）》的要求，到2020年，常住人口城镇化率要达到60%左右，户籍人口城镇化率达到45%左右（见图6–2）。但由于城市的拉动力不足、农村土地制度问题影响等，约2.45亿农民工不能市民化，仍然处于“半城镇化”或“准城镇化”的状态，没有享受或者没有完全享受城市居民应该享受到的公共服务，以及选举权和被选举权等政治权利。特别是目前经济下行的压力，去产能、去库存等经济结构的调整，加上实体经济发展缓慢，使城市无法提供更多的就业岗位，一部分农业转移人口回归农村。2016年春节期间，安徽省发改委对农民工的问卷调查显示，不愿把户口转移到城镇的农民比重为41.9%。农业转移人口市民化呈现政府积极推动，农民积极性不高，速度放缓的趋势。蔡之兵、周俭初（2014）认为，大城市日益提高的落户难度和生活成本逐步将外来人口推出城市，而发展日益良好的小城镇和农村则将越来越多的外出人口拉回，从而导致逆城镇化危机。

表6–4 2007~2018年中国常住人口城镇化率与户籍人口城镇化率变化

年份	常住人口城镇化率（%）	户籍人口城镇化率（%）	差距（百分点）
2007	45.87	35.68	10.19
2008	46.99	36.04	10.95
2009	48.34	36.86	11.48
2010	49.95	37.24	12.71
2011	51.27	37.90	13.37
2012	52.57	38.52	14.05
2013	53.73	39.20	14.53
2014	54.77	39.91	14.86
2015	56.10	40.74	15.36
2016	57.35	41.20	16.15
2017	58.52	42.35	16.17
2018	59.58	43.37	16.21

资料来源：笔者根据《中国统计年鉴》（2008~2019）相关数据整理而得。

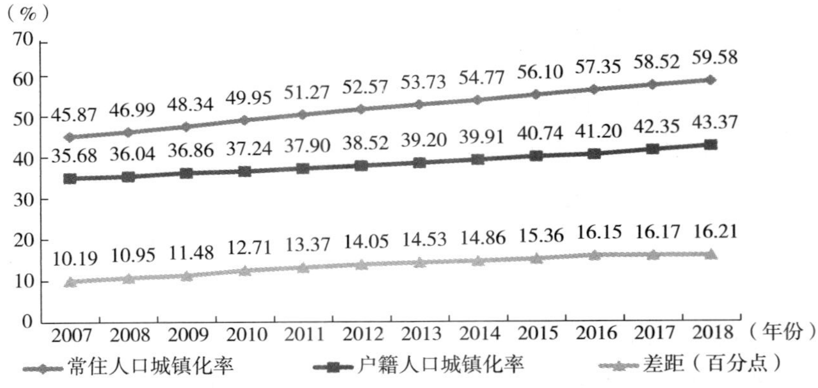

图 6-1 2007~2018 年中国常住人口与户籍人口城镇化率变动趋势

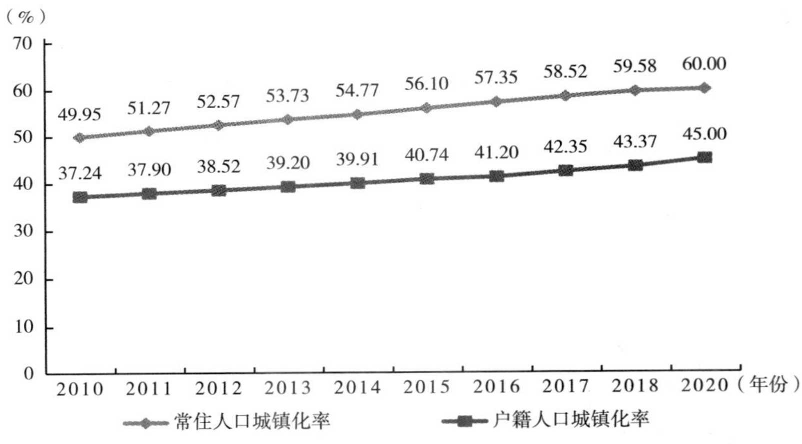

图 6-2 2010~2020 年常住人口城镇化与户籍人口城镇化差异

（3）城镇等级体系和规模结构失衡。东部地区的中小城市及小城镇都比较发达，城镇体系较为完整，而中西部地区城市总体上发展不足，尤其是大城市、特大城市发展不足。有些地区，特大城市和大城市的数量及人口比重不断增加，中等城市和小城市则发展缓慢，甚至逐渐萎缩，农村空心化严重。一方面，大量的资金、建设用地等资源往往集中于大城市，吸引大量的人口与产业向大城市集中，导致了大城市病。另一方面，巨大的“虹吸效应”使周边的中小城市、小城镇失去更多的资源，逐渐衰落。大、中、小城市规模的失衡直接威胁城镇化的进程。从城市数量上讲，日本只有 1.1 亿多人口，却有 787 个城市，美国有 10158 个城市。相比之下，我国城市数量也存在不足，我国城镇人口有 7.9

亿，但城市只有656个，其中，地级市297个，县级市359个。

从城市规模结构看，按“胡焕庸线”划分，线之东南地区45%的国土拥有589座城市，占全国的89.8%，城区人口38560.6万，占全国城区总人口的比例高达94.3%；西北地区55%的国土面积仅有67座城市，只占全国的10.2%，城区人口2329.7万，仅占全国的5.7%。即城市的分布具有明显的空间倾向性，而且这种格局几十年来没有什么变化。这将导致局部地区面临巨大的资源、能源和环境压力，造成区域经济发展的空间失衡。

（4）区域城镇化发展水平失衡，差异明显。例如，2016年，东部地区常住人口城镇化率为65.94%，中部地区为54.21%，西部地区为50.11%，西部与东部相差近16个百分点。2016年上海市城镇化率最高为87.90%；在27个省区中，广东省最高为69.20%，贵州和西藏仅为44.15%和29.56%（见表6–5）。

表6–5 2016年各省份城镇化水平差异

省份	城镇化率（%）	区位熵	省份	城镇化率（%）	区位熵
上海	87.90	1.87	山西	56.21	0.97
北京	86.50	1.79	吉林	55.97	1.12
天津	82.93	1.64	陕西	55.34	0.92
广东	69.20	1.34	河北	53.32	0.91
江苏	67.72	1.17	江西	53.10	0.91
辽宁	67.37	1.27	湖南	52.75	0.91
浙江	67.00	1.22	安徽	51.99	0.89
福建	63.60	1.08	青海	51.63	0.89
重庆	62.60	1.09	四川	49.21	0.82
内蒙古	61.19	1.13	河南	48.50	0.79
黑龙江	59.20	1.17	新疆	48.35	0.84
山东	59.02	1.02	广西	48.08	0.83
湖北	58.10	0.97	云南	45.03	0.72
全国	57.35	—	甘肃	44.69	0.69
海南	56.78	1.03	贵州	44.15	0.63
宁夏	56.29	0.97	西藏	29.56	0.50

资料来源：笔者根据《中国统计年鉴》（2017）整理得到。

再以中部大省河南省为例。近年来，河南省城镇化率呈上升趋势（见图 6–3），但由于农业人口众多，城镇化水平明显低于全国城镇化水平。截至 2016 年底，河南省城镇化率为 48.50%，远低于全国 57.35% 的水平（见表 6–6），在全国 31 个省份中排第 25 名（见图 6–4）。《2018 年河南人口发展报告》显示，2018 年河南省居住在城镇的常住人口有 4967 万人，常住人口城镇化率为 51.71%，比 2017 年末提高 1.55 个百分点，城镇化率增幅位居全国第一。

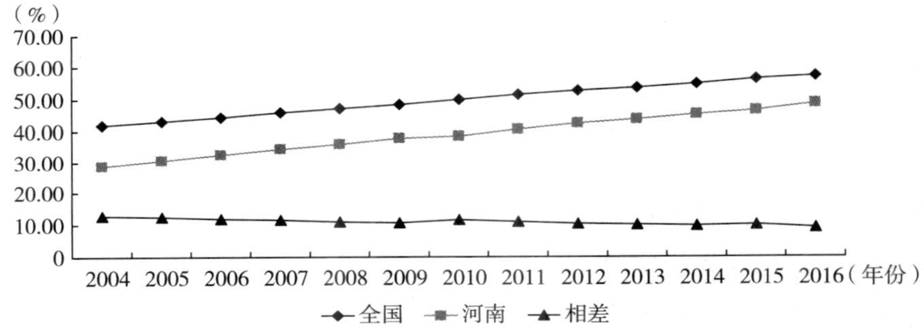

图 6–3　全国城镇化率与河南省城镇化率对比

表 6–6　河南省与全国城镇化发展对比

年份	全国（%）	全国城镇人口（万人）	河南（%）	河南城镇人口（万人）	相差（%）
2004	41.76	54283	28.91	2809	12.85
2005	42.99	56212	30.65	2875	12.34
2006	44.34	58288	32.47	3050	11.87
2007	45.89	60633	34.34	3214	11.55
2008	46.99	62403	36.03	3397	10.96
2009	48.34	64512	37.70	3577	10.64
2010	49.95	66978	38.50	3621	11.45
2011	51.27	69079	40.57	3809	10.70
2012	52.57	71182	42.43	3991	10.14
2013	53.73	73111	43.80	4123	9.93
2014	54.77	74916	45.20	4265	9.57
2015	56.44	77515	46.51	4409	9.93
2016	57.35	79298	48.50	4623	8.85

资料来源：《中国统计年鉴》（2005~2017）和《河南统计年鉴》（2005~2017）。

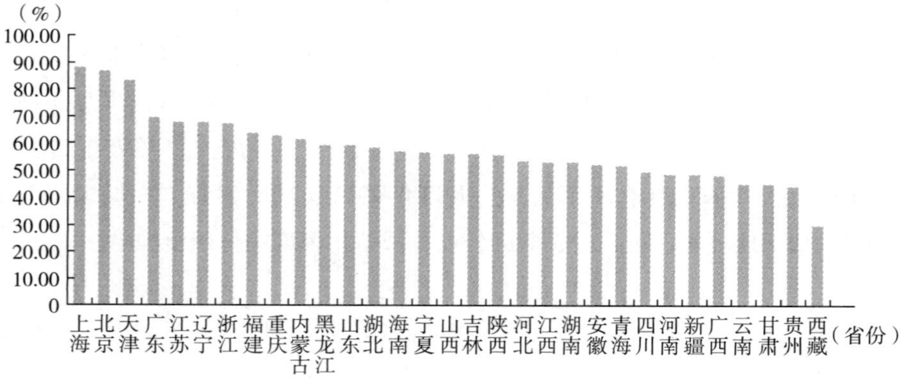

图 6-4 2016 年各省份城镇化水平

（5）城乡收入与区域差距仍然较大。城乡居民收入比反映了区域均衡发展、城乡一体化情况。1978 年城乡居民收入差距为 2 倍多，2013 年拉大至 3 倍多。2016 年全国居民收入稳定增长，城乡差距虽继续缩小，但城乡居民人均收入倍差仍达 2.72，只比 2016 年缩小 0.01（见图 6-5）。同时，区域间的差距更为显著。2017 年 2 月 21 日《第一财经日报》报道，在统计的 28 个省份中，西部地区的 9 个省份的城乡收入比大于 2.72 的全国平均水平。其中，贵州、云南、青海的城乡收入比都超过了 3 倍，贵州更是高达 3.31，成为全国城乡差距最大的省份。

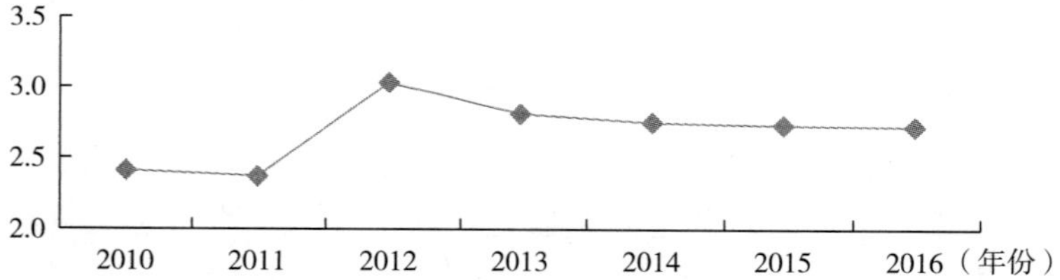

图 6-5 2010~2016 年城乡居民可支配收入差距

还有更为严重的城乡居民财产性收入倍差，近几年更是高达 12 倍左右。从区域人均 GDP 倍差来看，2015 年，东部与中部为 1.66 倍，东部与西部为 1.91 倍（见图 6-6）；在基尼系数方面，2016 年为 0.465，比 2015 年略高 0.003。城乡差距、区域差距的拉大，城乡二元结构阻碍了城镇化发展进程。

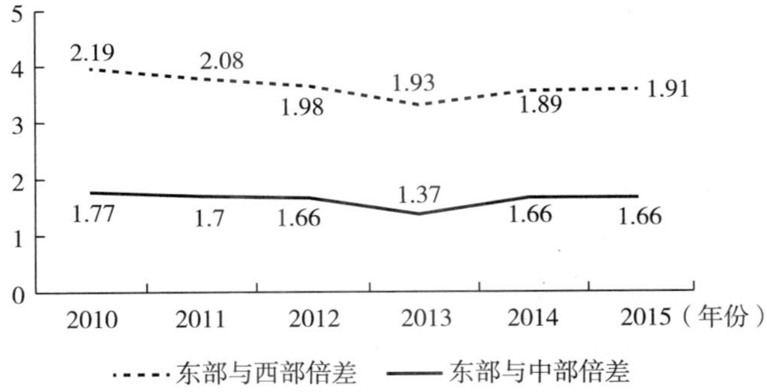

图 6-6　2010~2015 年区域人均 GDP 倍差

（6）城镇可持续发展能力不足，“城市病”严重，生态环境约束趋紧。伴随空气污染、水体污染、气候异常等现象的出现，以交通拥挤、就业困难、住房紧张等为主要表现的“城市病”越发严重。中国大规模高速发展的城镇化，付出的环境污染代价巨大。目前我国正以全球 7% 的耕地、7% 的淡水、4% 的石油、2% 的天然气储量支撑着全球 21% 的人口的城镇化。据测算，城镇化率每上升 1 个百分点，增加能源消耗 4940 万吨，增加钢材消耗 645 万吨、水泥消耗 2190 万吨，增加城镇生活污水排放 11 亿吨，生活二氧化碳排放量 2525 万吨，生活垃圾产生量 527 万吨等。从而给本已脆弱的生态环境带来了巨大的压力。

虽然“十三五”以来，在从中央到地方各种环保措施“多管齐下”的作用下，我国主要污染物排放得到了一定程度的控制，环境管理体系建设（如实施的“河长制”“湖长制”）取得积极进展，环保投入不断加大，但总体来看，环境质量恶化的态势尚未从根本上得到遏制，形势依然严峻、压力继续加大。包括农村地区在内的污染源趋于多样化，而现行环境治理能力相对滞后，管理模式和总体水平很难适应绿色发展理念的新要求，与新时代民众对生态环境质量改善的现实需求有较大差距（杨丹辉，2018）。

2016 年、2017 年全国环保投入占 GDP 的比例约为 1.7%，照此比例，未来三年生态环保总投资是 4.5 万亿元；但若要实现打赢蓝天保卫战，环境质量总体改善的目标，需要更进一步加大投入，未来三年的环保总投资要达到 6.5 万亿元左右，显然，资金方面也面临较大压力。

（7）工业化与城镇化不协调，出现产业空心化。根据发达国家的经验，城镇化过程也应是工业化与城镇化相互协调、相互促进的过程。现阶段中国处于工业化中期后半段，城镇化率不断提升。如果用常住城镇人口与总人口的比率衡量城镇化率，第二产业增加值与GDP的比率衡量工业化率，可以发现，在2010年以前，由于户籍制度限制劳动力流动的原因，城镇化滞后于工业化（见图6-7），这种情况抑制了消费需求的增长和升级，以及产业结构的转型和升级。2011年至今，城镇化明显快于工业化，这种情况又导致许多城镇发展无力，没有产业支撑，出现产业空心化的现象。无论是工业化快于城镇化还是城镇化快于工业化，都不利于城镇化的健康发展。

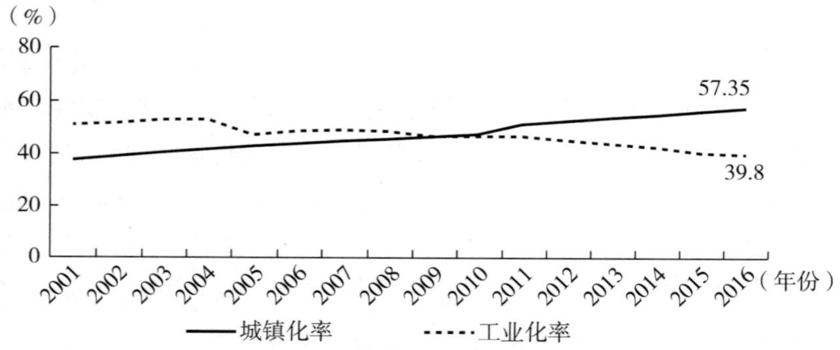

图6-7　中国城镇化率和工业化率对比情况

2016年的非农产业增加值比重与非农产业的就业比重依然相差19.1个百分点，这说明尽管中国非农产业的总量较大，但是吸纳就业的能力仍然不足。

上述问题的深层次原因在于，我国实施的传统城镇化战略存在缺陷，因果倒置，即相当多的地方政府仅将城镇化战略简单视为拉动经济增长的手段，长期以来过分强调城镇化对经济增长的作用，从而内生动力不足，导致种种结构性失衡。

第五节　中国传统城镇化道路的结构失衡分析

回顾中国城镇化历史进程发现，与世界城镇化道路类似，中国的城镇化也表现出S形的阶段规律，且城镇化水平提升迅速。但总体来看，中国走过的传统城镇化之路是一种粗放的、非均衡发展模式，这种模式表现为多重的结构失衡。

一、经济—空间—社会城镇化三大结构内部的失衡

（一）经济结构的多重失衡

1. 产业结构的失衡

改革开放以来，中国经济发展迅猛，国内生产总值从 1978 年的 3645.2 亿元增加到 2016 年的 74.4 万亿元。在这 38 年间，平均增长速度约为 10%，其中三次产业增速分别为 3.9%、6.0% 和 8.3%，产业结构发生了较大变化。从表 6–7 可以看出，2015 年第三产业增加值占比已超过第二产业，达 50.5%，但第三产业增加值占 GDP 的比重在 2017 年与 2016 年完全持平，均为 51.6%（见表 6–7）。第一产业方面，农业基础设施薄弱，现代化水平较低，生产结构不合理，创新能力弱；第二产业方面，总量扩张明显，但结构升级较慢，经济增长质量不高，高污染、高能耗、竞争力不强，产能过剩，成本上升；第三产业方面，增长非常快，其在就业中已经发挥了主渠道的作用，但存在总量偏小和行业结构不合理问题，传统服务业比重较大，金融保险、信息咨询、体育卫生、健康养老等新兴服务业虽然发展较快，但比重仍然不高。

表 6–7　1978~2017 年全国三次产业增加值占 GDP 的比重

年份	第一产业占比（%）	第二产业占比（%）	第三产业占比（%）
1978	28.2	47.9	23.9
1990	27.1	41.3	31.5
2000	15.1	45.9	39.0
2010	10.1	46.7	43.2
2013	10.0	43.9	46.1
2015	9.0	40.5	50.5
2016	8.6	39.8	51.6
2017	7.9	40.5	51.6

资料来源：《中国统计年鉴》。

再以制造业为例，组织结构不尽合理，产业集中度相对较低，从而造成持续的产能过剩、重复制造、恶性竞争、企业效益下滑等一系列问题，大部分传统行业出现经营困难，个别传统行业甚至出现倒闭潮（黄端，2016）。PPI指数到2016年9月才结束连续54个月的负增长。从工业增加值增长、社会消费品零售总额增长、进出口总额等实体经济指标与人民币贷款余额、房地产开发投资、债券发行规模及保险业总资产等虚拟经济指标的对比来看，实体经济的发展指标明显低于虚拟经济，同时这也加大了金融风险隐患，即实体经济与虚拟经济也出现了失衡。

2. 就业结构的失衡

一是表现为就业结构与产业结构变化的不同步，就业结构滞后于产业结构的变化。2016年中国的产业结构比为8.6∶39.8∶51.6，而同期的就业结构比却为27.7∶28.8∶43.5，这说明非农产业的快速发展并没有形成与城镇化水平相适应的劳动就业吸纳能力。从表6–8可以看出，近年来河南省就业人数逐年上涨，2016年就业人数达到6726万，其中，第一产业就业人数2583万，占比为38.4%，第二产业就业人数2056万，占比为30.6%，第三产业就业人数2088万，占比为31%。与全国平均水平相比，河南省第三产业就业人数低于全国平均水平12.5个百分点，表明河南省第一产业就业占比仍较高，而二三产业就业人数占比较低。结合就业结构与产值结构可以看出，较高比重的第一产业就业和较低比重的第一产业产值相矛盾，表明河南省第一产业劳动生产率仍比较低，农业内部仍需调整升级，以释放更多劳动力。非农产业产值能力与非农产业吸纳就业能力不协调，弱化了产业支撑城镇化的能力，不利于城镇化质量的提升。

表6–8 河南省三次产业就业情况

年份	就业人数（万人）				占比（%）		
	总体	第一产业	第二产业	第三产业	第一产业	第二产业	第三产业
2006	5719	3050	1351	1318	53.3	23.6	23
2007	5773	2920	1487	1366	50.6	25.8	23.7
2008	5835	2847	1564	1424	48.8	26.8	24.4

续表

年份	就业人数（万人）				占比（%）		
	总体	第一产业	第二产业	第三产业	第一产业	第二产业	第三产业
2009	5949	2765	1675	1509	46.5	28.2	25.4
2010	6042	2712	1753	1577	44.9	29	26.1
2011	6198	2670	1853	1675	43.1	29.9	27
2012	6288	2628	1919	1740	41.8	30.5	27.7
2013	6387	2563	2035	1789	40.1	31.9	28
2014	6520	2652	1996	1873	40.7	30.6	28.7
2015	6636	2587	2042	2007	39	30.8	30.2
2016	6726	2583	2056	2088	38.4	30.6	31

资料来源：《河南统计年鉴》。

从近几年非农产业占 GDP 的比重与非农就业占总就业人口比重来看，这种不平衡也非常明显，见表 6-9。

表 6-9　2010~2016 年非农产业占比与非农就业占比

年份	非农产业占 GDP 比重（%）	非农就业占总就业人数比重（%）
2010	90.5	63.3
2011	90.6	65.2
2012	90.6	66.4
2013	90.7	68.8
2014	90.9	70.5
2015	91.1	71.7
2016	914	72.3

资料来源：笔者根据《中国统计年鉴》整理得出。

二是表现为城乡就业结构的失衡，城镇化率低，农业劳动力占劳动力比重高。三是表现在区域就业结构方面，劳动力由中西部地区向东部地区转移，由欠发达地区向发达地区转移，而且大量技能型、高素质人才往往集中在东部地区，中西部地区则人才缺乏。

但城镇化进程的不断加快，进一步促进了城乡就业结构的改善。目前，城乡就业结构已从2012年的48.37∶51.63调整为2016年的53.38∶46.62。这表明，我国城镇吸纳就业的能力已超过农村，成为就业的主要阵地。

3. 需求结构的失衡

长期以来，中国经济的高速增长主要依靠高投资、高储蓄、低消费模式驱动。消费在GDP中的份额远低于东亚国家，而投资份额却高于东亚国家，与此同时，投资回报率不断下降。如1979~1996年，投资回报率为22.56%，2006~2011年为18.68%，而到了2012~2014年，投资回报率下降到15%左右。同时，近年来居民收入以及外出务工劳动力月均收入增速放缓，抑制了消费需求，加剧了消费结构失衡。在城镇化快速推进的过程中，固定资产投资、基础设施投资和房地产投资发挥了重要的推动作用。21世纪初，我国人均固定资产投资仅为2597.20元，到2007年突破万元，2010年达到18769.62元，是2000年的7.23倍，而到了2015年，人均固定资产投资突破4万元，达到40884.01元，比2000年增加了近15倍。2000年固定资产投资为3.29万亿元，2016年固定资产投资达59.65万亿元，是2000年的18倍多。2000年以来，固定资产投资平均增速19.9%，2016增速8.1%。这一方面对城镇化建设形成了有力的支撑，另一方面也造成了投资泡沫和大量产能过剩。在投资驱动的城镇化进程中，房地产业成为发展最快的行业，年平均增速保持在20%左右的高水平，房地产投资的增长速度也比城镇化速度快得多。2000年，我国房地产投资额仅为4984.05亿元，城镇化率为36.22%，到了2010年，房地产投资额达到48359.40亿元，几乎是2000年的10倍，同年城镇化水平为49.95%，到2015年，房地产投资额高达95978.85亿元，几乎是2000年的20倍。同年，城镇化率达到56.1%。房地产投资的迅猛增加，一方面加剧了房地产“泡沫化”，另一方面对其他产业的投资形成了强烈的“挤出效应”。例如，2016年，固定资产投资增长了8.3%，而民间投资只增长3.1%，增幅同比放缓7.1个百分点。民间投资增速大幅下滑，从而导致实体经济发展困难，内外部市场需求低迷。

（二）空间结构的多重失衡

1. 城乡区域结构的失衡

中国的城镇化是在城乡二元结构体制下进行的，始终伴随着城乡区域结构的失衡。近年来，由于经济增速和财政收入增速的放缓，现代农业发展面临更加严峻的宏观环境，农村经济及各项基础设施落后，拉大了同城镇的差距。在工业化发展战略的驱动下，国家大量投资支持资本密集型、技术密集型和知识密集型产业发展，建立了较为发达和完整的工业体系，而与此同时，并未形成“以工促农”“以城带乡”的局面。目前，农业现代化水平明显滞后于工业化和城镇化，农业发展仍然面临许多新矛盾新问题。如农业投入不足、生产方式和技术落后、市场有效供给不足、农产品生产成本提高、农业生产比较效益低下、资源环境约束趋紧、农民收入低、农村尚有大量贫困人口（2015 年仍有 5575 万人）、农业综合生产能力薄弱、农业科技创新能力不强、农业劳动力素质相对较低以及农业金融体制不健全等问题依然突出。

2. 城市规模和布局结构的失衡

据人民网报道，截至 2015 年底，广义上的中小城市（包括含乡镇的市辖区），其行政区面积已占到国土面积的 97.3%，总人口占全国总人口的 85.4%，经济总量占全国经济总量的 84.7%，地方财政收入达 51859.3 亿元，占全国公共财政收入的 36.95%。288 个地级城市中，163 个城市属于中小城市，占比为 57%。截至 2016 年，在 297 个地级市中，中小城市（市辖区人口 100 万以下）占比仍高达 47%，尤其是中西部地区的中小城市占比在 50% 以上，而东北地区中小城市占比更是高达 71%（见表 6–10）。

表 6–10　2016 年东北地区、东部地区、中部地区和西部地区中小城市数量

	地级市总数（个）	中小城市（个）	中小城市占比（%）
东北地区	34	24	71
东部地区	89	22	25
中部地区	80	40	50

续表

	地级市总数（个）	中小城市（个）	中小城市占比（%）
西部地区	94	55	59
总计	297	141	47

资料来源：笔者根据《中国统计年鉴》整理得出。

我国大城市发展则相对不足，与部分国家的大城市或中心城市相比，对经济的贡献度不高。与此同时，城市群发展不成熟，体系不完善。从城市群内部看，存在中心城市“一城独大”的现象，多数城市群的城镇等级结构不合理，大中小城市、小城镇之间未能形成有效的等级体系和网络型分工合作关系（叶莲松等，2014）。在城市空间布局上，呈现东密西疏的特征。无论城市数量还是城市人口都偏集于东部沿海地带。由此形成鲜明反差的西部地区，城市分布稀疏，尤其是具备中心地位的大城市、特大城市较少。1978~2016 年，城市数量从 193 个增加到 658 个，建制镇数量从 2173 个增加到 20883 个，其中东部地区 12 省份共有城镇 7245 个，约占 36%；中部地区约占 33%；西部地区 10 省份约占 30%。设市城市密度分别为每万平方公里 2.24 个、0.74 个和 0.27 个。若从人口密度来看，这种差距更为明显。

3. 城镇化水平空间结构不平衡

东部、东北、中部和西部城镇化水平与质量差异明显。空间结构的失衡还表现在城镇土地供给结构的失衡上，即在城镇化推进过程中过分注重基础设施用地、工业用地的扩张，而忽视了居民住宅用地的基本需求，导致居住用地的有效供给严重不足，“地王”频出，房价高企，城镇居民住房问题依然突出。

（三）社会结构的多重失衡

经过 40 多年的改革开放，中国已进入一个新的历史时期。从社会转型角度看，主要标志是：正在从传统社会向工业社会、信息社会、现代化社会转型；从乡村社会向城镇社会转型。然而，由于社会结构的不平衡，转型可能面临困难和挑战。

1. 农业转移人口市民化率低

改革开放以来，“政府主导、行政推动”是我国城镇化快速发展的一个重要原因和突出特点，无论是工业投资主导，还是高度依赖劳动力、土地等要素推动的城镇化都是如此。但这种行政推动的城镇化模式以及固有的户籍制度和土地制度，在相当大程度上也阻碍了农业转移人口市民化进程。

中国城镇化进程虽然很快，但截至 2017 年，中国“人户分离人口”仍高达近 3 亿人，其中流动人口近 2.5 亿人，户籍城镇化率仅为 42.35% 左右，与常住人口城镇化率 58.52% 相比，差距较大。这种局面使近 3 亿农民工不在城市的社会保障制度内，被城市边缘化。这种隐形的城镇化或“半城镇化”不是真正意义的城镇化，离新型城镇化的目标要求相去甚远。

2. 收入分配结构不均衡

在收入分配结构方面，失衡的主要表现：一是个人收入差距的不断拉大；二是区域之间、行业之间的收入差距。从国家统计局公布的中国居民收入基尼系数看，2015 年为 0.462，已步入联合国规定的收入差距较大行列当中。

就地区来看，截至 2017 年 6 月，北京的平均工资最高，包括北京在内，全国仅有 4 个省份的城镇非私营单位就业人员的平均工资赶超了全国水平。河南垫底，不足北京的一半。同时，也仅有 5 个省份的城镇私营单位人员平均工资超过了全国水平。各省份在分行业的平均工资方面又有较大差异。例如，北京、上海工资优势大体集中在金融等第三产业，同时又高出行业全国平均水平很多倍，而河南等相对落后的地区，优势行业集中在采矿业、电力、燃气及水生产和供应业等第二产业。

就农民工而言，工资水平更低。《2015 年全国农民工监测调查报告》显示，2015 年全国农民工人均月收入 3072 元，而全国在岗职工月平均工资为 5270 元，相差 1.7 倍。分区域看，东部地区外出农民工月平均收入为 3213 元，中部地区为 2918 元，西部地区为 2964 元，东部地区只比西部地区高出 249 元。

近日，陕西省统计局对该省 11 个中小城市的 1100 名农民工展开调查。结果显示，农民工从事的职业主要涵盖建筑业、工业、交通运输业、零售业、住宿业和餐饮业等（见表 6–11）。由于文化程度偏低、专业技能缺乏，这一群体就业层次偏低，且工作不稳定。月收入在 1500~2500 元的比例最高，占

37.8%。按照加权平均数计算，约为2476元/月，低于陕西省平均值。制造业、建筑业仍是农民工从事的主要行业，2016年占比分别为30.5%、19.7%。

表6-11　近年来中国农民工从事的主要行业分布情况

年份	制造业（%）	建筑业（%）	交通运输、仓储和邮政业（%）	批发零售业（%）	住宿餐饮业（%）
2011	36.0	17.7	6.6	10.1	5.3
2012	35.7	18.4	6.6	9.8	5.3
2013	31.4	22.2	6.3	11.3	5.9
2014	31.3	22.3	6.5	11.4	6.0
2015	31.1	22.1	6.4	11.9	5.8
2016	30.5	19.7	6.4	12.3	5.9

资料来源：国家统计局《2016年全国农民工监测调查报告》。

在城镇化进程中，城乡人均纯收入差距仍然较大。但“十二五”期间，中国的收入分配格局出现向好势头，收入差距进一步缩小。2015年，中国农民人均可支配收入首次突破万元大关，达到11421元，连续6年高于城镇居民收入增速和GDP增速。但与城镇居民可支配收入的绝对差距仍然较大，2016年，城乡居民收入差距缩小为2.73倍（见表6-12）。但与2015年比，城乡绝对收入差反而有所扩大。如果考虑城镇的公共服务、基础设施、社会保障等一些隐性的非货币收入因素，这种城乡差距将远远高于现有的差距倍数。

表6-12　2009~2016年中国城乡收入情况

年份	农村居民纯收入（元）	城市居民可支配收入（元）	城乡绝对差距（元）
2009	5153	17175	12022
2010	5919	19109	13190
2011	6977	21809	14832
2012	7916	24565	16649
2013	8896	26955	18059

续表

年份	农村居民纯收入（元）	城市居民可支配收入（元）	城乡绝对差距（元）
2014	10488	29381	19399
2015	11421	31790	21081
2016	12363	33616	21253

资料来源：《中国统计年鉴》。

收入分配结构失衡还表现在居民收入在国民收入分配中占比低，而且改革开放以来，居民收入占 GDP 比重、居民消费占 GDP 比重均呈下降趋势。即居民收入增长与 GDP 增长、财政收入增长不协调。据国家统计局数据，1978~2017 年，我国公共财政收入年均增速为 13.76%，而 GDP 的年均增速为 9.5%；1994~2014 年的 20 年间，政府公共财政收入增长了 26.9 倍，而同期城镇居民年可支配收入和农村居民纯收入分别只增长了 8.3 倍和 8.6 倍。

3. 社会治理结构单一低效，城市生态环境治理问题依然突出

社会事务治理方面，目前我国尚未建立起与市场经济体制相适应的城镇公共治理体系，城镇的公共治理仍是以行政管理手段为主，或是重城市建设，轻管理和服务。由于治理能力不足，效率低下，管理和决策缺乏科学性，社会组织发展不足等，各种城市矛盾与问题凸显，甚至引发各类群体性事件。治理结构的单一及整体管理水平的低下，导致城镇公共服务存在诸多问题：一是公共服务供给不足，呈现拥挤状态，如交通拥挤、医疗服务机构不足，看病难和看病贵、入学难等；二是公共服务非均等化和质量差，教育、医疗、社会保障、市政管理、环境污染治理等方面问题突出。《2016 年中国环境状况公报》的相关监测数据表明，城市空气总体质量依然较差，按照 2016 年的环境空气质量标准，全国 338 个地级及以上城市中，有 3/4 的城市环境空气质量超标，达标的城市只占 1/4。2016 年中国水资源质量不高，全国地表水 1940 个评价、考核、排名断面中，Ⅳ类、Ⅴ类和劣Ⅴ类水质断面占 32.3%。2591 个县域中，生态环境质量为“一般”“较差”和“差”的县域有 986 个，“一般”“较差”和“差”的县域占国土面积的 55.1%。2016 年全国环境空气质量总体向好，但京津冀区域 13 个地级及以上城市空气质量达标天数比例仅为 56.8%。北方地区冬季污

染依然严重，特别是进入采暖期后，PM2.5 浓度是非供暖期浓度的 2.4 倍，大范围空气污染的发生甚至成为常态。在 36 个直辖市、省会城市及计划单列市中，长沙连续 7 天上榜空气质量最差十大城市，武汉连续 6 天上榜，合肥、石家庄、郑州均是 5 天上榜。传统的能源消费结构造成污染物的大量排放以及环境治理不力等是污染的根本原因。

根据中国建筑学会的研究，中国建筑的寿命平均为 25~30 年，远低于欧洲国家的建筑寿命。如比利时为 90 年、法国为 102.9 年、德国为 63.8 年、西班牙为 77.4 年、英国高达 132.6 年、美国为 74 年。很显然，如此短寿的建筑每年将产生数以亿吨的建筑垃圾，给中国乃至世界带来巨大的环境威胁。根据中国建筑科学研究院的报告，按每平方米平均 1000 元计算，因过早拆除房屋每年浪费 4600 亿元。另外，城市生活垃圾污染严重，无害化处理设施严重滞后于城市发展，垃圾处理率较低，真正达到无害化处理的只有 10% 左右，约 200 多座城市处于垃圾污染重围之中。

二、经济—空间—社会城镇化三大结构间的失衡

三大结构间的失衡即城镇化进程中出现的经济城镇化与空间城镇化和人口城镇化三者之间的不协调、不匹配，如城镇人口的增长和城镇承载能力增长不匹配、“人的城镇化”和“地的城镇化”不匹配等。根据人口和产业分布偏离指数，2010 年中国为 0.5，日本和欧洲国家均低于 0.3。

（一）人口城镇化与土地（空间）城镇化的失衡

从发达国家来看，人口城市化往往先于土地城市化或者二者同步。而中国城镇化则选择了另一种模式：依靠土地财政的路径，土地城镇化远远先于和快于人口城镇化，二者存在显著的脱节。如 1996~2007 年，城镇建成区面积增加了 89.35%，而城镇人口数量只增加了 59.15%，粗放增长特征明显。

另有统计数据表明，2008~ 2016 年，我国城市建成区面积由 3.63 万平方公里增加到 5.43 万平方公里，短短 8 年内城市规模扩大了 1.5 倍（见表 6–13）。按国际公认标准，衡量土地与人口城镇化关系的城镇用地增长弹性系数（城镇

用地增长率与人口增长率之比），合理阈值在1~1.12，我国远远超出了这一区间。甚至在2007年和2012年，这个数值超出了3（见表6-14）。

表6-13　主要年份城市建设情况

年份	城区面积（万平方公里）	建成区面积（万平方公里）	城市建设用地（万平方公里）	城市人口密度（人/平方公里）
2008	17.81	3.63	3.91	2080
2009	17.55	3.81	3.87	2147
2010	17.87	4.01	3.98	2209
2011	18.36	4.36	4.19	2228
2012	18.30	4.58	4.58	2307
2013	18.34	4.79	4.71	2362
2014	18.40	4.98	4.99	2419
2015	19.18	5.21	5.16	2399
2016	19.81	5.43	5.28	2408

资料来源:《中国统计年鉴》。

表6-14　城市建设用地的弹性增长系数变化

年份	城市建设用地面积（平方公里）	城市建设用地面积增长率（%）	城镇人口（万人）	城镇人口增长率（%）	弹性增长系数
2005	29636.83	—	56212	—	—
2006	31765.70	7.2	58288	3.7	1.9450
2007	36351.65	14.4	60633	4.0	3. 5884
2008	39140.46	7.7	62403	2.9	2.6280
2009	38726.92	–1.1	64512	3.4	–0.3126
2010	39758.42	2.7	66978	3.8	0. 6968
2011	41860.61	5.3	69079	3.1	1.6856
2012	45750.67	9.3	71182	3.0	3.0525

续表

年份	城市建设用地面积（平方公里）	城市建设用地面积增长率（%）	城镇人口（万人）	城镇人口增长率（%）	弹性增长系数
2013	47108.50	3.0	73111	2.7	1.0952
2014	49982.74	6.1	74916	2.5	2.4713
2015	51584.10	3.1	77116	3.0	1.0330
2016	52801.47	2.3	79298	2.8	0.8214
年均	—	5.8	—	3.2	1.7941

资料来源：笔者根据国家统计局数据计算整理得出。

作为人口大省的河南省，也同样存在人口城镇化速度滞后于土地城镇化速度的问题（见表 6–15）。

表 6–15　河南省人口与土地城镇化环比增速

年份	河南省人口城镇化环比增速（%）	河南省土地城镇化环比增速（%）
2006	1.82	6.8
2007	1.83	5.7
2008	1.73	4.6
2009	1.67	3.01
2010	1.12	5.3
2011	1.75	4.2
2012	1.86	5.8
2013	1.37	3.2
2014	1.4	3.8

资料来源：笔者根据《河南统计年鉴》数据计算整理得出。

（二）人口城镇化与经济城镇化的失衡

主要表现在城镇化与工业化的不协调。国际上，有一个常用的指标为 IU，即用工业化率与城镇化率的比值来测度二者的协调关系，比值越小，说明工业化率与城镇化率的差距越小，二者越协调。按照国际标准，IU 比大于 0.5，意味着城镇化落后于工业化。2015 年中国 IU 比为 0.72，显著大于 0.5。再以人口大省河南省为例，2015 年 IU 比为 1.05，工业化与城镇化的协调程度远低于全国水平。

（三）空间城镇化与经济城镇化及生态城镇化的失衡

首先，表现为城市土地面积的扩张与产业发展脱节，城镇发展缺乏产业支撑。当前，一些地方政府推进城镇化发展的观念存在严重偏差，急功近利，盲目攀比，脱离实际，热衷于“造城运动”。部分地区盲目建设开发区、新城区，盲目进行房地产开发，但没有相应的产业和人口聚集，导致大量“空城”“鬼城”。房地产行业过度发展，“一业独大”特征明显，城镇化变成“房地产化”，城市“摊大饼”式的粗放扩张致使大量土地资源用于“造城运动”，而造出的新城又由于缺乏生活配套设施和产业支撑，无法吸纳就业，同时，对其他产业又造成了严重的“挤出效应”，导致实体经济的衰落，也使地方政府陷入“卖地财政”的困境，债务风险不断积累。

其次，这种失衡还表现为土地资源的低效利用和环境的污染。随着城镇化推进，城镇对土地供应的需求日趋增加，土地供需矛盾日益突出。全国 31 个省份普遍存在用地需求远远大于年度供给计划指标的情况。环境质量方面，2016 年，全国二氧化硫排放量为 1102.86 万吨，废水排放量为 711.09 万吨，氮氧化物排放量为 1394.31 万吨；工业固体废物产生量也很高而且其综合利用率仍然落后于世界发达国家水平。目前我国约有 2/3 的城市被垃圾包围，城镇产生的生活垃圾、建筑垃圾总量已接近或已突破所能承载的最大量。研究表明，城镇化与生态效率呈现较强的负相关关系，并且对邻近区域产生负的溢出效应，城镇化每提高 1%，平均空间溢出效应为 –0.485%（陈真玲，2016）。研究还发现，目前我国大多数城市的土地利用效率较低，尤其是城市的环境效率低于经济效率和社会效率。

上述分析表明：在我国传统城镇化进程中，时间、空间和质态三个维度方面没有表现出同步推进的均衡演化规律特征，也就是说，在城镇化水平快速提升的同时，并没有表现出城乡一体、人地协调、结构优化、功能提升等质量型演化特征。第八章将用耦合协调度模型作进一步的计量检验与时空演变分析。

本章小结

从世界城镇化进程来看，其表现为先慢后快的“S 形”规律特征。根据城市化与工业化或经济发展水平之间的关系，可将世界城市化的发展模式分为三种类型：同步型城市化、过度型城市化和滞后型城市化。中国城镇化进程与世界城镇化一般规律基本吻合，经历了一个曲折波动的发展过程。与发达国家相比，中国城镇化具有起步时间较晚，起步水平较低，但发展速度快，成效显著，同时政府主导性强等特点。从空间特征来看，区域间发展不平衡和不充分，发展模式粗放，结构性矛盾突出。主要问题包括城镇化与农业转移人口市民化不同步、“半城镇化”问题突出、城乡收入与区域差距仍然较大、城镇可持续发展能力不足、“城市病”严重、生态环境约束趋紧、工业化与城镇化不协调等。

本章重点对中国传统城镇化的结构失衡进行了分析。从结构失衡来看，主要表现为：一是经济、空间、社会三大结构内部的失衡，如经济结构的多重失衡（产业结构、就业结构、需求结构的失衡），空间结构的多重失衡（城乡区域结构、城市规模和布局结构等失衡），社会结构失衡（收入分配结构、社会治理结构等的失衡）。二是三大结构间的失衡，主要表现在人口城镇化与土地城镇化的失衡、人口城镇化与经济城镇化的失衡（与工业化不协调）、空间城镇化与经济城镇化及生态城镇化的失衡等。

第七章

城镇化进程中土地利用效率与城市规模的影响关系

——基于DEA和空间Tobit模型的分析

随着我国城镇化进程的快速推进，城市规模出现盲目、无序扩张。在这种背景下，本章从城市土地利用效率的三个维度，即土地经济效率、土地环境效率和土地社会效率，分别考察了我国 286 个城市的土地利用状况，研究了城市规模与土地利用效率的作用机制。在研究方法上，采用数据包络分析（DEA）和空间 Tobit 模型相结合的分析模式。研究结果表明：①我国仅有 8 个城市的土地利用效率在经济、环境和社会方面达到了最优前沿面。整体上看，我国城市的环境效率低于社会效率和经济效率。②城市土地利用效率表现出负的空间溢出，土地利用效率的提升会降低邻近城市的土地利用效率水平。③城市规模可分为建设用地规模和城市人口规模，两种规模对城市土地效率的影响不同。城市人口规模对经济效率和环境效率的影响为负，即城市人口规模的扩大不利于土地经济效率和环境效率的增加。建设用地规模对经济效率、环境效率和社会效率的影响为正，即建设用地规模的扩大会带来土地效率的提高，但在形式和内涵上表现出对产业结构优化的扭曲和对经济可持续增长的阻滞。

近年来，由于GDP主义盛行和各地政府的过度竞争，我国城市规模出现了盲目、无序的扩张。1978~2011年，我国城市建成区面积从7438平方公里增加至43603平方公里，翻了两番。以开发区、工业区和新城区为代表的等多种形式的城市土地扩张行为，成为现阶段中国土地利用的重要特征。城市规模的扩张能够带来正的经济外部性，从而吸引更多的农村人口向城市迁移，推动中国城市化的进程，形成了北京、上海、深圳等特大城市。但是，城市规模的无边界盲目扩张也带来了一系列的经济、社会和环境问题。这些现象不禁让人疑问，是否城市规模越大，城市土地效率就越高？

目前学者对城市土地利用效率与城市规模关系的研究主要集中于以下四个方面：①城市规模与城市土地利用效率正相关，即城市规模扩大有助于提升城市土地利用效率。②城市规模与城市土地利用效率负相关，即城市规模扩大会降低城市土地利用效率。③城市规模与城市效率呈现倒“U形”变化。随着城市规模的扩大，城市土地利用效率也随之上升，当达到一定门槛时，城市规模越大，城市土地利用效率反而下降。其中，Au和Henderson发现，城市的净聚集效应首先随城市规模上升而急剧上升，在达到峰值之后缓慢下降，因此与城市规模之间的关系呈倒“U”形变化。④城市规模及城市土地利用效率的关系与城市类型和发展阶段有关。

以上文献为研究城市规模与城市土地效率提供了必要的支撑，但是对城市土地利用效率的理解不同，研究结论自然不同。以往学者对城市土地效率的理解为单位土地的GDP产出，这个指标越大，土地利用效率越高。这种解释方式实际上指的是单要素的土地效率。这种测算由于忽略了资本、劳动等其他生产要素的贡献，将土地作为唯一的投入要素，因此往往导致对土地利用效率的过高估计。近年来随着全要素框架的完善，学者们开始从全要素土地效率角度研究土地利用效率。这些研究的投入指标为土地、资本、劳动，产出指标为地区GDP。事实上对土地利用效率的理解仍然局限于土地的经济效率。随着资源环境约束条件趋紧，城市不仅要拉动更多的GDP增长，而且要提供优质的生活环境。另外，城市作为人们对美好生活的向往，人们在城市土地上进行生产，对公共服务均等化和公共资源的投入诉求越来越多。城市化作为经济发展和提高居民生活质量的重要途径，如果仅从土地的经济效率出发来对城市土地进行空间布局，难免有所偏倚。因此，从综合的角度诠释土地利用效率的概念和内涵具有时代性和持续性。杨海泉认为城市土地利用效率评价既要注重城市土地的经济效益，也应考虑社会和环境效益。孙平军等认为城镇土地效率评价指标体系应该包括生产性要素（城市土地资源）投入的效率、区域关系的合理性（社会公平）、人地关系的融洽性、载体的载荷强度以及区域内复合生态系统的耦合协调性。因此本章从经济—环境—社会三个维度来考察城市规模对城市土地利用效率的影响，能够扩展城市土地利用效率的概念和内涵。

第一节　理论解析与研究方法

一、土地利用效率的解析

城市作为人类文明的集聚地，采用单一指标的评价体系难免有些片面，在中国经济新的发展思路和发展理念下，构建相对全面系统的土地效率评价体系对促进经济—社会—环境的协调发展具有重要的指导价值。构建城市土地利用效率的评价指标体系，应该选择从城市土地利用的经济、社会、环境三个方向考虑。

在全要素生产率框架下，城市土地利用效率的理论解析如图 7–1 所示，城市是生产要素集聚到一定程度的结果，表现为城市人口和建设土地规模的扩张。在初期阶段，城市规模扩张会带来经济效率的提高、物质财富的集聚。只有当城市中经济、环境和社会三方面相互协调发展时才会对城市系统产生正反馈作用，进一步吸引新的生产要素，新的生产要素又促使城市规模进一步扩张，经济、环境和社会三方面又将达到新的平衡点。但是，由于城市土地具有一定的限制，不可能无穷无尽扩张，因此只有进一步提高土地的经济、环境、社会产出才能满足新增的生产要素需要，然后不断重复形成正反馈路径：生产要素集聚—城市规模扩大—土地效率提高—生产要素集聚。当扩张到一定程度，达到城市的发展极限，不但不会产生集聚效应，反而可能会造成生产要素的“拥堵”效应，对土地效率产生抑制作用。城市中心昂贵的地租，大大增加城市的生活成本，从而促使劳动力和企业纷纷向外围扩散。此外，环境污染的加剧也是城市经济集聚的阻碍力量。经济集聚加重了环境污染，环境污染对经济集聚存在反向抑制作用。马素琳等指出，不同的城市规模与集聚程度对空气质量有不同的影响。城市规模扩大会对居民主观幸福感产生负面影响。因此随着城市规模的盲目扩张，城市要素造成的“拥堵”效应会降低土地利用效率，接着城市会出现规模收缩，生产要素会进一步驱散。然后城市发展将会进入负反馈阶段：生产要素驱散—城市规模收缩—土地效率下降—生产要素驱散。

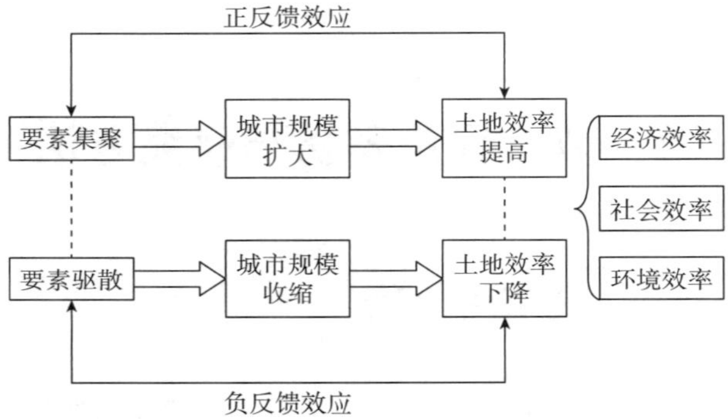

图 7-1　城市土地综合效率与城市规模作用机理

二、指标和数据

数据包络分析的方法能够很好地处理多投入多产出的生产效率问题，因此被广泛应用在土地效率的研究中。本书沿用 DEA 模型的分析方法，从投入产出角度构建城市土地利用效率的 DEA 模型。具体投入指标用城市固定资产投资、建成区面积和就业人口数量。产出指标按照经济、社会、环境三个方面来分别选取。相关数据和指标如下：①土地经济效率。产出变量用国内生产总值和财政收入。其中，财政收入水平的高低衡量了政府在单位土地上的“萃取”能力。②土地社会效率。主要是最大限度地利用有限土地资源满足人们日益增长的社会需求以及产生相应的社会影响。为了评估土地的社会效率，采用城市人口、中小学教师数量和医生数量作为产出指标。城市人口是指单位面积所能承载的人口总数。土地的社会效率越高，表明一个城市的社会发展越进步，城市的精神文明和物质文明所产生的影响越大。③土地环境效率。为了衡量土地的环境效率，选取建成区绿地面积表示期望的环境产出，工业“三废”（工业废水、工业二氧化硫、工业烟（粉）尘）排放总量表示非期望产出。与期望产出不同，非期望产出对土地效率具有负效应，表现为非期望产出越高，土地效率越低。

鉴于数据的可得性，《中国城市统计年鉴》公布的 290 个中国城市，除去葫芦岛、三亚、三沙和拉萨，得到有效样本 286 个城市。其中长沙、株洲和湘潭缺失 2013 年“三废”排放数据，考虑到数据的相近性，因此选取 2012 年的“三废”数据来代替。贵阳缺失 2013 年市辖区绿地面积，选取 2012 年数据来代替。以上数据来自历年《中国城市统计年鉴》。具体指标[①]分解见表 7–1。

表 7–1　土地利用效率投入产出指标

<table>
<tr><th>土地利用效率</th><th>投入</th><th>产出</th><th>产出指标属性</th></tr>
<tr><td>经济效率</td><td rowspan="3">固定资产投资
就业人数
建成区面积</td><td>GDP
财政收入</td><td>期望产出
期望产出</td></tr>
<tr><td>环境效率</td><td>绿地面积
工业“三废”排放总量</td><td>期望产出
非期望产出</td></tr>
<tr><td>社会效率</td><td>城市人口
中小学教师数量
医生数量</td><td>期望产出
期望产出
期望产出</td></tr>
</table>

三、研究方法

从表 7–1 构建的指标体系中可以看出，经济效率和社会效率都属于同一类型，即投入越小越好，产出越大越好。但是，环境效率的测算体现了运行系统的复杂性，不仅考虑期望产出，而且要考虑非期望产出。生产过程的有效性体现在：非期望产出越小越好，而期望产出越大越好。因此，包含非期望产出的效率测算方法与仅包含期望产出的效率测算方法具有一定的差异。

针对经济效率和社会效率采用 DEA 的 BCC 模型。模型如下：

① 限于篇幅，投入与产出指标的描述统计省略，若有需要，可向笔者索取。

$$\min \theta^*_{bcc} = \theta_0 - \varepsilon(\sum_r s_r^+ + \sum_i s_i^-)$$

$$s.t.\begin{cases} \sum_j x_{ij}\lambda_j + s_i^- \leqslant \theta_0 x_{i0},\ i = 1, \cdots, m \\ \sum_j y_{rj}\lambda_j - s_i^+ \leqslant y_{r0},\ r = 1, \cdots, s \\ \sum_j \lambda_j = 1,\ \lambda_j, s_j^-, s_r^+ \geqslant 0,\ j = 1, \cdots, n \end{cases} \tag{7-1}$$

如果模型（7–1）中 $\theta^*_{bbc} = 1$，则表明该城市的经济效率或者社会效率是 BCC–DEA 相对有效的。

而对环境效率的测算则不能简单地用模型（7–1）进行估计，由于非期望产出具有弱可处置性，即当减少非期望产出时，期望产出按照某种关系减少。因此构建带有非期望产出的 DEA 模型如下。

假定一种比较复杂的生产过程，一组投入变量 X=（x_1，x_2，…，x_m）$\in R^{m\times n}$ 不仅得到一组期望的产出变量 Y=（y_1，y_2，…，y_n）$\in R^{S_1\times n}$，同时也得到一组非期望产出变量 B=（b_1，b_2，…，b_n）$\in R^{S_2\times n}$，相应的期望产出和非期望产出的产出向量为 g_y 和 g_b，则带有非期望产出的 DEA 模型为：

$$\rho^* = \min \frac{1 - \frac{1}{m}\sum_{i=1}^{m}\frac{\beta g_{iX}}{x_{in}}}{1 + \frac{1}{s_1 + s_2}(\sum_{r=1}^{s_1}\frac{\beta g_{rY}}{y^g_{rn}} + \sum_{k=1}^{s_2}\frac{\beta g_{kB}}{B_{kj}})}$$

$$s.t.\begin{cases} \sum_j x_{ij}\lambda_j + \beta g_{iX} \leqslant X_i,\ i = 1, \cdots, m, \\ \sum_j y_{rj}\lambda_j - \beta g_{rY} \geqslant Y_r,\ r = 1, \cdots, s \\ \sum_j B_{kj}\lambda_j - \beta g_{kB} = B_k,\ k = 1, \cdots, h \\ \lambda_j \geqslant 0,\ j = 1, \cdots, n \end{cases} \tag{7-2}$$

城市环境效率有效的条件是 $\rho^* = 1$。松弛变量 β 衡量了无效决策单元到有效前沿面的距离，因此它代表投入产出要素潜在的调整目标。方向性距离函数表明存在非期望产出时，决策单元可以通过增大期望产出，减少非期望产出来提高效率水平。

模型（7–2）不仅考虑了非期望产出，还克服了 BCC 采用径向距离的不足，可以很好地实现对带有非期望产出的效率的测量。

将模型（7–2）的 ρ 值定义为土地利用效率 EE。土地利用效率 EE 与土地规模的关系可以用以下模型表达：

$$EE = c + \beta_0 W \cdot EE + \beta_1 SCALE + \gamma Z + \varepsilon \quad (7\text{–}3)$$

其中，SCALE 表示土地规模相关变量。Z 表示其他控制变量。W 为空间权重矩阵。变量 ε 为随机干扰项。模型（7–3）中 EE 值范围为 [0，1]。土地利用效率 EE 作为因变量属于受限变量，也即因变量的观测值实际上只能取到理论值的某一个范围 0 ~ 1。因此，模型（7–3）实质上是空间 Tobit 模型。

第二节　土地利用效率的实证分析

通过模型（7–1）在规模报酬可变（VRS）假定下，测算投入导向的土地经济效率和土地社会效率。通过模型（7–2）测算出土地环境效率。计算出的三种效率值如表 7–2 所示。从中可以得出如下结论：

（1）我国仅有 9 个城市达到了经济效率、环境效率和社会效率的最优前沿面。这 9 个城市分别为黑河、张家界、广州、汕尾、东莞、丽江、临沧、固原、中卫。这些城市大多是自然资源比较富裕或者经济发达的地区。这些城市中位于广东省的有 3 个（广州、汕尾、东莞）；宁夏回族自治区有 2 个（中卫、固原）；黑龙江省 1 个（黑河）；湖南省 1 个（张家界）；云南省 2 个（丽江、临沧）。

（2）四大直辖市中，北京、上海的经济效率和社会效率达到有效，但是环境效率却没有达到有效前沿面，环境效率值分别为有效前沿的 56.59% 和 39.44%。天津的经济效率数值为 1，但是环境效率和社会效率均小于 1，其中环境效率仅有 0.1909。重庆的社会效率达到相对有效，但是环境效率和经济效率却相对无效。因此，这些重点发展的大城市并没有在经济效率、环境效率和社会效率三个方面都成为其他城市发展的标杆（benchmark），它们共同的特点是环境效率相对较低。因此，提高大城市的环境效率、改善环境质量是未来发展的重要方向。

（3）从平均水平来看，环境效率的平均值为 0.429，而经济效率的平均值为 0.628，社会效率的平均值为 0.636，也就是说我国城市的环境效率低于社会效率和经济效率。因此，城市的环境效率应该受到有关部门重视。减少“三废”排放，提高单位土地的 GDP 产出，是提高环境效率的途径之一。

表 7-2 城市土地利用效率

城市	环境效率	社会效率	经济效率	城市	环境效率	社会效率	经济效率
北京	0.5659	1	1	汕尾	1	1	1
天津	0.1909	0.9496	1	东莞	1	1	1
太原	0.3799	1	0.4871	潮州	0.5979	1	0.9382
朔州	0.3574	0.6566	1	防城港	0.2828	0.8535	1
忻州	0.4586	1	0.6805	贵港	0.3697	1	0.5760
包头	0.3199	0.7797	1	贺州	0.7726	1	1
乌海	1	0.8132	1	河池	0.5217	1	0.9658
乌兰察布	1	0.5704	0.5986	海口	1	0.7328	0.5054
沈阳	0.3510	1	0.8244	重庆	0.4006	1	0.3632
大庆	0.4332	0.5180	1	雅安	1	1	0.9976
伊春	1	0.6004	0.4413	巴中	1	1	0.6265
黑河	1	1	1	贵阳	1	1	0.8061
绥化	0.4680	1	0.7826	毕节	0.3175	1	0.5436
上海	0.3944	1	1	玉溪	0.3258	0.6423	1
黄山	1	0.6427	0.7825	保山	0.4736	1	0.8679
池州	0.7512	0.8641	1	丽江	1	1	1
莆田	0.4240	1	0.7725	普洱	0.4741	0.7824	0.7738
开封	0.2593	1	0.3505	临沧	1	1	1
武汉	0.3276	0.8281	1	嘉峪关	0.7862	0.9506	1
张家界	1	1	1	武威	0.6000	1	0.8729
广州	1	1	1	定西	1	0.8797	0.8272
韶关	0.3058	0.4014	0.5066	陇南	0.9998	1	1
深圳	1	0.8898	1	石嘴山	1	0.7587	0.8163
珠海	0.7132	0.3792	0.6705	固原	1	1	1
汕头	0.8130	1	0.5529	中卫	1	1	1
佛山	0.1917	1	1	乌鲁木齐	0.3663	1	0.7063
克拉玛依	0.2970	0.4972	1				

注：限于篇幅，表中仅列出环境效率、社会效率、经济效率至少有一个为 1 的城市。

以上从城市土地利用的经济效率、社会效率、环境效率方面对我国 286 个城市进行了评价，可知从不同的角度对城市土地利用效率进行评价往往得出不同的结论。尤其是一些吸纳人口多的大城市，往往在经济效率和社会效率方面比较领先，但是在环境效率方面并没有达到最有效的水平，而环境效率方面表现好的城市，经济效率和社会效率并不一定最优。

第三节　空间计量分析

一、空间模型构建

上文从经济、社会和环境三个维度考察了我国城市的土地利用效率，本节主要研究土地利用效率与城市土地规模和人口规模之间的作用机制。考虑到城市土地利用效率与城市规模可能具有一定的空间自相关性，本章建立的空间计量模型不仅能捕捉到变量之间的因果关系，而且能够弥补传统计量模型无法刻画空间溢出的缺憾，变量选取和模型设定如下。

（一）变量选取

因变量为城市土地利用效率（EE），包括城市土地的经济效率、环境效率、社会效率和综合效率四个方面。这些效率可由模型（7–1）或模型（7–2）计算得到。其中，综合效率采用经济效率、环境效率和社会效率的平均值。自变量为城市规模，包括城市人口规模和城市土地建设规模。控制变量为产业结构，用第三产业占 GDP 的比重表示。城市人口规模、城市土地建设规模、规模效率和产业结构分别记为 POP、AREA、SCALE、INDUST。

（二）模型设定

为了考察土地利用效率的空间作用机制，拟建立空间计量模型。空间计量模型一般有两种主要形式：空间自回归模型（SAR）和空间滞后模型（SEM）。二者分别表示近邻对被解释变量的影响和随机干扰项的空间结构对被解释变量的影响。通过对 SAR 模型和 SEM 模型的 LM 检验、稳健的 LM 检验、系数 t 检验和调整 R^2 等比较，认为 SAR 模型比 SEM 模型更好地拟合了该研究问题。本章参考 LeSage 和 Pace 设定空间计量模型的基本形式，构建如下空间自回归模型（SAR）。

$$EE = c + \rho W \cdot EE + \beta_1 INDUST + \beta_2 LnPOP + \beta_3 AREA + \varepsilon \quad (7\text{–}4)$$
$$\varepsilon \sim N(0, \sigma^2 I_n)$$

其中，W 为空间权重矩阵，常用 0–1 二元邻接矩阵表示。0–1 邻接矩阵设定为：

$$W_{ij} = \begin{cases} 1 & \text{当区域i与j相邻时} \\ 0 & \text{当区域i与j不相邻时} \end{cases}$$

本章采用城市质心的经纬度坐标生成 0–1 矩阵。

土地利用效率作为因变量属于受限变量，即因变量的观测值实际上只能取理论值的某一个范围 0 ~ 1。此时因变量服从截尾分布，LeSage 和 Pace 认为，因变量在零处截断（Censored）有一定的风险。如果忽略断尾值可能会造成一些信息损失，他们建议使用 Tobit 模型。根据模型（7–4）的结构，考虑到因变量的截尾性质，本章构建半对数空间自回归 Tobit 模型如下：

$$ee^* = c + \rho W \cdot EE + \beta_1 LnINDUST + \beta_2 LnPOP + \beta_3 LnAREA + \varepsilon \quad (7\text{–}5)$$
$$\varepsilon \sim N(0, \sigma^2 I_n)$$

其中，分别对解释变量取对数，消除量纲的影响。ee^* 为 EE 在截断处的潜变量，满足：

$$\begin{cases} ee^* = ee_1^*，若 ee^* \leqslant 0 \\ ee^* = ee_2^*，若 ee^* > 0 \end{cases}$$

二、模型分析

对空间 Tobit 模型的估计比较困难，由于因变量在零值处被截断，标准最大似然估计（ML）并不可行，本章根据 LeSage 和 Pace 提供的贝叶斯法对空间 Tobit 模型进行估计。利用 Matlab 7.0 对模型（7–5）进行基于马尔科夫—蒙特卡洛（MCMC）模拟的贝叶斯估计，吉布斯（Gibbs）抽样 2500 次，去掉前 500 次（Burn–in），得到贝叶斯后验概率估计结果，如表 7–3 所示。

表 7–3　土地利用效率的空间 Tobit 模型估计结果

	经济效率	环境效率	社会效率	综合效率
常数项	–0.9813*** （0.0000）	–0.9079*** （0.0000）	–1.6767*** （0.0000）	–1.6996*** （0.000）
产业结构	0.1010*** （0.0036）	0.1511*** （0.0000）	0.17805*** （0.0000）	0.15517*** （0.0041）
人口规模	–0.0456*** （0.0007）	–0.0904*** （0.0000）	0.01904 （0.2974）	0.07238*** （0.0003）
建设用地规模	0.0717*** （0.0000）	0.0596*** （0.0000）	0.0955*** （0.0000）	0.06667*** （0.0001）
e	–0.3367*** （0.0000）	–0.4269*** （0.0000）	–0.3541*** （0.0000）	–0.3591*** （0.0000）

注：为了便于理解，系数的符号乘以 –1，括号中为 t 统计量对应的 P 值；*** 表示在 1% 的置信水平下显著。

从表 7–3 可以看出，产业结构对土地综合效率具有显著影响。而且产业结构对环境效率的影响大于对经济效率的影响，这说明产业结构的优化升级，更有助于改善土地的环境效率。而长期以来我国第二产业大部分为低端能源密集型产业，对环境产生了很大的破坏作用。传统污染产业的升级改造是我国经济发展的主要任务，在工业生产过程中坚持绿色工业设计，坚持循环经济发展，加大绿色科技研发，健全和完善环境规制对提高城市竞争力和保护环境都具有重要的作用。

人口规模与经济效率和环境效率具有负相关关系，即人口规模的扩大不利于增加土地的经济效率和环境效率。这说明我国的劳动力素质整体水平并不高，人口红利更多表现在总量上，而没有表现在“均量”和“质量”上。城市人口的集聚带来了城市汽车的激增，交通拥堵、环境污染、高昂的生活成本对城市生产要素正逐渐产生“扩散效应”，近年来逃离“北上广深”成为人口流动的新趋势。

建设用地规模对土地利用效率各方面具有显著影响，并且均呈正相关关系。这也解释了为什么城市会有扩张的偏好。城镇土地是土地财政的重要来源，中国政府大部分依靠出卖土地来获取地方政府发展的财政支持。研究表明：土地财政规模膨胀有助于第二产业集聚水平和就业规模的提高，而对第三产业及相关细分行业起到抑制作用或者无显著关系。骆永民认为大部分城市低端制造业集聚，增长方式粗放，产品附加值低。任期内政府有着天然的扩大建设用地规模的冲动，以彰显政绩、搭建晋升平台。而对城市发展的质量和城市的可持续性缺乏必要的内在激励机制。

因变量的滞后一阶的空间效应无论是经济效率、环境效率还是社会效率都通过了显著性检验，因此验证了空间效应的存在。而且这种空间效应具有负作用，即土地效率的提升会对降低邻近城市的土地效率水平。这种情况出现的可能原因是资源和要素都是有限的，城市效率的提升必然要求投入最小化、产出最大化，从而会对周围地区产生一定的抑制或者阻碍作用。比如一个好的投资项目如果选择区位优势明显、招商政策优惠的城市，由于资源的稀缺性和市场的竞争性，该项目就不可能在邻近城市再进行大规模投资。在空间表现上，城市规模的扩大，对周围腹地产生一定的拉力，吸引周围甚至远处的劳动力、资本，空间上可能出现“中心—外围”结构，不断抑制、削弱或者边缘化周围区域。土地效率也可能表现出空间上的溢出效应，对周边城市产生一定的促进或者抑制作用。

第四节　结论与启示

本章在土地利用效率的框架下，分别从土地环境效率、经济效率和社会效率来综合反映城市的土地利用效率。在测算土地环境效率时，采用方向距离函数解决非期望产出（环境污染）的效率问题。然后从不同维度揭示城市土地利用效率特征，同时对目前我国城市的规模收益状态进行识别。最后建立城市土地利用效率和城市规模之间的空间 Tobit 模型，来考察城市土地效率和城市规模之间的相互作用机理以及空间特征。主要得出如下结论：

（1）目前我国大多数城市的土地利用效率较低，尤其是城市的环境效率低于经济效率和社会效率。这表明我国长期以来关注城市的经济产出和社会收益，而对环境的破坏关注较少。随着城市环境污染的加剧，国家才逐渐注重城市的环境质量。近年来国家提出了生态文明城市、低碳城市和环保模范城市等概念，表明城市未来的建设重心将向绿色化、低碳化和可持续化倾斜。

（2）城市土地效率具有空间溢出性。通过空间 Tobit 模型的检验，发现这种空间效应具有负作用，即土地效率的提升会降低邻近城市的土地效率水平。资源和要素都是有限的，城市效率的提升必然要求投入最小化、产出最大化，从而会对周围地区产生一定的抑制或者阻碍作用，逐渐形成所谓的“中心—外围”的分布格局。

（3）人口规模对经济效率和环境效率都具有负面影响，即人口规模的扩大不利于增加土地的经济效率和环境效率。从整体上看，城市人口规模越大，对土地经济效率和环境效率提高的阻力越大。这表明我国城市的人口集聚已经开始形成“拥堵”效应，对环境的破坏和影响日渐严重。保持适当的人口规模和人口密度是提高城市经济效率和环境效率的途径。

（4）建设用地规模对经济效率、环境效率和社会效率具有显著影响，并且呈正相关关系，即城市规模的扩大能促进城市土地效率的提高，这也解释了为什么城市会出现规模扩张的偏好。有些地方政府依然靠出卖土地和房地产业获取发展的财政来源。从长期看，这种拉动方式在形式上和内涵上表现为对产业结构优化的扭曲和经济可持续增长的阻滞。

本章的政策启示在于，评价城市土地利用效率不应单纯依靠经济效率，而是应该建立综合评价体系，通过对土地指标的分配和管理，提高城市决策者的土地管理水平。此外，城市人口规模与城市建设用地规模对土地效率具有不同的影响机理。建设用地规模扩大虽然对土地效率具有正向影响，但是人口过度集中已经对经济效率和环境效率产生显著的负面效应，这说明城市的经济拉动主要依靠城市规模扩张的模式，而不是依靠劳动力素质的提高。

因此，提高劳动力素质，合理引导人口向中小城市流动，实现劳动力的空间优化配置，对提高新型城镇化质量具有重要的现实意义。为应对土地规模的扩张，要统筹城乡土地资源，科学合理分配建设用地指标，对于规模报酬出现递减的城市要严控土地审批，加强土地管理。城市规模的扩大虽然有助于经济集聚，提高土地效率，但是其作用机制是通过土地财政来提高城市的收益，对产业结构调整没有形成优化机制。因此，城市土地管理也要考虑区域发展一体化，在经济、环境、社会等方面建立合作和协同机制。

第八章

经济—人口—空间城镇化耦合协调度及时空演变分析

新型城镇化是经济增长、人口聚集、空间扩张相互影响、相互作用的过程，只有三者之间相互促进、协同发展，才能达到可持续发展城镇化的目的。本章从经济、人口、土地三个方面，基于耦合协调度模型，考察2006~2016年全国31个省份的经济—人口—空间城镇化耦合度和协调度，并对耦合度与协调度进行时空演变分析。

第一节　经济—人口—空间城镇化耦合机理与模型

一、耦合机理

新型城镇化可以归结为三个方面相互影响、相互作用、相互促进和协同发展的过程，即经济城镇化、人口城镇化、空间城镇化三者之间的协调发展，三者的协调程度则关乎城镇化的质量。其一，大量的人口集中到城镇地区（人口城镇化），经济生产所需要的劳动力得到了满足，同时在城镇地区也形成了巨大的消费市场，促进了经济发展；其二，城镇内三次产业的发展（经济城镇化）既创造了就业岗位，又为生产生活方式的改变、生活质量的提高和城镇扩建扩张提供了经济基础，从而吸引更多和更高质量的劳动力集中到城镇；其三，城镇区域面积的扩张（空间城镇化）则满足了产业发展和人口增加在空间上的需要。因此，可用物理学中“耦合”的概念来形容三者之间的关系。

耦合是指两个或两个以上系统通过物质、能量、信息交换等途径彼此影响的现象，并通过相互作用在系统之间传输物质、能量、信息等。概括地说，耦合就是系统之间相互依赖的一个度量。耦合度就是用来衡量系统之间相互影响、相互依赖程度的标尺（李雪东，2018）。城镇化是人口聚集、经济发展、空间扩张相互作用和促进的过程，即耦合过程。其中，经济发展是基础，人口集中和空间扩张是表现。本章从经济—人口—空间城镇化的角度，引入耦合协调度模型进行分析，并计算三者之间的耦合作用程度和耦合作用的协调状态。

二、耦合度模型

物理学中的容量耦合系数模型，可以衡量系统中各子系统之间通过耦合元素相互作用、相互影响的程度。借鉴这一原理拓展多个要素相互作用的耦合度模型，具体数学表达式如下：

$$C_n=\left\{\frac{u_1\cdot u_2\cdot\cdots\cdot u_m}{\Pi(u_i+u_j)}\right\}^{\frac{1}{n}}(i=1,\ 2,\ \cdots,\ m;\ j=1,\ 2,\ \cdots,\ m;\ i\neq j;\ C_n\in[0,1]) \quad (8\text{–}1)$$

其中，C_n 表示耦合度；$u_1, u_2, \cdots, u_m$ 表示子系统耦合元素的代理变量；$0\leqslant C_n\leqslant 1$，$C_n$ 越大，则表示要素之间的耦合强度越大，当 C_n 等于 0 时，表示要素之间处于无关状态。

那么，经济—人口—空间城镇化耦合函数为：

$$C=\left\{\frac{u_{pc}\cdot u_{ec}\cdot u_{tc}}{\Pi(u_i+u_j)}\right\}^{\frac{1}{3}}(i=1,\ 2,\ 3;\ j=1,\ 2,3;\ i\neq j;\ C\in[0,1]) \quad (8\text{–}2)$$

其中，u_{pc}、u_{ec}、u_{tc}分别表示人口城镇化、经济城镇化、空间城镇化（数字 1、2、3 分别对应以上三种城镇化）。C 值越大，表示三种城镇化之间的耦合强度越高。

虽然 C 可以表示人口城镇化、经济城镇化、空间城镇化之间的耦合强度，但不能反映三者之间具体的耦合度水平。也就是说，如果经济城镇化、人口城镇化、空间城镇化水平相同且值都很低，虽然会出现较高的耦合度，但城镇化质量却很低，实际上三者的发展是不协调的。因此，需要进一步利用耦合协调函数得到新的指标去衡量三者之间的耦合协调水平，采用如下公式：

$$D=\sqrt{C\times T},\ T=\alpha u_{pc}+\beta u_{ec}+\gamma u_{tc} \tag{8-3}$$

其中，C 为耦合度，D 为协调度，T 为经济—人口—空间城镇化综合评价指数；α、β、γ 为待定系数。本章假设三种城镇化同等重要，因此待定系数的取值为 $\alpha=\beta=\gamma=1/3$。

显然耦合强度 $C\in[0,\ 1]$，当 C=1 时，表示耦合强度最大，子系统之间达到良性共振耦合，系统将走向新的有序结构；当 C=0 时，耦合强度最小，系统之间处于无序状态；耦合协调度 $D\in[0,\ 1]$，当 D=1 时，耦合协调度极高，当 D=0 时，耦合协调度极低。耦合强度与耦合协调度分为 4 个等级（见表 8–1）。

表 8–1　耦合度 C 值、协调度 D 值类型

类型	耦合强度 C	类型	协调度 D
低耦合强度	$0\leqslant C<0.3$	低协调度	$0\leqslant D<0.4$
较低耦合强度	$0.3\leqslant C<0.5$	较低协调度	$0.4\leqslant D<0.5$
中耦合强度	$0.5\leqslant C<0.8$	中协调度	$0.5\leqslant D<0.8$
高耦合强度	$0.8\leqslant C\leqslant 1$	高协调度	$0.8\leqslant D\leqslant 1$

三、指标选取

根据经济城镇化、人口城镇化和空间城镇化的内涵，借鉴已有的测度指标体系，按照数据的可获得性、层次性、可比性原则，构建了一个较为简单的评价经济城镇化、人口城镇化、空间城镇化的指标体系，该体系包括 9 个具体指标（见表 8–2）。

表 8-2 经济城镇化、人口城镇化与空间城镇化评价体系结果

目标层	指标层	信息熵（2015）	冗余度（2015）	权重（2015）
经济城镇化	人均 GDP（亿元 / 万人）	0.9754	0.0246	0.7035
	二三产业产值比重（%）	0.9995	0.0005	0.0127
	二三产业就业比重（%）	0.9901	0.0099	0.2838
人口城镇化	非农人口占常住人口比重（%）	0.9888	0.0112	0.2672
	常住人口城镇化率（%）	0.9929	0.0071	0.1710
	户籍人口城镇化率（%）	0.9765	0.0235	0.5618
空间城镇化	建成区面积占本行政区面积比重（%）	0.7726	0.2274	0.8701
	城区人口密度（人 / 平方公里）	0.9782	0.0218	0.0834
	单位城区面积 GDP 含量（万元 / 平方公里）	0.9879	0.0121	0.0465

经济城镇化指标主要反映经济非农化过程，包括人均 GDP、二三产业产值比重、二三产业就业比重；人口城镇化指标反映人口非农化过程，包括非农人口占常住人口比重、常住人口城镇化率、户籍人口城镇化率；空间城镇化指标主要反映土地非农化过程，包括建成区面积占本行政区面积比重、城区人口密度、单位城区面积 GDP 含量。

四、熵值法确定指标权重

本章所有数据来自 2006~2016 年的《中国统计年鉴》、31 个省份的《统计公报》《统计年鉴》以及《全国分县市人口统计资料》、《中国卫生和计划生育统计年鉴》（其中部分数据来自 1998~2016 年统计年鉴）等。

为了避免主观赋值的影响，本章选用熵值法来确定各指标的权重，其计算方法如下：

（1）指标无量纲化。在计算中国 31 个省份的经济—人口—空间城镇化耦合度和协调度时，指标均为正向指标或者中性指标。由于存在量纲不统一的问题，经济城镇化、人口城镇化、土地城镇化的效益属性有所不同，因此在计算之前还需要对指标进行标准化处理：

$$y_{ijk} = \frac{x_{ijk}}{\max(x_{ij})} \tag{8-4}$$

其中，x 表示需要进行标准化处理的原始指标，i 代表指标类型（i = 1，2，3，分别代表经济城镇化、人口城镇化、空间城镇化），j 代表地区（j=1，2，3，…，31），k 代表年份（k = 2006，2007，…，2016）。

（2）计算第 i 项指标下第 j 个地区占该指标的比重：

$$Y_{ij} = \frac{y_{ij}}{\sum_1^j y_{ij}} \ (j=1, 2, 3, \cdots, 31) \tag{8-5}$$

（3）计算第 i 项指标的熵值：

$$e_i = -\frac{\sum_1^j (Y_{ij} \ln Y_{ij})}{\ln j} \ (0 \leqslant e_i \leqslant 1) \tag{8-6}$$

（4）计算第 i 项指标的差异系数：

$$d_i = 1 - e_i \tag{8-7}$$

（5）求指标值权重：

$$W_i = \frac{d_i}{\sum_1^j d_i} \tag{8-8}$$

那么，第 j 个地区的单指标评价得分为：

$$S_{ij} = W_i \times Y_{ij} \tag{8-9}$$

那么，第 j 个地区城镇化水平得分为：

$$S_j = \sum_1^i S_{ij} \tag{8-10}$$

第二节　经济—人口—空间城镇化耦合协调度的时空差异分析

运用经过标准化处理的数据，按照式（8-5）～式（8-10）计算得出全国

31个省份在2006年、2009年、2012年和2016年各年份的经济—人口—空间城镇化耦合强度C、耦合协调度D，结果如表8-3所示。

表8-3 中国各省份新型城镇化耦合强度与耦合协调度

地区	2006年		2009年		2012年		2016年	
	耦合强度	耦合协调度	耦合强度	耦合协调度	耦合强度	耦合协调度	耦合强度	耦合协调度
北京	0.4860	0.6225	0.4833	0.6186	0.4813	0.6143	0.4857	0.6262
天津	0.4741	0.5555	0.4742	0.5719	0.4764	0.5872	0.4856	0.6006
河北	0.4418	0.3670	0.4332	0.3772	0.4344	0.3913	0.4376	0.3920
山西	0.4243	0.3536	0.4253	0.3682	0.4270	0.3846	0.4370	0.3842
内蒙古	0.3117	0.3201	0.3212	0.3560	0.3251	0.3742	0.3404	0.3793
辽宁	0.4240	0.4236	0.4119	0.4341	0.4108	0.4514	0.4147	0.4489
吉林	0.3833	0.3644	0.3768	0.3756	0.4036	0.4096	0.4070	0.4097
黑龙江	0.4075	0.3789	0.4128	0.3891	0.4220	0.4071	0.4252	0.3917
上海	0.4998	0.6999	0.4999	0.7018	0.4999	0.6974	0.5000	0.6982
江苏	0.4645	0.4651	0.4554	0.4879	0.4566	0.5181	0.4589	0.5398
浙江	0.4491	0.4309	0.4408	0.4387	0.4430	0.4552	0.4476	0.4631
安徽	0.4543	0.3281	0.4494	0.3458	0.4523	0.3710	0.4544	0.3752
福建	0.4225	0.3804	0.4154	0.3991	0.4200	0.4197	0.4245	0.4297
江西	0.4600	0.3534	0.4577	0.3678	0.4549	0.3834	0.4537	0.3846
山东	0.4584	0.4179	0.4478	0.4312	0.4499	0.4516	0.4559	0.4671
河南	0.4869	0.3600	0.4793	0.3743	0.4774	0.3911	0.4765	0.3945
湖北	0.4173	0.3628	0.4119	0.3809	0.4243	0.3924	0.4313	0.4042
湖南	0.4913	0.1000	0.4911	0.1013	0.4914	0.1020	0.4908	0.1015
广东	0.4504	0.4648	0.4480	0.4710	0.4564	0.4850	0.4597	0.4952
广西	0.4765	0.0879	0.4765	0.0872	0.4791	0.0902	0.4687	0.0989
海南	0.4306	0.3636	0.4178	0.3667	0.4146	0.3786	0.4191	0.3848

续表

地区	2006年		2009年		2012年		2016年	
	耦合强度	耦合协调度	耦合强度	耦合协调度	耦合强度	耦合协调度	耦合强度	耦合协调度
重庆	0.4288	0.3475	0.4244	0.3684	0.4227	0.4107	0.4296	0.4273
四川	0.4352	0.3203	0.4282	0.3374	0.4237	0.3609	0.4035	0.3551
贵州	0.4663	0.2745	0.4646	0.2925	0.4607	0.3133	0.4420	0.3172
云南	0.4598	0.2896	0.4607	0.3044	0.4530	0.3353	0.4201	0.3412
西藏	0.3731	0.2500	0.3861	0.2701	0.3771	0.2782	0.3684	0.2857
陕西	0.4707	0.3651	0.4568	0.3838	0.4504	0.4045	0.4292	0.3975
甘肃	0.4707	0.3651	0.4568	0.3838	0.4504	0.4045	0.4292	0.3975
青海	0.3876	0.3136	0.3879	0.3303	0.3922	0.3650	0.3575	0.3796
宁夏	0.4538	0.3724	0.3608	0.3350	0.3733	0.3615	0.3776	0.3665
新疆	0.4266	0.3747	0.4191	0.3745	0.4057	0.3807	0.3611	0.3516

将以上计算结果大致分类处理，结果如表8–4所示。

表8–4　耦合协调度地区分类

地区	耦合协调类型
上海	中耦合，中协调
北京、天津、江苏	较低耦合，中协调
辽宁、吉林、浙江、福建、山东、湖北、广东、重庆	较低耦合，较低协调
河北、山西、内蒙古、黑龙江、安徽、江西、河南、湖南、广西、海南、四川、贵州、云南、西藏、陕西、甘肃、青海、宁夏、新疆	较低耦合，低协调

运用经过标准化处理的数据，按照式（8–2）、式（8–3）计算得出中国1998~2016年经济城镇化、人口城镇化、空间城镇化耦合强度C、耦合协调度D，见图8–1。

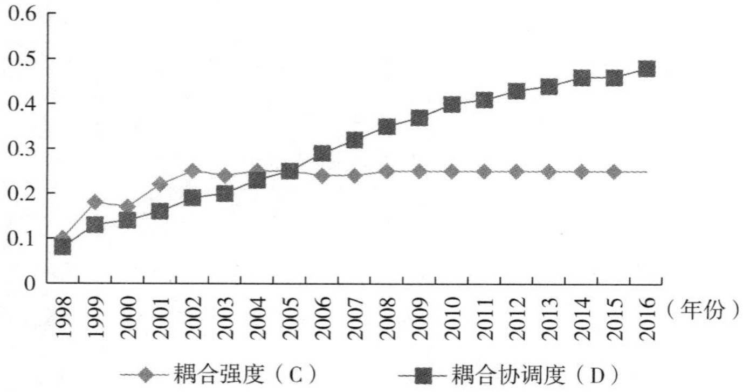

图 8-1　城镇化耦合强度与耦合协调度

从图 8-1 中可以看出，经济—人口—空间城镇化的协调度从 1998 年的 0.08 上升到 2016 年的 0.48，表明三者之间的协调性处在不断上升和完善的过程，但总体上仍处于中协调阶段；而耦合强度则始终处于低水平状态。

一、经济—人口—空间城镇化的总体特征

中国 31 个省份三个城镇化的得分如表 8-5 所示。从总量上看，2006~2016 年，城镇化总分由 31.38 增加到 37.5，增长了 19.5%；平均分也由 1.01 增加到 1.21，增长了 19.8%。这意味着城镇化质量整体呈上升趋势。从三个城镇化的平均分值看，2016 年空间城镇化的平均得分（0.17）远远低于经济城镇化（0.53）和人口城镇化（0.51）。从增长率上看，2006~2016 年，经济城镇化增长了 35.65%，空间城镇化增长了 11.23%，人口城镇化增长了 8.82%。这表明经济城镇化贡献最大，人口城镇化次之，空间城镇化的贡献度最小但增长速度呈现上升趋势。北京、天津、广东等东南省份、中部省份表现明显，即空间城镇化＜人口城镇化＜经济城镇化。东北地区、西南地区、西北地区的省份则呈现空间城镇化＜经济城镇化＜人口城镇化。

同时，人口城镇化速度小于空间城镇化（城镇面积的扩张）速度和经济城镇化速度，表明空间城镇化的效率并不高，与人口城镇化相比存在“人地不协调”的现象。

表 8-5　中国各省份经济、空间、人口城镇化得分

省份	2006 年				2009 年				2016 年			
	Uec	Utc	Upc	Totle	Uec	Utc	Upc	Totle	Uec	Utc	Upc	Totle
北京	0.95	0.52	0.92	2.39	0.97	0.49	0.91	2.37	0.99	0.53	0.91	2.43
天津	0.80	0.36	0.79	1.95	0.91	0.38	0.78	2.07	0.99	0.50	0.74	2.23
河北	0.38	0.11	0.42	0.91	0.43	0.11	0.44	0.98	0.47	0.13	0.46	1.06
山西	0.35	0.09	0.44	0.88	0.40	0.10	0.46	0.96	0.43	0.12	0.46	1.01
内蒙古	0.41	0.03	0.54	0.98	0.58	0.04	0.56	1.18	0.66	0.06	0.55	1.27
辽宁	0.47	0.13	0.66	1.26	0.57	0.13	0.68	1.38	0.65	0.14	0.67	1.46
吉林	0.36	0.07	0.61	1.04	0.44	0.07	0.61	1.12	0.54	0.11	0.59	1.24
黑龙江	0.32	0.10	0.64	1.06	0.34	0.11	0.65	1.1	0.33	0.12	0.63	1.08
上海	1.00	0.94	1.00	2.94	1.00	0.96	1.00	2.96	0.98	0.97	0.97	2.92
江苏	0.58	0.22	0.59	1.39	0.69	0.23	0.66	1.58	0.83	0.29	0.79	1.91
浙江	0.63	0.17	0.44	1.24	0.69	0.17	0.45	1.31	0.78	0.20	0.46	1.44
安徽	0.27	0.10	0.34	0.71	0.34	0.11	0.35	0.8	0.45	0.13	0.35	0.93
福建	0.46	0.10	0.46	1.02	0.55	0.11	0.49	1.15	0.69	0.14	0.48	1.31
江西	0.31	0.13	0.38	0.82	0.35	0.13	0.40	0.88	0.46	0.14	0.38	0.98
山东	0.49	0.17	0.48	1.14	0.56	0.17	0.52	1.25	0.64	0.21	0.59	1.44
河南	0.30	0.18	0.32	0.8	0.37	0.17	0.34	0.88	0.45	0.19	0.34	0.98
湖北	0.32	0.09	0.53	0.94	0.39	0.10	0.57	1.06	0.52	0.13	0.48	1.13
湖南	0.02	0.01	0.02	0.05	0.03	0.02	0.02	0.07	0.03	0.02	0.02	0.07
广东	0.57	0.20	0.67	1.44	0.62	0.20	0.67	1.49	0.68	0.24	0.67	1.59
广西	0.02	0.01	0.02	0.05	0.02	0.01	0.02	0.05	0.02	0.01	0.03	0.06
海南	0.29	0.11	0.52	0.92	0.33	0.10	0.54	0.97	0.45	0.10	0.51	1.06
重庆	0.33	0.09	0.42	0.84	0.40	0.10	0.46	0.96	0.56	0.14	0.58	1.28
四川	0.28	0.08	0.35	0.71	0.33	0.09	0.38	0.8	0.43	0.08	0.43	0.94
贵州	0.15	0.08	0.25	0.48	0.20	0.09	0.26	0.55	0.33	0.09	0.27	0.69
云南	0.21	0.08	0.25	0.54	0.25	0.09	0.26	0.6	0.34	0.08	0.41	0.83
西藏	0.25	0.03	0.22	0.5	0.28	0.04	0.24	0.56	0.38	0.04	0.24	0.66
陕西	0.31	0.15	0.39	0.85	0.39	0.14	0.43	0.96	0.46	0.12	0.52	1.1

续表

省份	2006 年				2009 年				2016 年			
	Uec	Utc	Upc	Totle	Uec	Utc	Upc	Totle	Uec	Utc	Upc	Totle
甘肃	0.31	0.15	0.39	0.85	0.39	0.14	0.43	0.96	0.46	0.12	0.52	1.1
青海	0.30	0.06	0.41	0.77	0.36	0.06	0.42	0.84	0.47	0.07	0.67	1.21
宁夏	0.29	0.14	0.49	0.92	0.37	0.05	0.51	0.93	0.46	0.07	0.53	1.06
新疆	0.33	0.11	0.55	0.99	0.35	0.10	0.55	1	0.43	0.06	0.54	1.03
平均分	0.39	0.16	0.47	1.01	0.45	0.16	0.49	1.09	0.53	0.17	0.51	1.21
总和	12.06	4.81	14.51	31.38	13.9	4.81	15.06	33.77	16.36	5.35	15.79	37.5

注：Uec、Utc、Upc 分别代表经济城镇化得分、空间城镇化得分、人口城镇化得分，Totle 表示各省份城镇化综合得分。

二、经济—人口—空间城镇化的耦合强度和协调度分析

第一，耦合强度数值全部分布在 0.3~0.5，以 2015 年为例，内蒙古、吉林、西藏、青海、宁夏 5 个省（自治区）的经济—人口—空间城镇化的耦合强度处于低水平耦合状态，其余皆处于拮抗阶段，这表明中国新型城镇化的发展仍然是耦合强度较低的发展。

第二，从时间变化趋势来看，贵州、甘肃、云南、四川、新疆、青海的耦合强度出现明显的下降趋势，内蒙古、吉林出现明显的上升趋势，其他省份波动幅度较小但具有上升趋势。这表明除了个别省份外，其他多数省份耦合关系正在发生质的变化，由拮抗阶段向磨合阶段发展。

第三，从耦合强度的空间变化来看，31 个省份的经济—人口—空间城镇化的耦合强度处于较低耦合阶段，但对各省份进行细分后发现，其在地域上存在明显的差异。依据 2015 年耦合强度值的大小排序对 31 个省份进行较细致的划分，可将全国划分为五类。其中：①在 0.45~0.5 较低耦合强度范围内的省份，包括上海、湖南、北京、天津等 11 个省份，都是东南沿海经济发达省份和中部人口大省，与以往年份相比较，属于该类的省份逐渐变少，由 2006 年的 16 个省份变为 2016 年的 11 个省份；②在 0.4~0.45 较低耦合强度范围内的省份，从 2006 年的 11 个增加为 2016 年的 15 个，呈现扩大的趋势；

③在 0.3~0.4 低耦合强度范围内的省份，包括宁夏、西藏、新疆、青海、内蒙古，皆位于西北内陆经济、人口欠发达地区。

第四，从协调度来看，各省份协调度差异较大。大致可分为高度协调、中度协调和低度协调三个等级。其中，北京、上海、天津、江苏 4 省市处于高度协调的阶段；浙江、广东、山东等 8 个省份处于中度协调的阶段；其余 19 个省份均处于低度协调的阶段。这与耦合强度的空间分布格局基本相同。

第三节　实证结论

通过计算 2006~2016 年中国 31 个省份的经济—人口—空间城镇化耦合强度及耦合协调度，可以得出以下总体结论：

（1）就全国整体而言，经济城镇化、人口城镇化、空间城镇化三者之间的耦合强度、协调度呈现较低水平。

（2）无论是耦合强度还是耦合协调度指标，各省区在空间分布上呈现不平衡状态，具有明显的东—中—西梯度递减的空间分布格局。

（3）这种分布差异或不平衡反映了城镇化总体发展的不协调和较低的质量水平。

本章小结

本章从经济、人口、土地三个方面，基于耦合协调度模型，考察 2006~2016 年全国 31 个省份的经济—人口—空间城镇化耦合度和协调度，并对耦合度与协调度进行了时空演变分析。

耦合就是系统之间相互依赖的一个度量。城镇化是人口聚集、经济发展、空间扩张相互作用和促进的过程，即耦合过程。根据经济城镇化、人口城镇化、空间城镇化的内涵，按照数据的可获得性、层次性、可比性原则，构建了一个评价经济城镇化、人口城镇化、空间城镇化的指标体系，用耦合协调度模型确定耦合强度值和协调度值并进行时空差异分析，可按耦合协调度值的大小将全国 31 个省份分为四类地区。从“三个城镇化”的总体得分情况看，2006~2016 年城镇化质量整体虽呈上升趋势，但各个城镇化增长对总体城镇化质量的贡献度不同，经济城镇化贡献最大，人口城镇化次之，空间城镇化的贡献度最小。最后的实证分析得出的基本结论是：就全国整体而言，经济城镇化、人口城镇化、空间城镇化三者之间的耦合强度、协调度呈现较低水平；各省区在空间分布上呈现明显的东—中—西梯度递减的空间分布格局；这种分布差异或不平衡反映了城镇化总体发展的不协调和较低的质量水平。

第九章

新型城镇化质量指标体系的构建与综合评价

第八章采用一套简单的指标体系对 31 个省份的城镇化质量进行了时空动态分析，从而对中国整体城镇化质量作出了一些评价和判断。为进一步客观、全面地评价城镇化质量，还需要建立一套科学合理的评价指标体系，为此，国内众多学者从不同视角进行了探索。在借鉴他人成果的基础上，根据对新型城镇化质量内涵的深刻理解，本章重新设计了一套评价指标体系，以全国 31 个省份作为样本，从横向和纵向两方面反映和测度城镇化质量状况。

第一节　新型城镇化质量指标体系的构建

新型城镇化质量评价的指标体系是一个复杂的、科学的、动态的体系。构建一个规范、科学、可操作性的城镇化质量评价指标体系是准确评价城镇化质量的关键。因此，根据科学性、系统性、可操作性和层次性原则，在构建城镇化质量评价的指标体系时，关键是要综合考虑城镇化质量的内涵和指标、数据的代表性以及数据的可得性。根据对新型城镇化质量内涵的理解，笔者认为城镇化质量评价的指标体系不仅要包括城镇的经济状况，还要包括人口、空间、生活、社会、生态等方面，同时指标应尽量反映静态和动态两个侧面。新型城镇化质量的评价体系应该由经济城镇化、人口城镇化、空间城镇化、生活城镇化、社会城镇化、生态城镇化六个子系统构成，而每个子系统又包括不同的具体指标，涵盖面广，既有规模、水平等反映数量方面的指标，也有结构、效率、效能等反映质量方面的指标。本章的评价指标体系由 6 个子系统、15 个准则层指标和 47 个具体指标构成，可以综合反映新型城镇化在经济、人口、空间、生活、社会、生态各个方面发展的质量状况。

新型城镇化质量评价指标体系如表 9–1 所示。①

表 9–1　新型城镇化质量评价指标体系

目标层	功能层	准则层	指标层
新型城镇化质量评价指标体系（x）	经济城镇化子系统（u）	经济规模与水平（u_1）	地区 GDP 总量（u_{11}） GDP 增长速度（u_{12}） 城镇居民人均 GDP（u_{13}）
		经济发展结构（u_2）	第二产业增加值占 GDP 比重（u_{21}） 第三产业增加值占 GDP 比重（u_{22}） 高新技术产业增加值占 GDP 比重（u_{23}） 第二产业就业人口比重（u_{24}） 第三产业就业人口比重（u_{25}）
		经济发展潜能（u_3）	每年新增就业人数（万人）（u_{31}） 人均地方预算财政收入（u_{32}） 规模以上工业企业万元资金提供的利润（元 / 万元）（u_{33}） 国家级高新技术园区数量（u_{34}）

① 对各项指标的界定与解释详见胡星和何宇鹏发表的论文《新型城镇化质量指标体系的构建与实证测度——基于全国 42 个主要城市的研究》，发表于《中国名城》，2018 年第 6 期。

续表

目标层	功能层	准则层	指标层
新型城镇化质量评价指标体系（x）	人口城镇化子系统（w）	人口城镇化水平（w_1）	户籍人口城镇化率（w_{11}） 常住人口城镇化率（w_{12}） 非农人口占常住人口比重（w_{13}）（新型城镇化率）
	空间城镇化子系统（t）	经济密度（t_1）	单位城区面积 GDP 含量（万元 / 平方公里）（t_{11}）
		人口密度（t_2）	城区人口密度（万人 / 平方公里）（t_{21}）
		土地城镇化水平（t_3）	建成区面积占本行政区面积比重（t_{31}）
	生活城镇化子系统（n）	生活水平（n_1）	城镇居民人均消费支出水平（n_{11}） 城镇居民人均住房建筑面积（n_{12}） 每百户城镇居民家庭汽车拥有量（n_{13}） 城镇居民家庭人均可支配收入（n_{14}） 恩格尔系数（n_{15}）
	社会城镇化子系统（v）	科教文卫（v_1）	教育经费支出占 GDP 比重（v_{11}） 每万人拥有在校大学生人数（v_{12}） 每万人拥有公共图书馆藏书量（v_{13}） 每万人拥有卫生机构医生数（v_{14}） 每万人拥有卫生机构病床数（v_{15}）
		社会保障（v_2）	城镇常住人口基本养老保险覆盖率（v_{21}） 城镇常住人口基本医疗保险覆盖率（v_{22}） 城市最低生活保障水平（v_{23}） 城市登记失业率（v_{24}）
		基础设施（v_3）	单位建成区道路面积（v_{31}） 人均城市道路面积（v_{32}） 城区万人拥有公共汽车数量（v_{33}） 地域信息化水平（万人互联网普及率）（v_{34}）
		城乡统筹（v_4）	城乡居民人均收入比值（v_{41}） 城乡恩格尔系数差距（v_{42}）

续表

目标层	功能层	准则层	指标层
新型城镇化质量评价指标体系（x）	生态城镇化子系统（m）	综合能耗（m_1）	单位 GDP 能耗（吨标准煤 / 万元）（m_{11}） 单位工业增加值能耗（m_{12}） 单位 GDP 电耗（m_{13}）
		绿化水平（m_2）	建成区绿化覆盖率（m_{21}） 人均公园绿地面积（m_{22}）
		环境保护力度（m_3）	生活垃圾无害化处理率（m_{31}） 工业废水综合处理达标率（m_{32}） 氮氧化合物（m_{33}） 城市空气质量达标率（空气质量为一级、二级天数）（m_{34}）

注：其中 t_{21}、n_{15}、v_{24}、v_{41}、v_{42}、m_{11}、m_{12}、m_{13} 是反向指标，其余是正向指标。

第二节　研究方法及资料来源说明

一、测度方法

指标综合评价的方法很多，总体上可归纳为两大类：主观赋值评价法和客观赋值评价法。从城镇化质量评价的方法来看，主要包括因子分析法、聚类分析方法、层次分析法、熵值法等。采用熵值法对一个含有多指标的综合体系中的指标信息熵值进行效用价值反映时，其可信度和效度比主观赋值法等方法要高，因此，为了尽量减少和避免权重确定过程中的主观因素及某些客观局限，本章采用熵值法对各指标进行赋值，在此基础上利用加权求和方法对城镇化发展质量进行测度评价。

熵值法的主要处理步骤是：首先，构建原始指标数据矩阵，然后对原始数据进行标准化处理；其次，计算各指标的熵值和差异性系数；最后，确定各指标值的权重。

本章在对城镇化质量归类分析时，在研究对象上采用的是 R 型聚类，在聚类分析方法上，由于功能层指标之间的平等关系，采用了系统分层聚类方法进行聚类分析。最后，运用 SPSS 17.0 统计软件进行系统分层聚类分析。①

二、资料来源

本章主要从全国宏观层面展开系统研究，研究对象为 31 个省份。研究数据主要来源于：

（1）《中国统计年鉴》（2013~2017）；

（2）《中国城市统计年鉴》（2013~2017）；

（3）《各省辖市统计年鉴》（2013~2017）、《中国能源统计年鉴》《中国高新技术产业统计年鉴》；

（4）《2017 年各省辖市国民经济和社会发展统计公报》；

（5）相关政府网站提供的数据以及部分调研数据等。

第三节　实证分析与综合评价

一、各指标权重确定

具体方法：首先对 2012～2016 年新型城镇化质量 6 大子系统、47 项具体指标数据进行标准化与非负化处理；然后依据标准化处理后的数据，采用熵值法计算公式，计算出每个单项指标的熵值 e_j，并分别计算 47 项评价指标的差异化系数 g_j，进而计算各指标的权重 w_j；最后计算出全国 31 个省份的经济城镇化子系统、人口城镇化子系统、空间城镇化子系统、生活城镇化子系统、社会城镇化子系统、生态城镇化子系统 6 个新型城镇化质量子系统的权重、得分及城镇化质量综合水平评价值。表 9–2 为中国新型城镇化质量评价指标各子系统的熵值和权重。

① 具体分析过程和计算公式详见胡星和何宇鹏发表的论文《新型城镇化质量指标体系的构建与实证测度——基于全国 42 个主要城市的研究》，发表于《中国名城》，2018 年第 6 期。

表 9-2　2012~2016 年新型城镇化质量评价指标各子系统熵值和权重

目标层	功能层	指标名称与代码	熵值 e_j					权重 w_j				
			2012 年	2013 年	2014 年	2015 年	2016 年	2012 年	2013 年	2014 年	2015 年	2016 年
新型城镇化质量评价指标体系（x）	经济城镇化子系统（u）	地区 GDP 总量 (u_{11})	0.912	0.915	0.915	0.915	0.912	0.029	0.029	0.026	0.026	0.027
		GDP 增长速度 (u_{12})	0.975	0.966	0.966	0.976	0.940	0.009	0.013	0.011	0.008	0.020
		城镇居民人均 GDP(u_{13})	0.913	0.908	0.901	0.889	0.902	0.031	0.034	0.033	0.037	0.033
		第二产业增加值占 GDP 比重 (u_{21})	0.979	0.979	0.978	0.979	0.978	0.008	0.008	0.007	0.007	0.007
		第三产业增加值占 GDP 比重 (u_{22})	0.915	0.910	0.890	0.890	0.870	0.031	0.033	0.037	0.037	0.043
		第二产业就业人口比重 (u_{24})	0.947	0.941	0.944	0.949	0.946	0.031	0.035	0.031	0.029	0.030
		第三产业就业人口比重 (u_{25})	0.995	0.987	0.989	0.990	0.995	0.026	0.030	0.028	0.028	0.026
		每年新增就业人数（万人）(u_{31})	0.924	0.919	0.970	0.944	0.963	0.027	0.030	0.010	0.019	0.013
		人均地方预算财政收入 (u_{32})	0.914	0.906	0.908	0.913	0.910	0.062	0.054	0.049	0.049	0.057
		规模以上工业企业万元资金提供的利润（元 / 万元）(u_{33})	0.927	0.918	0.918	0.918	0.923	0.039	0.041	0.040	0.045	0.048
		省级工业园区数量 (u_{34})	0.881	0.881	0.881	0.881	0.881	0.043	0.044	0.040	0.040	0.040

续表

目标层	功能层	指标名称与代码	熵值 e_j					权重 w_j				
			2012 年	2013 年	2014 年	2015 年	2016 年	2012 年	2013 年	2014 年	2015 年	2016 年
新型城镇化质量评价指标体系（x）	人口城镇化子系统 (w)	户籍人口城镇化率 (w_{11})	0.913	0.917	0.923	0.928	0.930	0.031	0.030	0.026	0.024	0.024
		常住人口城镇化率 (w_{12})	0.965	0.968	0.969	0.969	0.970	0.013	0.012	0.010	0.010	0.010
		非农人口占常住人口比重 (w_{13})（新型城镇化率）	0.950	0.952	0.953	0.956	0.956	0.018	0.017	0.016	0.015	0.015
	空间城镇化子系统 (t)	单位城区面积 GDP 含量（万元 / 平方公里）(t_{11})	0.94	0.935	0.937	0.938	0.943	0.021	0.024	0.021	0.021	0.019
		城区人口密度（万人 / 平方公里）(t_{21})	0.967	0.961	0.966	0.963	0.968	0.017	0.026	0.023	0.029	0.028
		建成区面积占本行政区面积比重 (t_{31})	0.919	0.931	0.935	0.935	0.943	0.029	0.025	0.022	0.022	0.019
	生活城镇化子系统（n）	城镇居民人均消费支出水平（n_{11}）	0.901	0.919	0.849	0.866	0.869	0.036	0.030	0.051	0.045	0.044
		城镇居民家庭人均可支配收入（n_{14}）	0.889	0.885	0.847	0.839	0.840	0.040	0.042	0.052	0.054	0.054
		恩格尔系数（n_{15}）	0.978	0.979	0.980	0.982	0.983	0.008	0.008	0.007	0.006	0.006
	社会城镇化子系统 (v)	教育经费支出占 GDP 比重 (v_{11})	0.877	0.877	0.876	0.877	0.875	0.044	0.043	0.042	0.042	0.042

续表

目标层	功能层	指标名称与代码	熵值 e_j					权重 w_j				
			2012 年	2013 年	2014 年	2015 年	2016 年	2012 年	2013 年	2014 年	2015 年	2016 年
新型城镇化质量评价指标体系（x）	社会城镇化子系统 (v)	每万人拥有在校大学生人数 (v_{12})	0.934	0.940	0.946	0.950	0.953	0.024	0.022	0.018	0.017	0.016
		每万人拥有公共图书馆藏书量 (v_{13})	0.865	0.861	0.858	0.850	0.875	0.048	0.051	0.048	0.051	0.042
		每万人拥有卫生机构医生数 (v_{14})	0.911	0.959	0.876	0.940	0.936	0.032	0.015	0.042	0.020	0.022
		每万人拥有卫生机构病床数 (v_{15})	0.934	0.934	0.933	0.933	0.931	0.024	0.024	0.023	0.023	0.023
		城镇常住人口基本养老保险覆盖率 (v_{21})	0.955	0.943	0.944	0.943	0.946	0.016	0.021	0.019	0.019	0.018
		城镇常住人口基本医疗保险覆盖率 (v_{22})	0.868	0.883	0.883	0.896	0.879	0.022	0.048	0.039	0.039	0.035
		城市登记失业率 (v_{24})	0.937	0.923	0.947	0.957	0.957	0.023	0.028	0.018	0.014	0.015
		单位建成区道路面积 (v_{31})	0.948	0.964	0.969	0.964	0.952	0.019	0.013	0.010	0.012	0.016
		人均城市道路面积 (v_{32})	0.960	0.961	0.938	0.936	0.921	0.014	0.014	0.021	0.021	0.026
		城区万人拥有公共汽车数量 (v_{33})	0.934	0.940	0.937	0.916	0.918	0.024	0.022	0.021	0.028	0.027
		地域信息化水平（万人互联网普及率）(v_{34})	0.897	0.900	0.898	0.906	0.902	0.037	0.037	0.034	0.0317	0.033

续表

目标层	功能层	指标名称与代码	熵值 e_j					权重 w_j				
			2012 年	2013 年	2014 年	2015 年	2016 年	2012 年	2013 年	2014 年	2015 年	2016 年
新型城镇化质量评价指标体系（x）	社会城镇化子系统 (v)	城乡居民人均收入比值 (v_{41})	0.951	0.954	0.964	0.966	0.964	0.018	0.017	0.012	0.012	0.012
		城乡恩格尔系数差距 (v_{42})	0.974	0.972	0.957	0.958	0.962	0.009	0.010	0.015	0.014	0.013
	生态城镇化子系统 (m)	单位 GDP 能耗（吨标准煤 / 万元）(m_{11})	0.972	0.982	0.983	0.984	0.984	0.010	0.007	0.006	0.005	0.005
		单位 GDP 电耗 (m_{13})	0.979	0.978	0.978	0.977	0.979	0.007	0.008	0.008	0.008	0.007
		建成区绿化覆盖率（%）(m_{21})	0.978	0.965	0.986	0.966	0.971	0.008	0.013	0.005	0.011	0.010
		人均公园绿地面积 (m_{22})	0.916	0.895	0.892	0.899	0.897	0.030	0.039	0.037	0.034	0.035
		生活垃圾无害化处理率 (m_{31})	0.957	0.962	0.971	0.964	0.973	0.015	0.014	0.010	0.012	0.009
		工业废水 (m_{32}) 超标量	0.982	0.983	0.983	0.984	0.983	0.007	0.006	0.006	0.006	0.006
		氮氧化合物（PM2.5 主要成分）(m_{33})	0.955	0.956	0.955	0.962	0.963	0.016	0.016	0.015	0.013	0.013
		省会城市空气质量达标率（空气质量为一级、二级天数）(m_{34})	0.980	0.969	0.968	0.958	0.964	0.007	0.011	0.011	0.014	0.012

资料来源：笔者根据基础数据处理所得，个别数据有删减。

二、数据处理与实证结果

基于本章构建的新型城镇化质量评价指标体系和熵值法数据处理方法，得到2012~2016年中国31个省份新型城镇化质量评价结果（见表9-3～表9-7，图9-1～图9-10）。

表9-3　2012年新型城镇化质量评价指标各子系统得分

省份	经济城镇化子系统	人口城镇化子系统	空间城镇化子系统	生活城镇化子系统	社会城镇化子系统	生态城镇化子系统	综合水平
上海	25.034	4.994	2.417	9.391	26.012	4.64	72.487
北京	23.73	4.54	2.44	7.842	25.044	6.43	70.025
广东	19.975	2.931	3.232	5.79	19.911	4.016	55.856
江苏	23.772	2.944	2.053	4.749	18.458	3.408	55.384
天津	18.391	3.609	3.222	5.353	17.534	4.2	52.308
浙江	18.165	1.88	3.018	6.873	18.521	3.594	52.051
山东	17.303	2.212	2.923	3.334	15.468	3.313	44.554
辽宁	13.747	2.848	4.086	2.812	14.558	3.789	41.839
福建	13.52	1.967	3.813	4.269	12.073	3.649	39.292
吉林	10.282	2.028	8.03	1.751	11.126	3.26	36.477
内蒙古	11.024	2.1496	4.065	3.19	9.192	3.364	32.984
湖北	10.683	1.935	4.504	1.782	11.006	2.815	32.724
黑龙江	9.095	2.67	4.775	0.919	9.557	2.93	29.946
陕西	9.105	1.909	3.745	2.045	10.087	2.921	29.811
河北	9.573	1.607	3.718	1.453	9.671	2.343	28.365
海南	6.508	2.084	2.179	1.498	11.182	3.911	27.362
重庆	7.856	2.163	0.963	2.722	8.785	4.87	27.359
山西	7.072	1.66	4.513	1.353	8.728	2.398	25.724
新疆	7.823	2.069	1.198	0.798	10.844	2.611	25.342
河南	9.069	1.142	2.126	1.621	8.516	2.144	24.618

续表

省份	经济城镇化子系统	人口城镇化子系统	空间城镇化子系统	生活城镇化子系统	社会城镇化子系统	生态城镇化子系统	综合水平
湖南	8.055	1.3	1.688	1.981	8.806	2.71	24.541
宁夏	6.841	1.422	0.899	1.625	8.836	3.64	23.263
江西	7.037	1.499	2.155	1.149	7.901	3.356	23.096
四川	6.076	1.434	1.265	1.788	9.399	2.83	22.792
安徽	7.08	1.286	2.149	1.84	7.315	2.831	22.501
广西	6.284	1.038	3.208	1.795	6.79	3.115	22.229
云南	7.24	0.743	3.104	1.545	4.867	2.615	20.114
青海	3.646	1.144	3.785	0.545	7.967	2.495	19.582
甘肃	3.79	1.068	3.229	0.471	6.545	1.608	16.71
西藏	3.25	0.827	1.875	0.277	4.963	2.571	13.762
贵州	4.197	0.624	1.19	0.792	3.036	2.284	12.124

资料来源：笔者根据基础数据处理所得。

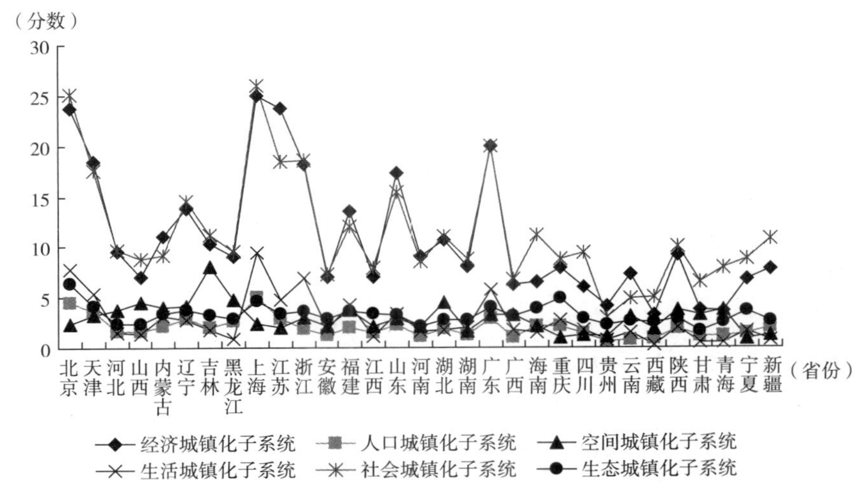

图 9-1　2012 年新型城镇化质量评价指标各子系统得分（折线图）

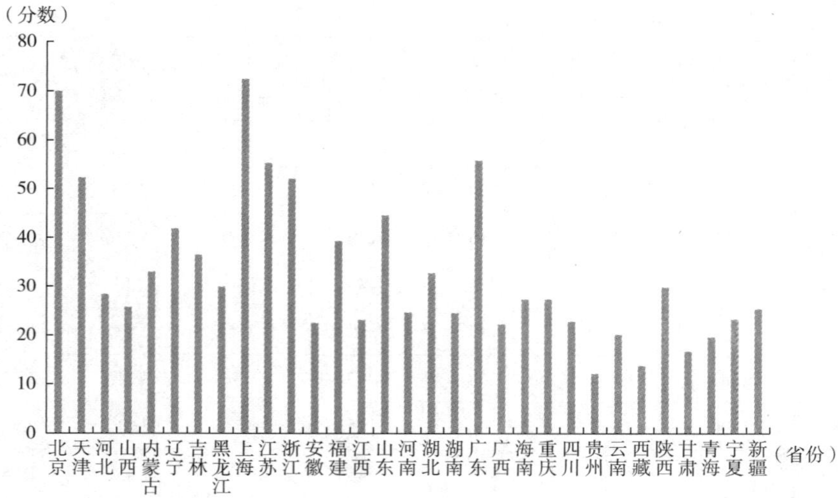

图 9-2　2012 年新型城镇化质量评价指标各子系统综合得分（柱状图）

表 9-4　2013 年新型城镇化质量评价指标各子系统得分

省份	经济城镇化子系统	人口城镇化子系统	生活城镇化子系统	社会城镇化子系统	生态城镇化子系统	综合水平
上海	24.341	4.763	8.53	23.854	5.701	69.7
北京	23.325	4.345	7.362	21.967	7.79	67.528
广东	20.626	2.779	5.458	16.815	5.201	54.323
江苏	25.518	2.885	4.703	13.959	3.947	53.463
天津	18.823	3.465	4.902	15.677	4.366	50.895
浙江	17.446	1.783	6.338	16.09	4.089	49.114
山东	19.145	2.153	3.222	11.065	3.954	42.798
辽宁	14.176	2.737	2.77	12.749	4.608	41.337
福建	13.984	1.88	4.159	10.364	4.152	38.751
吉林	11.059	1.878	1.739	10.738	3.625	37.029
重庆	8.294	2.128	2.583	14.838	6.018	35.206
内蒙古	11.364	2.045	3.054	7.994	4.201	32.992
湖北	11.846	1.858	1.728	9.072	3.265	32.457
宁夏	7.068	1.367	1.519	15.585	4.65	31.49
黑龙江	9.881	2.553	0.783	8.137	3.294	29.506
陕西	9.349	1.911	1.978	8.763	2.994	29.26

续表

省份	经济城镇化子系统	人口城镇化子系统	生活城镇化子系统	社会城镇化子系统	生态城镇化子系统	综合水平
海南	6.992	1.971	1.593	11.399	4.319	28.772
新疆	9.18	1.897	0.996	10.335	2.644	26.503
山西	8.155	1.571	1.31	7.453	2.677	25.793
河北	8.892	1.533	1.375	7.078	2.664	25.57
四川	7.697	1.424	1.671	8.277	2.751	23.991
江西	6.78	1.434	1.127	7.449	3.69	22.878
河南	9.195	1.105	1.601	6.501	2.18	22.817
安徽	8.142	1.219	1.889	5.914	3.12	22.728
广西	7.302	0.993	1.76	5.819	3.187	22.649
湖南	7.225	1.245	1.867	7.272	2.744	22.427
青海	3.825	1.171	0.603	7.996	2.481	20.074
云南	5.832	0.995	1.626	3.61	2.941	18.397
甘肃	4.031	1.063	0.617	6.695	1.523	17.3
西藏	4.176	0.766	0.196	6.224	2.513	16.314
贵州	5.452	0.616	0.827	3.26	2.547	14.177

资料来源：笔者根据基础数据处理所得。

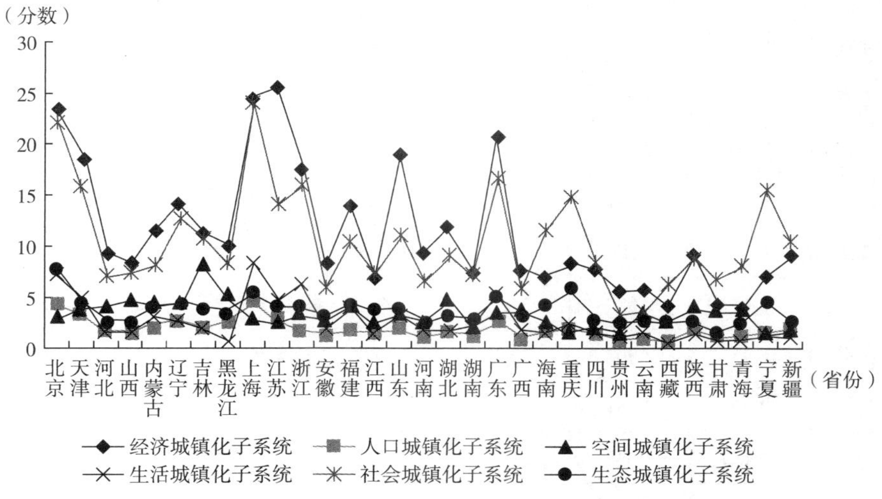

图 9-3　2013 年新型城镇化质量评价指标各子系统得分（折线图）

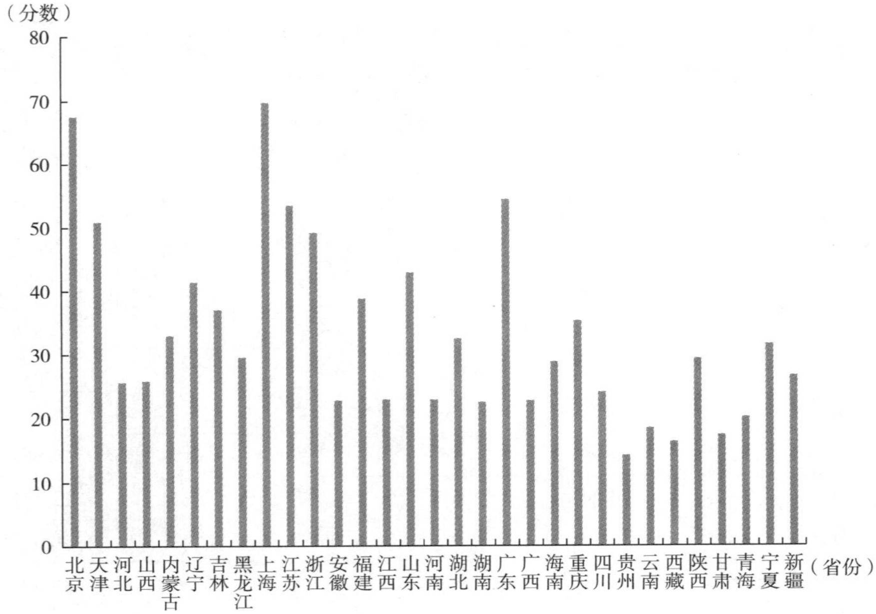

图 9-4　2013 年新型城镇化质量评价指标各子系统综合得分（柱状图）

表 9-5　2014 年新型城镇化质量评价指标各子系统得分

省份	经济城镇化子系统	人口城镇化子系统	空间城镇化子系统	生活城镇化子系统	社会城镇化子系统	生态城镇化子系统	综合水平
北京	22.474	3.72	2.186	14.993	26.356	7.002	76.731
上海	22.933	4.046	1.988	15.357	26.277	4.911	75.512
江苏	23.94	2.524	2.082	7.257	17.327	3.252	56.384
广东	18.545	2.441	2.657	6.291	20.476	4.461	54.871
浙江	16.169	1.57	2.658	10.123	20.034	3.346	53.9
天津	18.159	2.989	3.031	6.44	17.383	3.738	51.74
山东	16.957	1.902	2.592	3.598	15.797	2.879	43.725
辽宁	13.021	2.361	3.255	4.601	14.721	3.889	41.847
福建	12.123	1.648	3.411	5.452	11.929	3.442	38.004
吉林	9.378	1.58	5.842	1.649	11.193	3.409	33.052

续表

省份	经济城镇化子系统	人口城镇化子系统	空间城镇化子系统	生活城镇化子系统	社会城镇化子系统	生态城镇化子系统	综合水平
内蒙古	9.74	1.76	3.315	4.359	9.998	3.679	32.851
重庆	6.821	1.869	1.205	2.478	13.291	4.836	30.5
宁夏	6.741	1.181	1.153	1.626	15.026	4.53	30.257
湖北	9.648	1.624	3.677	1.698	10.36	2.724	29.731
陕西	8.034	1.7	3.876	2.078	9.861	2.383	27.932
黑龙江	7.941	2.198	3.717	1.33	8.998	3.023	27.207
新疆	8.479	1.522	1.298	1.876	11.382	2.241	26.797
海南	7.246	1.704	2.061	1.705	10.27	3.567	26.553
河北	7.792	1.353	3.157	1.519	8.727	1.653	24.2
山西	6.281	1.378	3.485	1.09	8.984	2.128	23.346
四川	5.661	1.285	2.0967	1.834	9.655	2.287	22.818
湖南	6.544	1.117	1.892	2.86	8.093	2.108	22.614
河南	7.674	1.005	1.916	1.457	7.926	1.573	21.55
安徽	6.945	1.088	2.001	1.434	6.854	2.482	20.804
广西	6.294	0.911	2.834	1.364	6.541	2.508	20.451
江西	6.149	1.267	2.033	0.93	7.083	2.804	20.267
青海	3.905	1.22	2.973	1.41	7.806	2.323	19.637
云南	5.153	1.058	2.764	1.426	5.248	2.277	17.925
甘肃	3.952	0.954	2.674	0.498	6.249	2.002	16.329
西藏	4.423	0.719	1.99	0.161	5.296	2.283	14.872
贵州	4.461	0.592	1.421	0.434	3.835	2.322	13.065

资料来源：笔者根据基础数据处理所得。

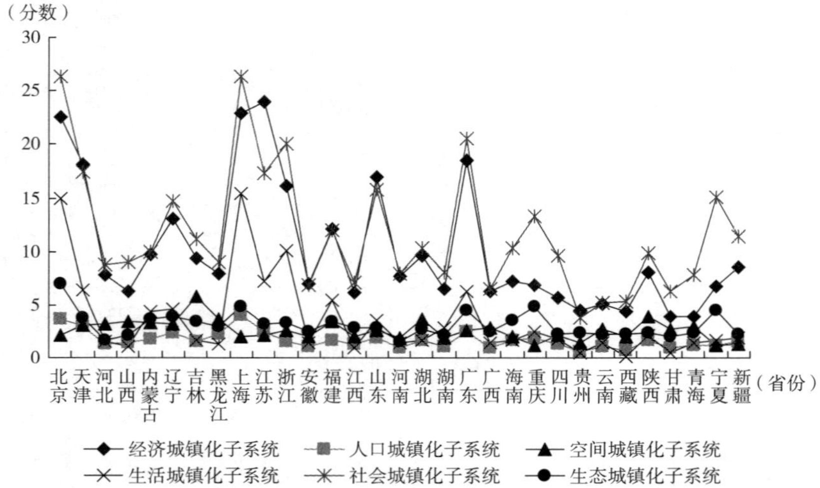

图 9-5　2014 年新型城镇化质量评价指标各子系统得分（折线图）

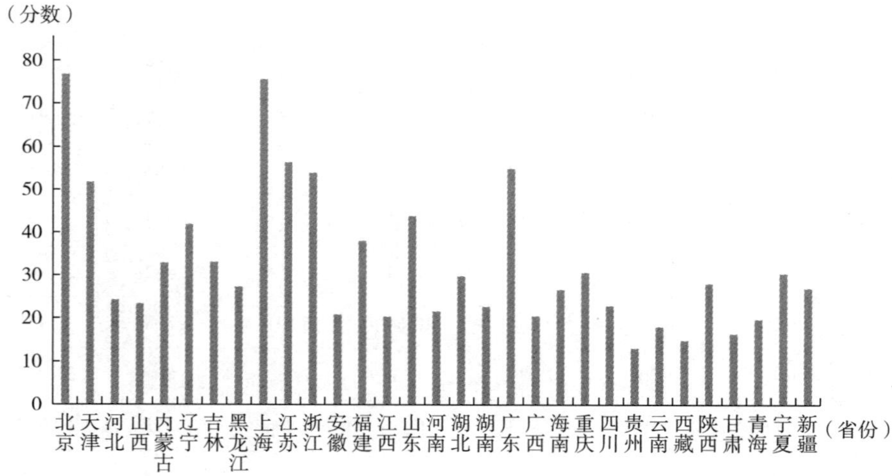

图 9-6　2014 年新型城镇化质量评价指标各子系统综合得分（柱状图）

表 9-6　2015 年新型城镇化质量评价指标各子系统得分

省份	经济城镇化子系统	人口城镇化子系统	空间城镇化子系统	生活城镇化子系统	生态城镇化子系统	综合水平
上海	24.437	3.778	1.979	14.923	5.134	74.216
北京	23.625	3.486	2.35	14.415	6.92	72.267

续表

省份	经济城镇化子系统	人口城镇化子系统	空间城镇化子系统	生活城镇化子系统	生态城镇化子系统	综合水平
江苏	25.504	2.45	2.259	6.818	3.581	58.146
广东	21.082	2.285	2.6	6.12	4.758	56.279
浙江	17.001	1.497	2.75	9.839	3.616	54.499
天津	18.761	2.809	2.897	6.155	3.636	49.412
山东	18.682	1.806	2.722	3.639	3.158	45.133
辽宁	12.554	2.196	3.245	4.3	3.91	39.713
福建	12.868	1.544	3.426	5.243	3.741	37.924
内蒙古	9.826	1.622	3.367	4.18	4.146	32.147
吉林	9.204	1.453	5.266	1.478	3.302	31.447
重庆	7.634	1.771	1.458	2.296	4.988	31.231
湖北	10.59	1.526	3.575	1.76	2.824	30.677
宁夏	6.39	1.118	1.468	1.498	4.6	29.987
陕西	7.957	1.602	3.875	1.939	2.641	27.81
海南	7.203	1.58	2.21	1.808	4.034	26.091
新疆	8.264	1.341	1.375	1.57	2.33	26.036
黑龙江	7.712	2.046	3.423	1.068	2.848	25.751
河北	7.953	1.272	3.0948	1.458	1.97	24.056
湖南	7.031	1.055	2.386	2.802	2.484	24.043
四川	5.83	1.222	2.233	1.845	2.583	23.687
河南	9.155	0.946	1.835	1.285	1.798	22.777
安徽	7.007	1.017	2.085	1.547	2.698	21.562
山西	6.05	1.291	3.149	0.95	2.436	21.294
江西	6.721	1.165	2.001	1.084	3.343	20.788
广西	6.328	1.08	2.918	1.141	2.817	20.404
青海	3.732	1.327	2.895	1.258	2.434	19.514
云南	4.938	1.05	2.798	1.455	2.69	18.626
甘肃	3.853	0.913	2.581	0.592	2.036	15.884

续表

省份	经济城镇化子系统	人口城镇化子系统	空间城镇化子系统	生活城镇化子系统	生态城镇化子系统	综合水平
西藏	4.314	0.666	2.157	0.388	2.959	15.793
贵州	4.005	0.588	1.64	0.586	2.552	13.493

资料来源：笔者根据基础数据处理所得。

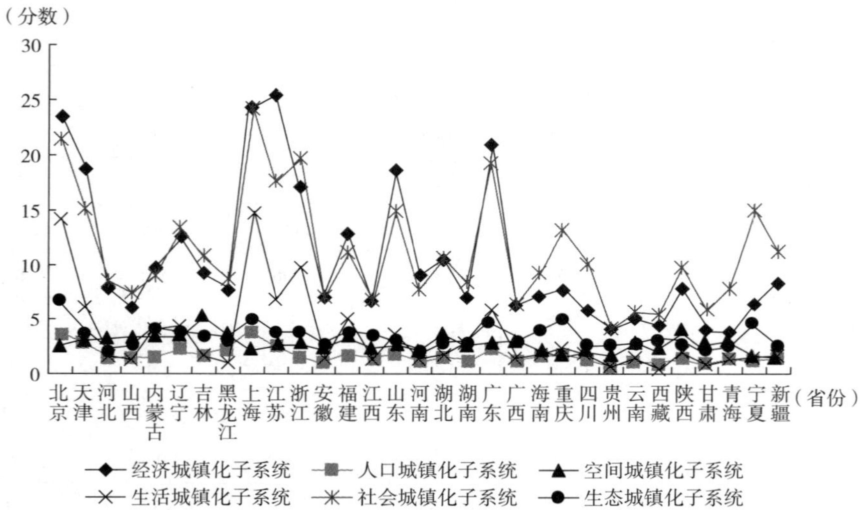

图 9-7　2015 年新型城镇化质量评价指标各子系统得分（折线图）

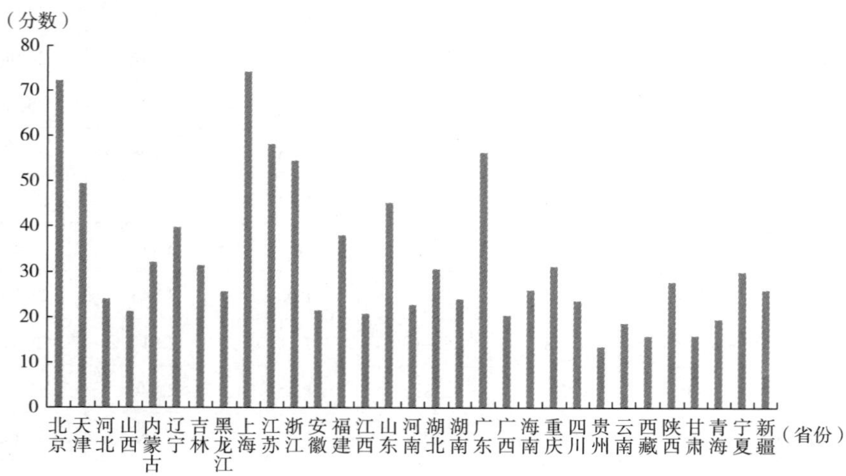

图 9-8　2015 年新型城镇化质量评价指标各子系统综合得分（柱状图）

表 9-7　2016 年新型城镇化质量评价指标各子系统得分

省份	经济城镇化子系统	人口城镇化子系统	空间城镇化子系统	生活城镇化子系统	社会城镇化子系统	生态城镇化子系统	综合水平
北京	26.363	3.351	2.217	14.577	20.402	7.174	74.084
上海	27.756	3.58	1.909	14.648	20.574	4.623	73.089
江苏	27.571	2.438	2.166	6.665	18.076	3.361	60.278
广东	21.968	2.213	2.446	6.124	19.006	4.551	56.307
浙江	18.346	1.472	2.565	9.593	18.891	3.388	54.256
天津	19.867	2.708	2.642	6.129	14.031	3.663	49.038
山东	18.946	1.749	2.545	3.587	18.103	2.802	47.732
福建	13.46	1.503	3.27	5.082	11.262	3.463	38.04
辽宁	10.366	2.098	2.976	3.967	13.081	3.52	36.007
重庆	8.867	1.739	1.399	2.261	12.194	4.758	31.219
内蒙古	8.939	1.529	3.118	3.905	9.125	3.792	30.408
湖北	10.611	1.485	3.314	1.799	10.446	2.55	30.204
吉林	8.69	1.36	4.747	1.177	10.184	3.295	29.454
宁夏	6.887	1.056	1.399	1.552	13.254	4.16	28.308
海南	8.252	1.511	2.059	1.587	10.893	3.568	27.871
陕西	7.576	1.563	3.672	1.739	9.517	2.6	26.666
新疆	8.041	1.179	1.413	1.93	10.863	2.1	25.526
湖南	7.365	1.042	2.711	2.682	8.739	2.291	24.831
四川	7.231	1.212	2.203	1.816	9.716	2.375	24.553
黑龙江	7.66	1.963	3.141	0.731	8.157	2.722	24.374
河北	7.85	1.255	2.842	1.417	8.784	1.981	24.129
河南	9.333	0.933	1.78	1.111	8.033	1.562	22.754
安徽	7.467	0.989	1.937	1.454	7.691	2.63	22.168

续表

省份	经济城镇化子系统	人口城镇化子系统	空间城镇化子系统	生活城镇化子系统	社会城镇化子系统	生态城镇化子系统	综合水平
山西	6.593	1.252	2.843	0.818	7.27	2.29	21.067
江西	7.292	1.116	1.893	1.193	6.412	2.982	20.889
广西	6.781	1.335	2.73	1.038	6.387	2.601	20.872
青海	4.278	1.513	2.588	1.407	7.041	2.322	19.151
西藏	5.644	0.66	2.022	0.829	6.846	2.761	18.762
云南	5.478	1.104	2.6	1.444	5.332	2.3	18.256
贵州	5.142	0.615	1.657	0.716	4.803	2.473	15.406
甘肃	3.877	0.875	2.243	0.652	5.278	1.864	14.788

资料来源：笔者根据基础数据处理所得。

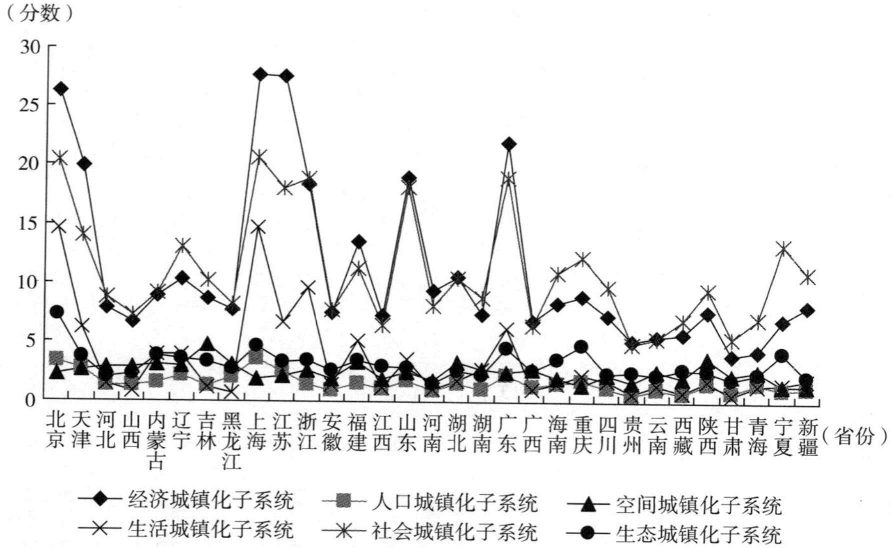

图 9-9　2016 年新型城镇化质量评价指标各子系统得分（折线图）

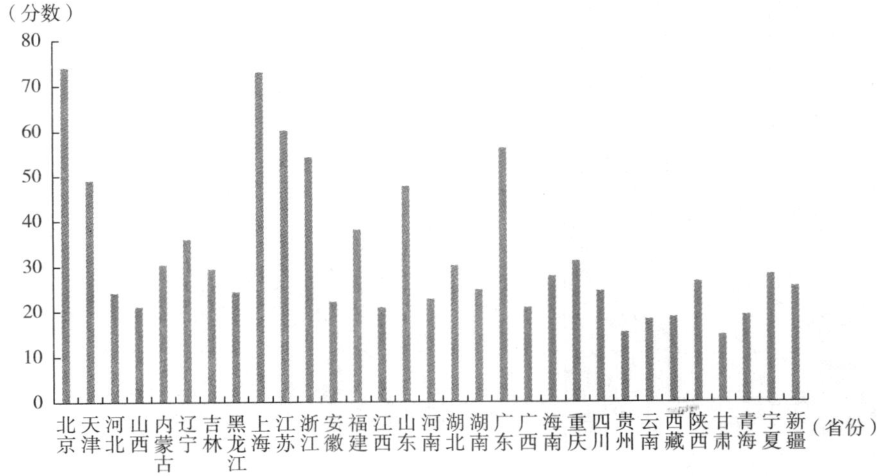

图 9-10　2016 年新型城镇化质量评价指标各子系统综合得分（柱状图）

根据表 9-3 ~ 表 9-7 新型城镇化质量评价指标各子系统得分，分别得到中国 31 个省份新型城镇化质量各指标综合评价折线图和柱状图。观察这些图可知，2012~2016 年，中国 31 个省份新型城镇化质量各子系统指标中，经济城镇化子系统、社会城镇化子系统评价得分波动最大，说明经济城镇化子系统、社会城镇化子系统指标存在较大差距，是影响城镇化综合质量的主要因素；生活城镇化子系统评价得分也有较大的波动，尤其是在 2015 年和 2016 年；生态城镇化子系统、人口城镇化子系统、空间城镇化子系统评价得分波动最小，这意味着这几项子系统指标在 31 个省份的差异变动趋势不明显。从综合水平柱状图来看，各年份变动不大，但各省份间差异较大，说明新型城镇化质量存在较大差距。另外，各省份的 6 个城镇化子系统质量水平波动与新型城镇化质量综合水平波动趋势基本一致。

三、城镇化质量综合评价

1. 中国新型城镇化质量类型空间分布

综合新型城镇化质量评价指标各子系统得分，可将 31 个省份城镇化质量空间分布状况依次分为四类地区，具体情况如表 9-8 所示。

表 9-8 2012~2016 年 31 个省份新型城镇化质量分区

	2012 年		2013 年		2014 年		2015 年		2016 年	
	省份	得分	省份	得分	省份	得分	省份	得分	省份	得分
第一类地区（50 分以上）	北京	70.025	北京	67.528	北京	76.731	北京	72.267	北京	74.084
	天津	52.308	天津	50.895	天津	51.740	上海	74.216	上海	73.089
	上海	72.487	上海	69.700	上海	75.512	江苏	58.146	江苏	60.278
	江苏	55.384	江苏	53.463	江苏	56.384	浙江	54.499	浙江	54.256
	浙江	52.051	广东	54.323	浙江	53.900	广东	56.279	广东	56.307
	广东	55.856			广东	54.871				
第二类地区（30~50 分）	内蒙古	32.984	内蒙古	32.992	内蒙古	32.851	天津	49.412	天津	49.038
	辽宁	41.839	辽宁	41.337	辽宁	41.847	内蒙古	32.147	内蒙古	30.408
	吉林	36.477	吉林	37.029	吉林	33.052	辽宁	39.713	辽宁	36.007
	福建	39.292	浙江	49.114	福建	38.004	吉林	31.447	福建	38.040
	山东	44.554	福建	38.751	山东	43.725	福建	37.924	山东	47.732
	湖北	32.724	山东	42.798	重庆	30.500	山东	45.133	湖北	30.204
			湖北	32.457	宁夏	30.257	湖北	30.677	重庆	31.219
			重庆	35.206			重庆	31.231		
			宁夏	31.490						

续表

	2012年		2013年		2014年		2015年		2016年	
	省份	得分	省份	得分	省份	得分	省份	得分	省份	得分
第三类地区（20~30分）	宁夏	23.263	河北	25.570	河北	24.200	河北	24.056	河北	24.129
	新疆	25.342	山西	25.793	山西	23.346	山西	21.294	山西	21.067
	陕西	29.811	黑龙江	29.506	黑龙江	27.207	黑龙江	25.751	吉林	29.454
	云南	20.114	安徽	22.728	安徽	20.804	安徽	21.562	黑龙江	24.374
	广西	22.229	江西	22.878	江西	20.267	江西	20.788	安徽	22.168
	海南	27.362	河南	22.817	河南	21.550	河南	22.777	江西	20.888
	重庆	27.359	湖南	22.427	湖北	29.731	湖南	24.043	河南	22.754
	四川	22.792	广西	22.649	湖南	22.614	广西	20.404	湖南	24.831
	湖南	24.541	海南	28.772	广西	20.451	海南	26.091	广西	20.872
	河南	24.618	四川	23.991	海南	26.553	四川	23.687	海南	27.871
	江西	23.096	陕西	29.260	四川	22.818	陕西	27.810	四川	24.554
	安徽	22.501	青海	20.074	陕西	27.932	宁夏	29.987	陕西	26.666
	黑龙江	29.946	新疆	26.503	新疆	26.797	新疆	26.036	宁夏	28.308
	山西	25.724							新疆	25.526
	河北	28.365								

续表

	2012年		2013年		2014年		2015年		2016年	
	省份	得分	省份	得分	省份	得分	省份	得分	省份	得分
第四类地区（10~20分）	贵州	12.124	贵州	14.177	贵州	13.065	贵州	13.493	贵州	15.406
	西藏	13.762	云南	18.397	云南	17.925	云南	18.626	云南	18.256
	甘肃	16.710	西藏	16.314	西藏	14.872	西藏	15.793	西藏	18.762
	青海	19.582	甘肃	17.300	甘肃	16.329	甘肃	15.884	甘肃	14.788
					青海	19.637	青海	19.514	青海	19.151

资料来源：笔者根据基础数据处理所得。

2012~2016 年中国 31 个省份新型城镇化质量评价指标各子系统得分结果显示：2012~2016 年 6 个城镇化子系统评价得分属于第一类地区的省份有北京、江苏、上海、广东；新型城镇化各子系统评价得分都属于第四类地区的省份有贵州、甘肃、西藏；第二类地区 2012~2016 年包括的省份基本不变，有内蒙古、辽宁、山东、福建，各省份的新型城镇化质量综合水平增长趋势不明显；第三类地区省份偏多，有河北、山西、黑龙江、安徽、江西、河南、湖南、四川、海南、广西、陕西、新疆，2012~2016 年各省份的新型城镇化质量综合水平较低，增长趋势亦不明显，与第二类地区相比较，各省份的新型城镇化质量综合水平差别较大。此外，北京、上海的新型城镇化质量综合水平最高，贵州、甘肃的新型城镇化质量综合水平最低。

2. 中国新型城镇化质量差异综合水平评价

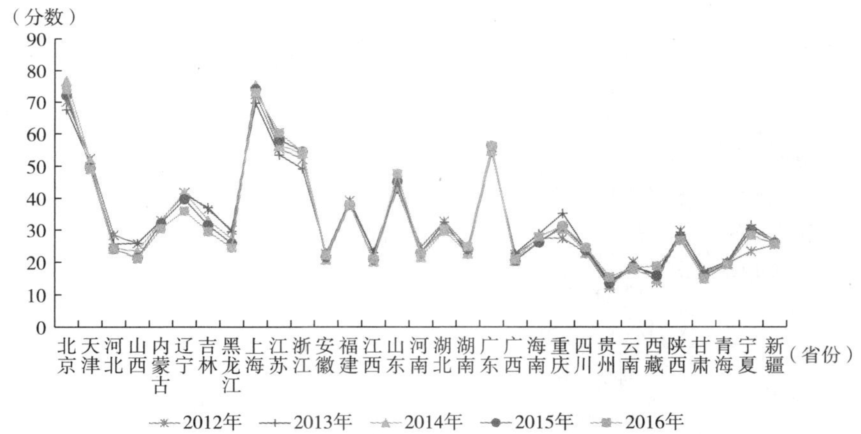

图 9-11　2012~2016 年 31 个省份的新型城镇化质量差异综合水平评价

根据 2012~2016 年新型城镇化质量评价指标各子系统综合得分，得到 2012~2016 年全国 31 个省份的新型城镇化质量差异综合水平评价图。由图 9-11 可以看出，北京、上海、天津、浙江、广东和江苏的新型城镇化评价指数综合得分较高；贵州、西藏、甘肃、青海和云南的新型城镇化评价指数综合得分非常低。全国 31 个省份的新型城镇化质量差异综合水平波动较大，说明各省份城镇化质量水平存在较大差距；2012~2016 年全国各省份的新型城镇化质量综合水平波动趋势基本一致，且没有明显增长趋势（五条折线基本重合）。

运用 SPSS 20.0 对表 9–3~ 表 9–7 中的城镇化质量各评价指标得分进行系统聚类分析（分析步骤略），可以得出各指标系统聚类表和 2012~2016 年中国 31 个省份新型城镇化质量聚类冰状图 / 树状图（图略）。考虑到统计分析的误差，对各指标系统聚类表和中国 31 个省份新型城镇化质量聚类冰状图 / 树状图分析结果稍作调整，得出 2012~2016 年中国 31 个省份新型城镇化质量初步聚类分区（见表 9–9）。

表 9–9　2012~2016 年中国 31 个省份新型城镇化质量初步分区

分区类别	2012 年	2013 年	2014 年	2015 年	2016 年
1	北京、上海	北京、上海	北京、上海、天津	北京、上海	北京、上海
2	广东、浙江、江苏、天津	广东、浙江、江苏、天津	广东、浙江、江苏、辽宁、福建、山东	天津、辽宁、福建、山东、江苏、浙江、广东	天津、山东、广东、浙江、江苏
3	河北、山西、黑龙江、内蒙古、吉林、辽宁、山东、福建	河北、山西、黑龙江、内蒙古、吉林、辽宁、山东、福建	河北、山西、黑龙江、内蒙古、吉林	河北、山西、黑龙江、内蒙古、吉林	河北、山西、黑龙江、内蒙古、吉林、辽宁、福建
4	安徽、江西、河南、湖南、广西、湖北、海南、重庆、四川、云南、陕西、宁夏、新疆	安徽、江西、河南、湖南、广西、四川、贵州、云南、西藏、甘肃、青海	安徽、江西、河南、湖南、广西、湖北、海南、重庆、四川、贵州、云南、西藏、甘肃、青海	安徽、江西、河南、湖南、广西、湖北、海南、重庆、四川、陕西、宁夏、新疆	安徽、江西、河南、湖南、广西、湖北、海南、重庆、四川、陕西、宁夏、新疆
5	贵州、西藏、甘肃、青海	湖北、海南、重庆、陕西、宁夏、新疆	陕西、宁夏、新疆	贵州、云南、西藏、甘肃、青海	贵州、云南、西藏、甘肃、青海

资料来源：笔者根据基础数据处理所得。

2012~2016 年中国 31 个省份新型城镇化质量各评价指标平均值及标准差见表 9–10 ~ 表 9–14。在统计学上，标准差表示一组数据的离散程度，其值越小，表明数据越集中。由表可知，各功能层指标的均值呈下降趋势，各分区的方差值差距较小，说明各分区内相关省份在聚类分析中相似度较高。由此可知，相关分区成立，并与上述按综合评分划分的类型区域差别不大。

表 9-10　2012 年中国 31 个省份新型城镇化质量评价指标各子系统得分均值和方差

初步分区	均值							方差						
	u	w	t	n	v	m	X	u	w	t	n	v	m	X
1	24.381	4.767	2.428	8.616	25.528	5.535	71.256	0.922	0.321	0.016	1.095	0.685	1.266	1.741
2	20.076	2.841	2.881	5.691	18.606	3.805	53.900	2.592	0.715	0.561	0.896	0.980	0.366	1.998
3	11.124	2.042	4.548	2.324	10.830	3.037	33.906	3.356	0.360	1.647	1.262	2.353	0.501	6.623
4	7.627	1.542	2.248	1.797	8.856	3.176	25.247	1.490	0.416	1.059	0.423	1.500	0.798	3.410
5	4.424	0.881	2.636	0.726	5.476	2.315	16.458	1.610	0.219	1.068	0.494	1.866	0.415	3.509

资料来源：笔者根据基础数据处理所得。

表 9-11　2013 年中国 31 个省份新型城镇化质量评价指标各子系统得分均值和方差

初步分区	均值							方差						
	u	w	t	n	v	m	X	u	w	t	n	v	m	X
1	23.833	4.554	2.625	7.946	22.910	6.745	68.614	0.718	0.296	0.161	0.827	1.334	1.477	1.536
2	20.603	2.728	3.232	5.350	15.635	4.401	51.949	3.526	0.698	0.534	0.732	1.213	0.561	2.386
3	12.082	2.044	4.701	2.301	9.447	3.647	34.222	3.584	0.430	1.410	1.168	2.051	0.718	6.785
4	6.332	1.094	2.690	1.253	6.274	2.700	20.341	1.803	0.250	0.776	0.601	1.616	0.567	3.295
5	8.788	1.855	2.591	1.733	11.665	3.982	30.615	1.802	0.257	1.531	0.527	2.913	1.264	3.078

资料来源：笔者根据基础数据处理所得。

表 9-12　2014 年中国 31 个省份新型城镇化质量评价指标各子系统得分均值和方差

初步分区	均值							方差						
	u	w	t	n	v	m	X	u	w	t	n	v	m	X
1	21.189	3.585	2.402	12.263	23.339	5.217	67.994	2.634	0.541	0.554	5.046	5.158	1.653	14.090
2	16.792	2.074	2.776	6.220	16.714	3.545	48.122	4.257	0.421	0.485	2.298	3.264	0.554	7.852
3	8.226	1.654	3.903	1.989	9.580	2.778	28.131	1.385	0.346	1.104	1.341	1.024	0.860	4.629
4	6.063	1.172	2.253	1.406	7.751	2.578	21.222	1.614	0.362	0.656	0.743	2.484	0.790	5.094
5	7.751	1.467	2.109	1.860	12.090	3.052	28.329	0.902	0.264	1.532	0.227	2.654	1.283	1.764

资料来源：笔者根据基础数据处理所得。

表 9-13　2015 年中国 31 个省份新型城镇化质量评价指标各子系统得分均值和方差

初步分区	均值							方差						
	u	w	t	n	v	m	X	u	w	t	n	v	m	X
1	24.031	3.632	2.164	14.669	22.718	6.027	73.241	0.573	0.206	0.263	0.360	1.765	1.263	1.379
2	17.562	2.050	2.883	5.999	15.370	3.607	47.471	4.758	0.525	0.415	2.212	3.036	0.250	8.049
3	10.304	1.661	3.483	2.542	10.595	3.243	31.829	5.439	0.417	0.921	2.121	4.467	1.053	12.700
4	7.509	1.285	2.285	1.715	9.536	3.095	25.42	1.337	0.272	0.804	0.487	2.635	0.963	3.840
5	4.168	0.909	2.414	0.856	5.781	2.534	16.66	0.482	0.299	0.518	0.470	1.356	0.340	2.419

资料来源：笔者根据基础数据处理所得。

表 9-14　2016 年中国 31 个省份新型城镇化质量评价指标各子系统得分均值和方差

初步分区	均值							方差						
	u	w	t	n	v	m	X	u	w	t	n	v	m	X
1	27.060	3.465	2.063	14.61	20.488	5.899	73.586	0.985	0.162	0.218	0.050	0.121	1.804	0.704
2	21.340	2.116	2.473	6.420	17.62	3.553	53.522	3.744	0.503	0.185	2.140	2.053	0.639	5.186
3	9.080	1.566	3.277	2.443	9.695	3.009	29.068	2.263	0.337	0.668	1.810	1.981	0.685	6.338
4	7.975	1.263	2.209	1.680	9.512	2.848	25.488	1.132	0.259	0.751	0.476	2.160	0.900	3.469
5	4.884	0.953	2.221	1.010	5.860	2.344	17.27	0.771	0.369	0.399	0.385	1.013	0.325	2.023

资料来源：笔者根据基础数据处理所得。

3. 进一步的分析：回归检验

可以根据2012~2016年经济城镇化子系统、人口城镇化子系统、空间城镇化子系统、生活城镇化子系统、社会城镇化子系统、生态城镇化子系统与新型城镇化各子系统综合得分作回归分析，以进一步判定各子系统对新型城镇化质量的影响程度。根据伴随概率进行简单判断：如果伴随概率（Sig. 值）小于事先确定的显著水平（一般为默认值0.05）时，则认为回归方程的线性关系是存在的；否则回归方程不存在线性关系。

表9-15　模型汇总

预测变量	年份	R	R^2	标准估计的误差
经济城镇化子系统	2012	0.994[a]	0.988	1.90829
	2013	0.986[a]	0.972	2.84970
	2014	0.993[a]	0.986	2.02243
	2015	0.992[a]	0.985	2.09545
	2016	0.995[a]	0.990	1.73871
人口城镇化子系统	2012	0.601[a]	0.362	14.12192
	2013	0.639[a]	0.408	13.09659
	2014	0.627[a]	0.393	13.25394
	2015	0.620[a]	0.385	13.39137
	2016	0.609[a]	0.371	13.97203
空间城镇化子系统	2012	0.146[a]	0.021	15.64208
	2013	0.089[a]	0.008	14.65676
	2014	0.023[a]	0.001	16.91766
	2015	0.007[a]	0.000	16.44145
	2016	0.023[a]	0.001	16.51634
生活城镇化子系统	2012	0.942[a]	0.888	5.29941
	2013	0.939[a]	0.881	5.07207
	2014	0.948[a]	0.899	5.37057
	2015	0.940[a]	0.884	5.60859
	2016	0.936[a]	0.877	5.79713

续表

预测变量	年份	R	R^2	标准估计的误差
社会城镇化子系统	2012	0.982[a]	0.965	2.95325
	2013	0.925[a]	0.857	5.57319
	2014	0.975[a]	0.950	3.77754
	2015	0.962[a]	0.925	4.49599
	2016	0.982[a]	0.965	2.95325
生态城镇化子系统	2012	0.747[a]	0.558	10.50887
	2013	0.817[a]	0.667	8.48535
	2014	0.781[a]	0.610	10.57032
	2015	0.750[a]	0.563	10.87115
	2016	0.749[a]	0.561	10.94335

注：a 为表示预测变量（常量）。

资料来源：笔者根据基础数据处理所得。

表 9-16　系数

年份	模型	B	标准误差	t	Sig.
2012	（常量）	6.626	0.526	12.608	0.000
	经济	1.180	0.024	49.593	0.000
2013	（常量）	7.893	0.789	9.999	0.000
	经济	1.111	0.035	31.716	0.000
2014	（常量）	6.988	0.557	12.542	0.000
	经济	1.172	0.026	44.990	0.000
2015	（常量）	7.210	0.576	12.511	0.000
	经济	1.191	0.027	43.535	0.000
2016	（常量）	6.529	0.480	13.611	0.000
	经济	1.195	0.022	54.288	0.000
2012	（常量）	1.141	6.723	0.170	0.866
	人口	11.932	2.943	4.055	0.000

续表

年份	模型	B	标准误差	t	Sig.
2013	（常量）	−0.643	6.604	−0.097	0.923
	人口	11.671	2.610	4.472	0.000
2014	（常量）	−3.064	7.112	−0.431	0.670
	人口	13.965	3.220	4.336	0.000
2015	（常量）	−4.271	7.554	−0.565	0.576
	人口	13.964	3.281	4.256	0.000
2016	（常量）	−6.550	8.333	−0.786	0.438
	人口	15.282	3.697	4.134	0.000
2012	（常量）	28.442	6.450	4.410	0.000
	空间	1.567	1.966	0.797	0.432
2013	（常量）	30.057	6.887	4.364	0.000
	空间	0.936	1.955	0.479	0.636
2014	（常量）	31.714	8.891	3.567	0.001
	空间	0.398	3.189	0.125	0.902
2015	（常量）	32.218	10.121	3.183	0.003
	空间	0.145	3.659	0.040	0.969
2016	（常量）	33.888	10.774	3.145	0.004
	空间	−0.520	4.167	−0.125	0.902
2012	（常量）	15.710	1.490	10.542	0.000
	生活	6.457	0.427	15.139	0.000
2013	（常量）	16.255	1.466	11.086	0.000
	生活	6.538	0.446	14.665	0.000
2014	（常量）	18.349	1.316	13.941	0.000
	生活	4.086	0.254	16.091	0.000

续表

年份	模型	B	标准误差	t	Sig.
2015	（常量）	18.722	1.375	13.620	0.000
	生活	4.081	0.275	14.840	0.000
2016	（常量）	18.816	1.415	13.293	0.000
	生活	4.122	0.287	14.371	0.000
2012	（常量）	1.861	1.223	1.522	0.139
	社会	2.743	0.097	28.327	0.000
2013	（常量）	4.845	2.369	2.045	0.050
	社会	2.713	0.206	13.159	0.000
2014	（常量）	−0.076	1.552	−0.049	0.961
	社会	2.804	0.119	23.515	0.000
2015	（常量）	−1.197	1.959	−0.611	0.546
	社会	3.041	0.161	18.943	0.000
2016	（常量）	1.861	1.223	1.522	0.139
	社会	2.743	0.097	28.327	0.000
2012	（常量）	−6.935	6.871	−1.009	0.321
	生态	12.319	2.035	6.054	0.000
2013	（常量）	−0.521	4.664	−0.112	0.912
	生态	9.157	1.200	7.629	0.000
2014	（常量）	−1.963	5.495	−0.357	0.724
	生态	11.204	1.664	6.732	0.000
2015	（常量）	−3.664	6.248	−0.586	0.562
	生态	10.919	1.787	6.110	0.000
2016	（常量）	−1.337	5.908	−0.226	0.823
	生态	10.898	1.789	6.090	0.000

资料来源：笔者根据基础数据处理所得。

（1）2012~2016 年经济城镇化子系统与新型城镇化综合得分的回归方程为 y=–7.04+1.18x。

对回归方程的检验：由表 9–15 经济城镇化子系统的相关系数 R，判定系数 R^2，估计标准误差 S，说明用回归直线来拟合经济城镇化子系统与新型城镇化综合得分各观测值的拟合程度特别好。也就是说，在 2012~2016 年新型城镇化综合得分中，根据判定系数 R^2 可知，平均有 98% 以上可以由经济城镇化子系统的变动来解释。

由表 9–16 得到 2012~2016 年经济子系统 t 值时对应的 Sig. 值为 0.000<0.05。可以判断，经济城镇化子系统与新型城镇化综合得分之间确实存在线性关系，而且线性效果显著。

（2）2012~2016 年人口城镇化子系统与新型城镇化综合得分的回归方程为 y=–2.64+10.58x。

对回归方程的检验：由表 9–15 人口城镇化子系统的相关系数 R，判定系数 R^2，估计标准误差 S，说明用回归直线来拟合人口城镇化子系统与新型城镇化综合得分各观测值的拟合程度一般。也就是说，在 2012~2016 年新型城镇化综合得分中，根据判定系数 R^2 可知，平均有 38% 以上可以由人口城镇化子系统的变动来解释。

由表 9–16 得到 2012~2016 年人口城镇化子系统 t 值时对应的 Sig. 值为 0.000<0.05。可以判断，人口城镇化子系统与新型城镇化综合得分之间确实存在线性关系，而且线性效果较显著。

（3）2012~2016 年空间城镇化子系统与新型城镇化综合得分的回归方程为 y=31.26+0.51x。

对回归方程的检验：由表 9–15 空间城镇化子系统的相关系数 R，判定系数 R^2，估计标准误差 S，说明用回归直线来拟合空间城镇化子系统与新型城镇化综合得分各观测值的拟合程度几乎为 0。也就是说，在 2012~2016 年新型城镇化综合得分中，根据判定系数 R^2 可知，空间城镇化子系统与新型城镇化综合得分各观测值的拟合程度不好，基本上不影响新型城镇化综合得分。

由表 9–16 得到 2012~2016 年空间城镇化子系统 t 值时对应的 Sig. 值大于 0.05。可以判断，空间城镇化子系统与新型城镇化综合得分之间虽然存在线性关系，但线性效果非常不显著。

（4）2012~2016 年生活城镇化子系统与新型城镇化综合得分的回归方程为 y=–17.56+5.06x。

对回归方程的检验：由表 9–15 生活城镇化子系统的相关系数 R，判定系数 R^2，估计标准误差 S，说明用回归直线来拟合生活城镇化子系统与新型城镇化综合得分各观测值的拟合程度特别好。也就是说，在 2012~2016 年新型城镇化综合得分中，根据判定系数 R^2 可知，平均有 88% 以上可以由生活城镇化子系统的变动来解释。

由表 9–16 得到 2012~2016 年生活城镇化子系统 t 值时对应的 Sig. 值为 0.000<0.05。可以判断，生活城镇化子系统与新型城镇化综合得分之间确实存在线性关系，而且线性效果显著。

（5）2012~2016 年社会城镇化子系统与新型城镇化综合得分的回归方程为 y=1.48+2.78x。

对回归方程的检验：由表 9–15 社会城镇化子系统的相关系数 R，判定系数 R^2，估计标准误差 S，说明用回归直线来拟合社会城镇化子系统与新型城镇化综合得分各观测值的拟合程度比较好。也就是说，在 2012~2016 年新型城镇化综合得分中，根据判定系数 R^2 可知，平均有 92% 以上可以由社会城镇化子系统的变动来解释。

由表 9–16 得到 2012~2016 年社会城镇化子系统 t 值时对应的 Sig. 值为 0.000<0.05。可以判断，社会城镇化子系统与新型城镇化综合得分之间确实存在线性关系，而且线性效果显著。

（6）2012~2016 年生态城镇化子系统与新型城镇化综合得分的回归方程为 y=2.88+10.9x。

对回归方程的检验：由表 9–15 相关系数 R，判定系数 R^2，估计标准误差 S，说明用回归直线来拟合生态城镇化子系统与新型城镇化综合得分各观测值的拟合程度比较好。也就是说，在 2012~2016 年新型城镇化综合得分中，根据判定系数 R^2 可知，平均有 59% 以上可以由生态城镇化子系统的变动来解释。

由表 9–16 得到 2012~2016 年生态子系统 t 值时对应的 Sig. 值为 0.000<0.05。可以判断，生态城镇化子系统与新型城镇化综合得分之间确实存在线性关系，而且线性效果显著。

综上所述，根据 2012~2016 年新型城镇化质量评价指标各子系统综合得分数据，用 SPSS 计算得到的回归分析中的方差分析结果得：分析经济城镇化子系统、人口城镇化子系统、生活城镇化子系统、社会城镇化子系统、生态城镇化子系统的 F 统计量、t 值，对应的伴随概率 Sig. 值为 0.000<0.05，因此回归方程的线性关系是存在的，且可以认为经济城镇化子系统、人口城镇化子系统、生活城镇化子系统、社会城镇化子系统、生态城镇化子系统与新型城镇化各子系统综合得分的线性效果是显著的。分析空间城镇化子系统的 F 统计量、t 值，对应的伴随概率 Sig. 值为 0.000>0.05，可以判断，空间城镇化子系统与新型城镇化综合得分之间虽然存在线性关系，但线性效果非常不显著。

对回归方程的检验：由 SPSS 计算得到的回归分析模型汇总相关系数 R，判定系数 R^2，估计标准误差 S 说明，用回归直线来拟合经济城镇化子系统、人口城镇化子系统、生活城镇化子系统、社会城镇化子系统、生态城镇化子系统与新型城镇化综合得分各观测值的拟合程度比较好。也就是说，在 2012~2016 年新型城镇化综合得分中，平均有 98% 以上可以由经济城镇化子系统的变动来解释；平均有 88% 以上可以由生活城镇化子系统的变动来解释；平均有 80% 以上可以由社会城镇化子系统的变动来解释；平均有 56% 以上可以由生态城镇化子系统的变动来解释；平均有 38% 以上可以由人口城镇化子系统的变动来解释；但是空间城镇化子系统与新型城镇化综合得分各观测值的拟合程度不好，基本上不影响新型城镇化综合得分。这也意味着空间城镇化对新型城镇化质量提升的贡献作用最小，今后要更加注重空间结构的优化或空间城镇化子系统的提升来促进城镇化质量的提升。

4. 中国新型城镇化质量空间差异评价总体结论

由以上 31 个省份的城镇化总体质量的分布情况可以归纳出以下特征：

第一，城镇化质量水平总体上不平衡，呈现出“东高西低”的梯次性和非均衡性分布特征，东部省份与西部省份的差距较大，空间差异十分明显。从 2012~2016 年的数据对比来看，这种空间格局基本固化，没有明显变化，意味着城镇化质量不均衡状况没有明显改善。城镇化质量较高的地区有北京、上海、天津、江苏、浙江、广东等，大多分布在沿海省份；而西部地区的贵州、西藏、甘肃、青海和云南等省份的新型城镇化评价指数综合得分非常低，与沿海省份有较大差距（表 9–9 显示，云南由第四类降为第五类地区）。

第二，2012~2016 年全国各省份的新型城镇化质量综合水平波动趋势基本一致，但没有表现出明显的质量提升趋势。根据进一步的回归检验结果发现，从各子系统指标来看，对新型城镇化综合质量影响较大的因素是经济城镇化、社会城镇化和生活城镇化，影响较小的是生态城镇化、人口城镇化和空间城镇化。

第三，中西部地区中湖北、四川、山西等的城镇化质量要高于其他省份；而作为中部人口大省的河南省长期处于第三类、第四类地区，在第三类地区的排名也较靠后，与其他省份相比仍有较大差距。

第四，东北地区的三个省份总体来看城镇化质量相差不大，2012~2016 年辽宁、吉林、黑龙江属于第三类地区，城镇化质量综合水平居于中等，这与其较高的城镇化水平不太协调。原因是近年来整个东北地区的经济增速下滑、产业转型升级慢、人口净流出较多，从而在一定程度上影响了城镇化质量的提升。

第五，城镇化总体质量不高、发展不平衡，这就要求我们在实施新型城镇化战略时应当因地制宜、统筹兼顾，协调推进。根据各子系统对新型城镇化质量的影响程度，可以考虑针对六个子系统分别制定相应的质量提升战略举措，如经济城镇化方面着力推进产业结构的转型升级；社会城镇化和生活城镇化方面促进城乡融合发展、缩小城乡收入差距、提高居民社会保障水平；生态城镇化方面向绿色、低碳、循环经济和可持续发展转型；人口城镇化方面注重人的城镇化、提高户籍人口城镇化率；空间城镇化方面注重优化区域空间结构，以及促进人口城镇化和空间城镇化的协调推进等政策措施，从总体上全面提升城镇化质量。

本章小结

建立科学的指标评价体系，对城镇化质量作出正确合理的评价，是新型城镇化质量研究的重要环节。根据科学性、系统性、可操作性和层次性原则以及对新型城镇化质量内涵的深刻理解，本章构建了一套由 6 个子系统、15 个准则层指标和 47 个具体指标构成的新型城镇化质量综合评价指标体系，从经济城镇化、人口城镇化、空间城镇化、生活城镇化、社会城镇化、生态城镇化等各个方面综合反映城镇化发展的质量状况。采用熵值法和系统分层聚类方法，选取31个省份的面板数据，得到2012~2016年分年份的新型城镇化质量评价结果。

一是新型城镇化质量类型空间分布。综合新型城镇化质量评价指标各子系统得分，可将31个省份城镇化质量空间分布状况依次分为四类地区：第一类地区（50分以上）主要有北京、江苏、上海、广东等地；第二类地区（30~50分）主要有内蒙古、辽宁、山东、福建等地；第三类地区（20~30分）的省份偏多，有河北、山西、黑龙江、安徽、江西、河南、湖南、四川、海南、广西、陕西、新疆等地；第四类地区（10~20分）的省份主要有贵州、西藏、甘肃等地。

二是城镇化质量综合水平评价。根据2012~2016年全国31个省份的新型城镇化质量差异综合水平评价图可以看出，全国新型城镇化质量差异综合水平波动较大，说明各省份城镇化质量水平存在较大差距；2012~2016年全国各省份的新型城镇化质量综合水平波动趋势基本一致，且没有明显增长趋势，意味着城镇化质量没有明显提高趋势。

三是通过进一步的回归检验发现，从各子系统指标看，对城镇化综合质量影响较大的因素是经济城镇化、社会城镇化和生活城镇化，影响较小的是生态城镇化、人口城镇化和空间城镇化。

最后的总体结论是：城镇化质量水平总体上不平衡，呈现“东高西低”的梯次性和非均衡性分布特征，东部省份与西部省份的空间差异十分明显。因此，实施新型城镇化战略时应当因地制宜、统筹兼顾，协调推进。

第十章

新型城镇化转型发展与均衡演化的路径和机制

第八章、第九章的研究表明，无论是从时间维度还是从空间维度来看，全国城镇化发展整体质量不高，存在种种非均衡和较大的空间差异。要实现城镇化高质量发展的目标，就要打破原有模式的路径依赖，通过结构转型、制度转型（变革与创新）与均衡演化，实现从数量扩张到质量提升、从自上而下的外生模式到自下而上的内生发展模式、由增长型向发展型的转变。

第一节　经济、社会和空间三大结构的转型

一、经济结构转型

（一）产业结构——由低端向高端转型

三次产业在产业结构转型和城镇化进程中，担负着不同的职责。产业的

“三驾马车”中，第一产业作为城镇化进程中的基础动力，决定了其在城镇化进程中的基础推动作用。在产业结构转型时，要坚持农业发展的基础性地位，着力推进农业供给侧结构性改革，加快发展特色农业，推进农业科技进步，构建现代农业产业体系、经营体系，提高农业现代化水平，实现农业向提质增效、可持续发展转型和多元的、高端的现代农业转型。第二产业是城镇化的核心动力，应大力发展高附加值、低能耗、低污染的新型工业，改造提升传统产业，大力发展新一代信息技术、高端装备制造、新能源、节能环保等战略性新兴产业，推动传统制造向高端制造、智能制造转型。第三产业是城镇化的后续动力。近年来，中国产业结构不断优化，第三产业比重持续提升。2017 年，第三产业比重已经超过第二产业 11 个百分点，成为新型城镇化的主要推动因素。但总体上第三产业发展水平与发展程度均不高，今后，应继续调整优化。一方面，用现代技术改造提升传统产业，推动传统产业沿着产品结构—工艺结构—技术结构—企业结构—产业结构的转型升级路径，实现由供应链到价值链的整体转型升级，打造现代制造业强国；另一方面，要加快培育现代服务业的新业态、新模式，借助物联网、大数据、云计算等信息技术，推进金融服务、研发设计、智能制造、商贸物流、节能环保等生产性服务业朝社会化、集群化方向发展，推进信息消费、健康服务、养老服务、移动支付、人脸识别等生活性服务业向专业化、精细化方向发展，把现代服务业打造成新型城镇化的新引擎，推动产业结构的进一步优化和高级化，以满足人们日益增长的对美好生活的需要。尤其是东部地区，要充分发挥自身优势，率先实现产业结构的优化升级，增强辐射带动功能，发挥引领作用，以自主创新为新动能，率先迈入高质量发展阶段。

随着城镇化进程不断加快，传统产业向外梯度扩散和转移，许多城市面临资源短缺、生产成本不断上升、环境恶化、“产业空心化”等问题，城市经济社会的可持续发展面临严峻的挑战。因此，调整发展战略，由产业转型推动城市经济转型也是城镇化转型发展需要探讨解决的一个问题。借鉴一些国际大都市经济转型的成功经验，一种可供选择的模式是：发展总部经济。即在我国一些具备条件的大城市、中心城市，可以针对具体发展特点，利用自身人才、技术、信息及创新优势，通过吸引跨国公司总部和本土企业总部聚集打造总部经济（区域总部或地区总部），占据管理、研发、营销、投资等价值链高端环节，实现企业价值链的合理分工和优化配置，进一步优化城市产业结构，提升城市功能，实现产业高端化和高辐射，从而带动城市经济由“制造基地”向“总部基地”转型。

（二）需求结构——由投资驱动向消费驱动转型

长期以来，在拉动经济增长的“三驾马车”中，投资和净出口的贡献率一直较高，尤其是投资需求，过去40年的贡献率平均在38%以上，成为驱动经济增长的最主要力量。近几年投资贡献率虽有所下降，但2017年仍高达44.4%。从消费端来看，2015年，需求结构进一步改善，消费支出所占比重逐渐回升，同年最终消费支出对国内生产总值增长的贡献率为66.4%，比2014年提高15.4个百分点。但近几年来又有所下降，2016年最终消费支出对GDP的贡献率为64.6%，而据国家统计局网站公布的最新数据，2017年全年最终消费支出对国内生产总值增长的贡献率为58.8%。另据国家发展改革委数据，2017年，中国居民最终消费支出占GDP的比重为53%，不仅低于美国（69.5%），而且低于增长低迷、老龄化严重的日本（56.3%），甚至低于人均收入远低于中国的印度（59.1%）。2017年10月，社会消费品零售总额同比增长10%，而到了2018年10月，这一数字下降到8.6%。包括汽车和文化办公用品在内的消费出现较大幅度下降。

因此，在下一阶段的城镇化进程中，要通过消费增长与消费升级来进一步扩大消费在总需求中的比重，扩大保健、教育、体育、旅游、文化娱乐等消费支出，并推动社会向多样化、个性化和定制化消费转型。中国（海南）改革发展研究院的研究显示，人口城镇化率每提高1个百分点，至少有1300余万农民转变为市民，这将直接实现1740亿元的新增消费；可以预见，城镇化会释放消费扩大与升级的巨大潜力（辜胜阻，2015）。

要实现投资驱动向消费驱动转型，提高城镇居民消费水平和消费能力，促进消费升级，主要措施如下：一是应大力减税（世界银行《世界纳税指数2017》报告显示，中国宏观税负高达68%，远高于美国、日本、德国、英国等发达国家），降低企业税负（2015年，中国企业总税率高达67.8%，部分企业甚至高达80%，不仅远高于主要发达国家，也远高于东南亚、拉丁美洲的一些新兴经济体），尤其是对中小企业减税。二是改善收入分配结构，提高居民可支配收入在国民收入分配中的占比，使居民收入增速与GDP的增速和财政收入的增速相适应。三是努力改善消费环境，提高服务质量，加强监管，让老百姓能够放心消费，并且大力倡导绿色消费、低碳消费理念，提升消费品质。四是注重提升农村居民消费水平。从城乡居民消费结构来看，农村居民消费所占比重不断下降。2017年，城市居民消费支出是农村居民的2.23倍。因此，下一步需求结构的调整，除了促进城镇居民消费升级与转型外，还要进一步提高农村居民的消费水平，开拓农村消费市场。而解决这个问题的关键是提高农村居民的人均可支配收入，改善农村居民的收入结构。一方面要改善农村居民进城务工条件，提高农村居民的经营性收入和工资性收入。另一方面要大力发展现代农业和特色农业；进一步完善农村交通、水利等基础设施，改善农村生产和生活条件；鼓励发展农村电子商务，发展农村养老、医疗等新兴产业。实施乡村振兴战略，其关键也是提高农民收入，而农民收入的短板是财产性收入。因此，还要通过农村土地制度改革与创新，努力提高农民的财产性收入。

（三）投资结构——由规模扩张向结构优化、效率提升转型

与消费结构的转型升级相适应，投资结构转型的方向是要以消费导向为基础，促进有效投资，加大对现代服务业、节能环保、高端制造、数字经济等战略性新兴产业的投资力度，增加对农村基础设施、特色小镇建设、水土流失治理、教育、医疗服务等方面的投资；积极引导和提振民间投资；创造良好的投资环境，从依靠投资规模的扩张向优化投资结构、提高投资效率的方向转变。

（四）能源结构——由传统能源向新型能源转型

调整能源生产结构和消费结构，大力发展新型能源。由以煤炭、石油为主的化石能源向风能、水能、太阳能、地热能、海洋能、核能等可再生能源转型，向清洁能源、低碳能源、绿色能源转型；促进节能减排，提高能源的综合利用效率。研究表明，能源结构的改善和能源效率的提升与产业结构变动密切相关。

（五）金融结构——建立和完善多元可持续的投融资体系

大力培育社会或民间金融，发展农村金融，扩大金融开放领域；进一步优化金融结构，注重培育和完善金融市场体系尤其是中西部地区的金融市场体系，推动区域金融结构的优化和金融要素配置效率的提高，以及金融资源的均衡运行演化；探索多元化的资金保障机制，以发挥金融资源要素在新型城镇化中服务实体经济的支撑作用和提升金融服务在区域经济发展中的贡献度，最大限度满足新型城镇化建设对资金的多元化需求。

二、社会结构转型

在城镇化快速推进过程中，社会结构转型面临诸多挑战：劳动力的结构性短缺及由此推动的劳动力成本持续上升；人口老龄化的加速；由环境污染引发的社会问题；收入分配、社会保障、公共服务等方面的问题，等等。面对上述挑战，在社会结构转型方面，要着重解决好以下问题：

首先，正确处理政府、市场和社会的关系，加快政府职能转变。一方面，要发挥政府在社会转型和社会管理中的主导作用，加快形成政府主导、覆盖城乡、多层次的社会保障体系和基本公共服务体系。另一方面，发挥市场在城镇化资源配置方面的决定性作用，加快推进“放管服”改革，加快建立提升市场活力的体制机制。在发挥政府主导作用、转变政府职能的同时，还要注重创新政府管理模式，例如，在政府配置资源方式、监管方式、处理政商关系等方面创新。总之，政府应在制度设计、公共服务、环境保护、社会管理、市场监管等方面有所作为（辜胜阻，2014）。

其次，加强和创新社会管理，积极培育社会组织，完善社会治理结构。

最后，妥善处理好人口迁移与就业问题以及人口老龄化问题。在就业结构调整方面，要加快健全人力资源市场，完善就业服务体系。要更加注重现代服务业的发展，促进城镇产业多元化，以产业结构的变化带动就业结构的变化。

应对老龄化问题，一是要强化政府对老龄工作的领导和管理，建立健全老年人社会保障制度，完善有关法律法规；二是大力发展老龄产业，尤其是服务性产业，并以此带动社会福利事业发展；三是积极探索城乡居民养老模式，将家庭养老、社会养老和公共福利养老结合起来；四是扩大社会化服务机构与队伍，加快社区老年服务体系建设等。

三、空间结构转型

城镇化的空间结构主要包括城镇数量与规模的体系结构及空间布局。改革开放以来，中国城镇化政策发生了多次转变，城镇化发展的空间战略经历了“以小城镇为主”到“以大中城市为主”，再到“以城市群为主”的发展过程。“把城市群作为主体形态、促进大中小城市和小城镇合理分工、功能互补、协同发展”成为政策主基调。

新型城镇化既是经济结构和社会结构变化的过程，也是国土空间结构变化的过程。清晰合理的城镇化空间布局和城镇形态结构极为重要。城市群是城镇体系和城市化演化发展到较高级阶段的主要空间形态。中国地域辽阔，地区发展不平衡，区域发展水平的空间差异巨大。因此，空间结构转型优化的方向应是：因地制宜、科学规划，合理布局，坚持以依托大城市、城市群为主体的“城市化”与依托小城市、中小城镇和县域为主体的“城镇化”并举的均衡城镇化发展模式，构建新型城市群体系，从而形成城市群（圈）与大中小城市、小城镇有序分工、功能互补、以大带小、协同发展的总体空间格局。在空间尺度上，转型路径为城镇（县域）—中心城市—都市圈—城市群；对于不同类型地区，城镇化转型的重点和目标也有所不同。

（一）东部地区

依托长三角、珠三角和京津冀三大国家级城市群的优势，依靠市场化的力量，重点打造具有较强辐射影响力和国际竞争力的世界级城市群、城市圈；打造扬子江城市群等新型城市群；重点推进长江经济带、京津冀协同发展、雄安新区、江苏沿海新区、浙江舟山群岛新区以及粤港澳大湾区建设；提升山东半岛蓝色经济区、海峡西岸经济区开放竞争水平；构建不同类型、不同功能、不同等级的新型城市群体系；充分发挥大中城市及中心城市的作用，提高城市综合承载力；在保持城镇化速度和水平基本稳定的基础上，进一步提高城镇化质量，加快产业转型升级，并由此带动城市转型。以新型城镇化建设为抓手，以创新驱动为引领，率先实现区域高质量发展。

（二）中部地区

中部地区多为人口大省、农业省或人口密集地区，应在不牺牲农业生产和生态环境的条件下，解决好新型工业化、新型城镇化、信息化与农业现代化“四化”协调问题。一方面，实施中心城市带动战略，重点发展一批人口500万以上的特大城市或中心城市；发展壮大中原城市群、长江中游城市群；重点打造一批区域性的城市群，同时兼顾小城市及城镇的发展，提高中小城市和城镇的人口吸纳与服务功能。另一方面，以现有县域为基础，加快县域经济发展，发展一批功能完善的、有特色的小城镇，发挥人口和产业聚集功能，吸引更多的人实现就地城镇化，以提升城镇化水平和质量并重。

（三）西部地区

西部地区由于人口较少，人居环境脆弱，城镇化水平低，在整个城市体系中，不仅城市个数少，而且大城市和特大城市更为稀缺。因此，应以提高城镇化速度和水平为重点。通过城镇化引导周边人口和产业聚集、提升服务功能、改善生态环境。重点打造成渝经济区、关中平原城市群；在积极提升中小城市吸引力的同时，在有条件的地方重点培育3~5个人口规模在300万～500万的大城市以及超过500万人的特大城市。

中西部地区未来有条件培育一批有潜力的区域性城市群，可能会出现若干个规模相当于沿海三大城市群规模的城市群，人口达到上亿级的城市群，使其成为拉动中西部地区协调发展的新的增长极。

（四）欠发达的农村地区、贫困地区、少数民族地区、边疆地区、藏区等特殊类型地区

该地区由于贫困人口多，经济发展水平低，需要通过国家政策倾斜帮

扶发展（如转移支付、易地扶贫搬迁等）和跨区域合作对口支援等（后有案例分析）。城镇化发展要因地制宜，分类指导，重点应以县城和中心城镇（20 万 ~50 万人）建设为主体，完善基本公共服务设施，吸引农民进城、外出务工人员返乡创业或就业，逐步提高城镇化水平。

第二节　土地、户籍两大制度的转型

近年来，我国城镇化增速放缓，很多地区出现了农民工进城意愿下降的情况。以河南、陕西为例，调查显示，农民工进城落户意愿并不强，缺乏对城市生活的认同感和归属感；城镇四成农民工有进城落户意愿，首选目标是县城；将县城作为理想落户地的外来务工者，占六成。造成农民工市民化障碍的制度因素是现行的土地制度和户籍制度以及在此基础上衍生出来的一系列城乡之间的不平等制度（如社会保障制度、就业制度等）。因此，要进一步推进新型城镇化发展，还必须进行土地与户籍制度的联动改革或转型，其核心就是同步推进人口城镇化与土地城镇化。

（一）土地制度转型方向——“人地挂钩、城乡平等”

为打破城乡不平衡的二元土地制度，解决人的城镇化与地的城镇化不平衡问题，中国土地制度转型的方向有如下两个：

一是在土地城镇化与人口城镇化的匹配方面，实行建设用地指标与城镇户籍人口或市民化人口挂钩的新体制（以下简称“人地挂钩”）。即地方政府申请年度建设用地指标时，应有相应的城镇户籍人口即市民化人口增加的计划，并根据上一年市民化人口完成情况，增减下一年度建设用地指标（华生，2014）。作为增减挂钩的制度创新，这种人地挂钩的新制度可以较为有效地缓解日益尖锐的城乡土地供需矛盾，促进城乡基本公共服务均等化，促进土地城镇化与人口城镇化的协调，从多方面促进新型城镇化的发展：首先，拓宽了农业转移人口的城镇落户渠道，有利于促进农业转移人口市民化，可以保证人的城镇化与地的城镇化同步；其次，有利于促进土地确权制度与土地流转制度的完善，加快农地建设整治与复耕，有效解决农民进城后的宅基地闲置问题，提高农村土地资源利用效率，促进城镇化与农业现代化的同步发展；最后，由于“地随人走”，那些能安置较多新市民的城市，会获得更多的城镇化用地指标，通过宅基地自愿有偿退出和节余建设用地指标收益返还等措施，为农业转移人口市民化提供资金支持，促使有条件的农业人口落户城镇，从而推动城镇规模的扩大，促进产业聚集效应的提高，促进城镇化与工业化互动发展。

因此，各地政府需要运用多样化的手段进行土地城镇化的调控，调整城镇财政体制和税收体制，完善地方政府征地约束机制，根据当地的外来就业人员数量比例、建设用地需求、经济社会发展规划及财政负担能力等，制定农业转移人口落户的门槛和标准，避免城市盲目外延扩张，有序实现农业转移人口的市民化，引导区域人口合理布局。近年来，河南、江苏、四川等地在人地挂钩制度创新方面进行了有益的尝试，取得了一定的成效，可以进一步扩大试行范围。例如，河南省自 2012 年以来，先后启动了省、市两级试点，选择新乡、洛阳和信阳三市作为省级人地挂钩试点，同时确定了 43 个市级人地挂钩试点，对人地挂钩政策运行中的“人往哪里去、地从哪里来、钱从哪里出”等问题进行了有益探索，具有积极的借鉴意义。

在实行“人地挂钩”的同时，还可实施“人财挂钩”的政策，即将财政转移支付同农业转移人口市民化挂钩。

二是建立城乡土地平等进入、公平交易的统一的土地市场。我国现有的土地制度造成了国有土地和集体土地两种所有权在空间上和用途上严格分治，而政府对一级土地市场的垄断又为土地财政提供了便利。土地财政成为城镇化进程中地方政府预算外收入的主要来源，据估计，近年来每年实现土地财政收入 5 万亿 ~10 万亿元。因此，土地制度转型的关键是要发挥市场配置资源的决定性作用，调整既得利益结构，规范失地农民的利益补偿，确保土地增值收益可以在全社会中共享。对“土地财政”“房地产财政”的发展模式进行根本性的改革，着力解决地方政府依靠土地进行城镇化开发建设的路径问题，并要以土地利用方式的转型促进经济发展方式的转型。

（二）户籍制度转型——由户籍制向身份制转型

不合理的户籍制度与劳动就业制度相结合，形成了城乡二元就业市场，从而又延缓了农业转移人口市民化进程。大量农业转移人口工作在城市，户口在农村，“半城镇化”现象突出。城乡二元户籍制度所导致的城乡两种身份在利益上的严重不平等，是影响农业转移人口市民化最根本的制约因素和最大障碍。因此，只有通过户籍制度改革，缩小户籍城镇化率与城镇化率之间的差距，新型城镇化进程才有可能持续进行下去。中国户籍制度转型要在保证稳定的前提下分步实施。户籍制度转型的中级目标是全面实施城市居住证制度，保障居住证持有人享有国家规定的各项基本公共服务和便利，最终目标是消除乡—城户口身份划分和户口迁移的行政限制，取消户籍制，实现一元化的公民身份制。

第三节　转型发展与均衡演化的实现路径和机制

从演化经济学的视角看，转型其实就是一种“路径创造”。这种转型或选择既要遵循城镇化发展的客观规律，坚持市场导向，又需要借助外部力量的推动，发挥政府的引导和协调作用。总之，城镇化质量强调的是协调性和均衡性，城镇化质量提升就是一个全面协调、多元均衡的过程，因而需要多元路径和机制配合。

一、转型发展四大路径和机制

（一）创新驱动

创新是核心要素，要充分发挥其在新型城镇化建设中的引领和推动作用，从传统的要素驱动向创新驱动转变。

根据迈克尔·波特的竞争优势理论，一个国家的经济发展分为四个阶段：生产要素导向、投资导向、创新导向和富裕导向阶段。前三个阶段是国家竞争优势发展的主要力量，通常会带来经济上的繁荣，第四个阶段则是经济上的转折点。当一个国家处于创新导向（驱动）阶段时，各种产业竞争开始深化与扩大，钻石体系形成并在产业与产业集群中发挥自我强化功能（迈克尔·波特，2012）。与前两个阶段相比，创新导向阶段特别强调高质量，要求服务业的高级化和更宽广的发展空间，同时，政府的角色也不同于前两个阶段。

从我国城镇化驱动力发展演进阶段来看，20 世纪 80 年代主要是政策和劳动力驱动，即改革开放政策的实施以及家庭联产承包责任制所释放的农村劳动力使大量农业人口流入城镇，带动城镇化率的提高。20 世纪 90 年代以后，除了劳动力因素之外，贸易和投资成为重要驱动力。固定资产投资、基础设施投资尤其是房地产投资，也创造了大量就业机会，增强了城市的承载能力，大大推动了城镇化进程。实证研究表明，2000~2015 年，劳动对我国城镇化的贡献率为 57.21%，资本对城镇化的贡献率为 18.33%，创新对城镇化的贡献率为 26.87%，制度对城镇化的贡献率为 0.78%，即劳动要素和资本要素对我国城镇化的贡献率高达 75.54%，说明目前的城镇化仍是以要素驱动为主。

另有数据显示，1979～2007 年全要素生产率（TFP）的年均增长率为 3.72%，而 2008~2012 年则下降到 2.21%。2016 年，我国授权发明专利 404208 件，累计拥有有效发明专利 1772203 项，创新成果显著，但科技成果转化率低。我国高校被转让、许可的专利占“活专利”的比例仅为 2.03%，中国科学院被转让、许可的专利也只占“活专利”的 8.7%。此外，虽然我国申请的专利数量世界排名第一、第二，但外观设计和实用新型专利占比达 80% 左右，而发明专利占全部专利申请数量的比例不足 20%，与美国、日本等国相比差距甚远。从企业来看，无论是企业研发占 GDP 的比重，还是企业科研经费占全社会科研经费的比重，都远低于发达国家，尤其是基础研发差距更大。这意味着企业还未成为创新的主体，企业创新的内生动力不足，创新的驱动力较弱。分区域看，我国中西部地区与东部相比，创新的驱动力更弱。从研发经费支出占 GDP 的比重来看，2016 年与 2006 年相比，东部与中部、西部、东北的差距分别扩大了 61.7%、106.9% 和 252.3%。东部地区每亿元 GDP 的专利申请量、新产品研发项目数等指标也远高于中部、西部和东北地区，而且差距还在扩大。

目前，我国正处于新旧发展动力转换的关键期，无论是经济发展还是城镇化都要实现驱动力的升级，即由要素驱动向创新驱动转换。为实现国家新型城镇化的发展目标和经济高质量发展，必须建立创新驱动机制，创造新的竞争优势，采取创新驱动城镇化的发展战略。

第一，建立并完善科技创新机制。科技创新是创新驱动的核心，为此，要充分发挥现有的创新优势（如市场优势、产业优势、人员优势、政府优势等），建立科技创新的支持系统，包括组织支持、资金支持、人才支持、税收支持、市场支持等；深化科技创新体制改革，建立军民融合的科技创新体制，完善科技投融资机制和创新激励机制，为科技创新营造良好的社会环境和氛围，不断提高科技成果转化率和研发效率；尤其是在“创新人才”方面，要构建实体经济、科技创新、现代金融协同发展的产业体系，激发和保护企业家精神，创建知识型、技能型、创新型劳动者大军。通过科技创新、结构变迁，驱动产业转型与升级，积极发展现代金融服务业、大数据、物联网、云计算、智能制造、数字经济等新兴产业，推动服务业的高级化，为城镇化提供新的内生动力来源。

第二，建立并完善制度创新机制。制度创新是新型城镇化的突破口和重要保障。制度领域最关键的是要在土地制度和户籍制度两个方面深化改革，进行创新。如实行“人地挂钩、人财挂钩、城乡平等”的土地制度；全面实行居住证制度，由户籍制向身份制转型。通过户籍制度、土地制度的创新，有效地解决人的城镇化与地的城镇化不协调问题，解决进城农民市民化问题，推动农地流转，促进城乡一体化发展。此外，还有财政制度、社会保障制度以及社会管理制度的创新等。

第三，推进新型城镇化各子系统创新。创新是区域经济和城镇化可持续发展的动力之源，对于人口城镇化、经济城镇化、空间城镇化、社会城镇化、生态城镇化及生活城镇化等都会产生推动作用。通过创新可以创造多样化的就业环境，使各种就业人员拥有广泛的就业市场，促使更多的劳动力资源转移到城镇中，从而促进城镇人口的增加；通过创新推动产业结构升级、产业集聚及其与城市的融合互动发展，从而促进经济城镇化发展；通过创新可以完善城镇交通基础设施功能，扩展城镇空间和城镇规模，从而推动空间城镇化的发展；通过文化创新、社会管理体制机制创新等可以促进社会城镇化、生活城镇化等各方面的发展。新型城镇化是集约、智能、低碳、绿色发展的城镇化。向这一目标转型，也有赖于创新机制驱动。通过技术创新，以现代新兴技术为支撑促进智慧城市建设，以最小的资源环境影响来获取最大的城镇化收益，推动生态城镇化发展。

第四，发挥政府在创新中的引导和促进作用。政府在技术创新和制度创新中居于不可忽视的地位，应当有所为，即政府可以在宏观管理上强化统筹、集中财力，微观实施上科学分工、完善机制、加强引导。如通过增加政府科技投入，运用财政手段，发挥政府调控引导作用；调动科研院所和企业创新的内生动力，加强产学研深度融合；探索组建众筹融资基金，科技创新引导基金，科技融资补偿基金等融资模式；完善和健全现有的技术创新政策、科技发展战略、规划布局以及建立公平竞争环境、推动制度创新等。

（二）协调推进

前面的实证分析表明，我国人口城镇化、经济城镇化与空间城镇化之间存在高耦合低协调状态，因此，协调机制是新型城镇化均衡发展的关键，即要实现城镇化各结构要素之间的系统运行和多层次协调组合。它包括区域之间协同发展，城乡之间统筹协调；人的城镇化与地的城镇化之间协调；速度与质量互动协调；产业结构与就业结构、需求结构的协调；各城镇化子系统的协调；新型城镇化与新型工业化和农业现代化协调；城镇化建设与资源和生态环境协调；东部地区与中西部地区协调、大中小城市与小城镇体系的科学布局和协调等。在优化城镇空间布局方面，坚持依托大城市、城市群推进和依托中小城镇、县城推进城镇化的均衡协调城镇化战略。通过协调推进解决城镇化发展不平衡、不充分的问题。

新型城镇化转型发展需要建立以下协调运行机制：

一是互助合作机制。通过区域间、城市间、企业间多种形式的自下而上的、内生的经济、金融、技术协作和人才交流合作，一体化的交通基础设施网络建设，以及发达地区对落后地区的帮扶或对口支援等，构建各区域分工明确、优势互补、成果共享、协同发展的良性互动格局。同时也要加强各级政府间的合作，如在机构设置、高层联席会议制度、日常办公制度、干部交流等方面的合作；通过构建开放发展平台，推进区域间职能协同和空间协同。

二是政府调控机制。一方面，要有中央政府的顶层设计与地方政府的政策协同，构建政策网络机制、放松政府管辖权等；另一方面，按照基本公共服务均等化的原则，进一步完善财政转移支付制度，针对不同的区域类型制定差别化的区域政策，规范各区域主体的经济行为，加大对落后地区和问题区域的支持力度，加大对农业转移人口市民化的财政支持力度，从而缩小区域差距和城乡差距，实现区域经济均衡发展。

三是区际利益协调机制。即要理顺各区域间利益的分配机制（如生态利益补偿机制和环境整治补偿机制、土地流转利益补偿机制、土地保障机制等），打破地方垄断、市场分割和贸易保护的封闭政策，形成统一、协调、合理的区际利益分配关系。同时，政府也必须对市场行为的主体进行必要的引导，协调各利益主体之间的矛盾，通过法律法规等制度规范市场行为，在统筹协调、公共服务、体制创新、基础研发、知识产权、标准制定、政策激励等方面发挥积极作用。如长三角城市群目前的区域合作协调机制主要有：经济协调会（市长联席会议）、政府相关职能部门的专题合作机制以及主要领导定期磋商机制等。

（三）市场运作

市场运作即以市场为主体，政府规范和引导城镇化的进程。城镇化有其自身发展规律，一个本质特征是资源要素的集聚和优化配置。因此，充分发挥市场在资源配置中的决定性作用，无疑将有助于提高城镇化的质量和效率。许多发达国家的城市化走的是内生型道路，是在市场机制下自发实现的。党的十六大以来，我国逐渐形成了政府主导、市场推动的城镇化建设道路（张晓青、张晓婉，2016）。而经济理论和国际经验表明，在解决城镇化进程所需的土地供给、融资机制和环境保护等方面，市场及价格机制可发挥积极作用，实现区域资源和城市资源的最优配置，有利于形成良好的激励约束机制。对我国而言，无论是对于大城市群的培育还是特色小城镇的建设以及区域之间、城乡之间协同发展，都要按照市场原则配置区域资源，充分发挥市场机制的调节作用。要完善市场在资源配置中起决定性作用的体制机制，如通过市场机制，充分调动各方面的力量参与城镇化进程，解决城镇化建设资金不足的问题；通过市场机制，促进生产要素在区域间、城乡间自由流动；在生态环境保护方面，吸引社会资本进入环保市场，建立完善碳排放权、排污权、水权等市场交易制度和碳排放交易市场等。这就要求政府由全面主导向有限主导转型，并根据市场经济的发展状况来确定政府干预的程度，做到政府职能到位，避免政府职能的缺位或越位现象，提高政府行为的有效性，同时注意防止政府过度介入。

（四）内生发展

内生发展由城镇化的自然历史属性及动态演化的客观规律所决定，即要尊重市场规律，尊重民意，以人为核心，注重人的全面发展和共享发展。它强调的是经济发展的内生过程，强调的是市场机制的主导作用。“内生发展”一词起源于发展经济学（后应用于西方社会学研究领域）。1975 年，瑞典一家基金会在向联合国提交的《另一种发展》报告中，正式提出“内生发展”这一术语，即强调重视人、文化、环境、生态和多元化发展内涵（向延平，2013）。日本学者宫本宪一（1989）通过其对战后日本区域开发的研究提出了“宫本内生发展理论”，强调实现经济人向社会人的转变，把人性发展作为终极目标。

根据新兴古典经济学以及空间经济学对经济增长方式内生选择的解释，经济结构调整或转型过程是内生过程而不是外生过程。如随着市场开放度的提高，要素流动性增强，这表现为要素的重新配置过程，而要素的重新配置过程就是经济系统原有均衡增长模式下的经济结构的优化过程（安虎森，2008）。

综上所述，内生发展理论强调“自下而上”的内源性发展路径和机制，发展的终极目标是人的发展。而新型城镇化，核心是人的城镇化，是量与质的统一，是内在结构的和谐一致（张占斌，2014），也是一种应强调以发挥人的能动性为前提的均衡发展。要突出人的全面发展这一核心，从人的需求出发，坚持城市发展为了人民、城市发展的成果由人民共享，走民生导向型城镇化道路。这正是内生发展理论所强调的“另一种发展”，即关于“人的发展”。

二、均衡演化路径——三个维度

从结构特征看，新型城镇化是一个复杂的整体系统结构转换的过程；从演化的视角看，新型城镇化是一个从低水平均衡到高水平均衡的、多维度的动态演化过程。这种演化可以在三个维度上平行和交替展开。

（一）时间维度

总体上继续推进城镇化水平的提高，尤其是提升中西部地区的城镇化水平，从而缩小与东部发达地区的差距，实现新型城镇化由低水平向高水平的均衡演化。但由于城镇化速度会逐步放慢，尤其是中西部地区的城镇化速度放慢，目前出现了农民工进城意愿下降的情况。此时应主要通过创新引领，做实产业基础，扩大就业，以就近城镇化为主；并推动产业转型与升级，推动产城融合互动，推动城乡融合互动，实现产业结构由低级形态向高级形态、优化形态的均衡演化。要有序推进农业转移人口市民化，努力实现基本公共服务均等化，缩小常住人口城镇化率与户籍人口城镇化率的差距，促进人口城镇化、土地城镇化与经济城镇化水平的同步增长。

（二）空间维度

促进人口与产业协同聚集，大中小城市（群）与城镇合理布局，实现城镇空间形态由不协调向协调的均衡演化。从空间维度看，城镇化体现为集聚—扩散的空间交织性规律特征。即在集聚—扩散机制的作用下，城乡要素之间、区域要素之间不断融合、渗透。此时主要通过协调推进，统筹发展，打通劳动力、资金、技术、土地、信息等要素在城乡间的流通渠道，实现资源要素在城乡间的自由流动，促进人口集聚和产业集聚在空间上的协同演化，促进产业集群的发展壮大，充分发挥产业集聚区、城市新区等经济功能区空间载体的作用；推动形成大（中心）城市—都市圈—城市群系统的空间结构。

（三）质态维度

促进城镇功能完善和提升，实现城镇化由低质量向高质量的均衡演化。从质态维度看，城镇化最终体现为持续性发展的规律特征。主要通过市场运作，内生发展，充分发挥市场配置资源的决定性作用，优化经济结构，提升发展效率，完善城市（镇）功能，着力提高城市（镇）人口、资源与环境的承载力，促进城镇化可持续发展，实现城镇化质态（量）的全面提升（见图 10–1）。

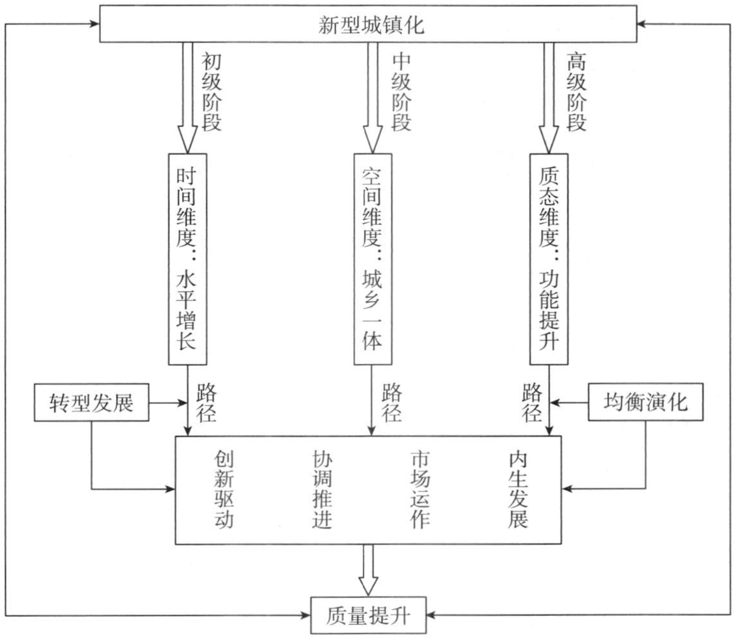

图 10-1 新型城镇化转型发展、均衡演化的质量提升路径

三、基于空间尺度的演化路径

从空间层面来看，城镇化的高质量发展可以沿着（大）城市—都市圈—城市群的系统路径展开。也就是说先推进城市的高质量发展，再到都市圈的高质量，最后再实现城市群的高质量发展。但由于国家对未来的国土开发强度提出了限制要求，预计今后城镇空间不可能进行大规模的新区开发，而只能以盘活存量用地为主，以现有土地的改造升级为主，即以土地的集约利用为主，无论是都市圈还是城市群的演化发展，都应遵循这一前提条件。

（一）城市的高质量发展

主要通过城市基础设施建设、产业结构的优化升级、生态环境的友好、公共服务质量和居民生活质量的提高以及城市形象、营商环境、城市活力、吸引力和城市竞争力的提升等方面反映。

（二）都市圈的高质量发展

围绕大城市建设，中心城区的边界不断向外扩张，逐渐形成了以大城市为核心，不同等级规模的中小城市为主体的、功能上紧密联系的圈层的地域空间组织。相比中心城市来说，都市圈突破了城市行政边界，要素在更大范围内流动，城市一体化的发展也带动了都市圈区域城镇化质量的提升。

（三）城市群的高质量发展

作为新型城镇化的高级形态，城市群以各城市和都市圈的经济联系为纽带，以要素流动为支撑，通过城市间、城乡间、区域间的协同和整合，不断扩大城市化区域，实现城乡一体化和融合发展。在城市群内部，也需要建立更加有效的合作协调机制。随着城市群的演化，不同规模等级、不同功能、不同形态的城市群、城市带、城市连绵区等新型城市群系统形成，最终将引领整个区域经济实现高质量发展。

本章小结

实现城镇化高质量发展目标，就要打破对传统模式的路径依赖，通过结构转型与均衡演化，实现从数量扩张到质量提升、由增长型向发展型的转变。

新型城镇化质量提升必须进行经济、社会和空间三大结构转型，土地和户籍两大制度转型以及时间、空间和质态三个维度的同步推进和均衡演化。经济结构转型方面：一是产业结构由低端向高端转型；二是需求结构由投资驱动向消费驱动转型；三是投资结构由规模扩张向结构优化、效率提升转型；四是能源结构由传统能源向新型能源转型；五是金融结构上应建立和完善多元可持续的投融资体系。社会结构转型方面：创新社会管理，建立和完善社会治理结构。空间结构转型方面：坚持以依托大城市、城市群为主体的“城市化”与依托小城市、中小城镇和县域为主体的“城镇化”并举的均衡城镇化发展模式，从而形成城市群（圈）与大中小城市、小城镇有序分工、功能互补、以大带小、协同发展的总体空间格局。同时，对于东部、中部、西部以及欠发达的农村地区、贫困地区、少数民族地区、边疆地区等特殊类型地区，实施不同的城镇化转型战略。土地制度转型方面——实现“人地挂钩、城乡平等”；户籍制度转型方面——由户籍制向身份制转型。

转型发展的路径机制在于：创新驱动、协调推进、市场主导、内生发展。演化路径有两个层面：一是时间—空间—质态三个维度的演化，即时间维度上，促进水平增长，空间维度上促进城乡一体，质态维度上促进功能提升；二是空间尺度上，推进城市—都市圈—城市群质量提升的演化路径。

第十一章

新型城镇化质量提升、协调发展的战略举措

新型城镇化道路是以人为核心的城镇化、产城互动的城镇化、城乡融合一体的城镇化、结构优化与均衡演化的城镇化以及市场决定的城镇化（内生型城镇化道路）、绿色可持续发展的城镇化、社会和谐的城镇化（文贯中，2014）。基于第九章对影响新型城镇化六个子系统的实证分析，推进城镇化高质量发展的战略措施可从以下几方面实施：以农业转移人口市民化为核心的人的城镇化；产城融合发展、城乡融合发展；经济城镇化、社会城镇化、空间城镇化的结构转型、优化升级；以及构建外部支撑体系——金融支持体系等。

第一节　人的城镇化

——以农业转移人口市民化为核心

城镇化最主要体现在两个方面，即物的城镇化和人的城镇化。所谓“物的

城镇化”，其核心是土地城镇化；而“人的城镇化”，核心是农业转移人口市民化，即农民不断向市民转化。在我国现阶段，新型城镇化意味着2.6亿农业转移人口将变成市民，除了户籍的改变，还要享受市民享受的一切。这是一个巨大的任务和挑战。从二者的关系来看，“物的城镇化”或土地城镇化是“人的城镇化”的重要基础，“人的城镇化”是“物的城镇化”的目标归宿。我国在“物的城镇化”方面已取得巨大成就，为“人的城镇化”奠定了良好的物质基础（徐匡迪，2013）。

党的十八大报告首次以“农业转移人口”替代“农民工”称谓。农业转移人口市民化作为推进我国新型城镇化的重要命题，是提高农民工融入城镇的能力、提高劳动生产率、破解城乡二元结构的必然选择。农业转移人口市民化问题不仅关系到中国工业化、城镇化的健康发展，也关系到“三农问题”的根本解决，对全面实现小康、实现经济高质量发展和社会主义现代化进程具有全局性的重要意义。

所谓“农业转移人口市民化”就是农业转移人口在获得城市工作岗位、实现职业转变的基础上，能够获得和城市市民平等的经济权利和政治待遇，包括各项公共服务和社会福利，即实现职业、身份、地域以及自身素质等多个层面的转变。目前，农业转移人口从农村退出和进入城市已无太大障碍，关键是融入城市成为市民还任重道远。

为了研究农业转移人口的留城意愿，2015年笔者在中西部13个省份（安徽、山西、江西、河南、湖北、湖南、四川、重庆、贵州、云南、陕西、甘肃、广西）进行了问卷调查，获得了有效问卷4877份。备选答案有：一直留在城镇、能留城镇就留、到了一定年龄回乡。表11-1显示了三种选择的分布情况。其中，选择“到了一定年龄回乡”的农业转移人口所占比例最高，达到66.1%，而选择“一直留在城镇”的占比最低，仅有10.3%。

2016年4月中国社科院发布的一项“中西部农民向城镇转移意愿”调查显示，“很想”约占11.83%，“比较想”约占21.73%，“一般”约占17.45%，“不太想”约占24.82%，“完全不想”约占24.13%。综合来看，约一半农业转移人口不想进城，而66.1%的农业转移人口认为，到了一定年龄就回乡。报告还显示，不少已经在城市的农业转移人口也不愿意一直留在城市成为市民。这与笔者的调研结果基本一致。

表 11-1　农业转移人口留城选择分布

备选答案	所占比例（%）	样本数（个）
一直留在城镇	10.3	461
能留城镇就留	23.5	1050
到了一定年龄回乡	66.1	2950

资料来源：实地调研数据。

从原因分析，城镇较好的生活条件、便利的交通和医疗、优质的教育资源等是吸引落户的主要因素。同时，城镇生活成本高、就业竞争力弱、没有固定住所以及文化差异等，成为影响农民工进城落户意愿的主要障碍。而农村承包地、宅基地、惠农直补等政策，则是使许多人不愿放弃农村户口进城落户的“三大因素”。由此可见，大多数农民工不愿意留城，这种逆城镇化行为不利于城镇化水平的提高。因此，如何提高农民工的留城意愿成为当今中西部面临的最艰巨任务之一。

为了衡量农业转移人口市民化程度，张英洪（2012）提出市民化率的概念和统计方法。市民化率就是一个地区享受市民待遇的人口占全部常住人口的比重，计算公式为：市民化率＝非农业人口 ÷ 常住人口 ×100%。还有人提出农业转移人口市民化率，这是指一个地区农业转移人口中取得城市户口的人数占该地区农民工总数的比例。从概念上来说，农业转移人口市民化率是正确的，但在统计上操作性很低。

为此，我们提出农业转移人口半市民化率，即未获得城镇户籍的农业转移人口占总人口的比例，也就是城镇化率与户籍城镇化率之间的差值，这在统计上也便于操作。更重要的是，这一概念反映了中国目前面对的农业转移人口市民化任务的艰巨性。图 11-1 反映了 2005~2013 年中西部和全国的半市民化率。2013 年中国半市民化率为 17.77%，未完成市民化的农民工总数为 2.69 亿。中部半市民化率为 22.5%，西部为 16.0%。这些数据说明，中国农业转移人口市民化仍面临十分艰巨的任务，而中西部尤其是中部地区更是任重而道远。

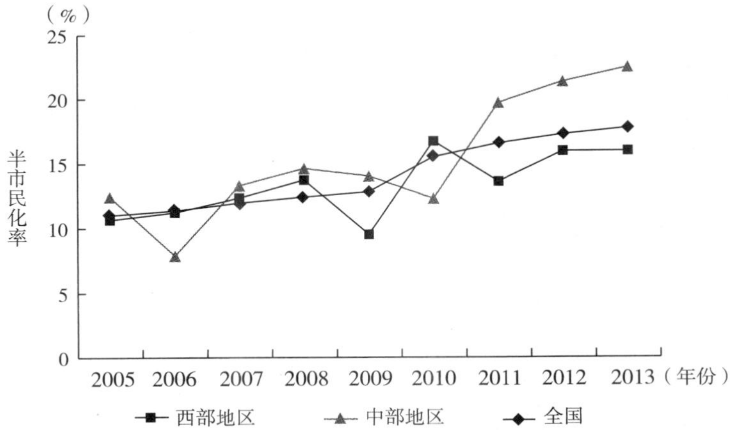

图 11-1　中西部地区和全国农业转移人口半市民化率

加快农业转移人口市民化进程主要措施如下：

一、改革户籍制度，完善人口流动差异化政策

我国现存的城乡二元结构，由户籍制度衍生的各种社会福利制度的实质就是“国民待遇”非均等化，这是农业转移人口市民化的主要障碍。根据党的十八大要求，要努力实现城镇基本公共服务常住人口全覆盖，以基本公共服务均等化推进“人的城镇化”是关键，而户籍制度则直接影响“人的城镇化”、农业转移人口市民化程度。

（一）改革户籍制度，分类实现农业转移人口市民化

户籍制度改革的中心任务就是消除城乡户口身份划分和户口迁移的行政限制，实行一元化的公民身份制。首先，逐步剥离户籍制度上附加的各种权利和资源分配功能，不断消除户口的物质化因素，削减户籍制度的利益分配功能，消除户籍制度的黏附性，剥离“隐性户籍墙”[①]存在的载体，消除本地市民对农业转移人口的歧视心理，提高农业转移人口对城市的融入意愿和融入能力。其

① 隐性户籍墙即对农业转移人口的各种歧视乃至权利剥夺的制度安排，相对于二元户籍制度而言。

次，各地应分阶段地逐步放开户籍限制，以中小城市和小城镇建立城乡统一的户籍管理制度为抓手，有序引导农业转移人口集中。同时，按照“放开户籍”与“放开待遇”并行推进的原则，小城市（镇）本地农业转移人口的市民化可以在自愿基础上转为城镇户籍居民；对于在大城市务工的农业转移人口，可以结合农民在城镇就业和居住的稳定性，使其享受城市的公共服务，并根据城镇经济发展水平，不断提高待遇水平。力争实现农业转移人口与户籍市民在义务教育、就业、医疗、住房保障等领域享有均等的基本公共服务和同等的权利（肖金成等，2015）

总之，在户籍制度改革或农业转移人口市民化方面，可以采取分类指导、差异化实施的政策。一是分阶段：即先剥离户籍制度的相关功能，后逐步放开户籍限制。二是分区域：即先在小城镇、县域，再到中小城市，后在大城市或城市群区域放开户籍，同时鼓励县域、市域内流动的农业转移人口实现就地或就近城镇化。三是分层次：即先对在城市有固定工作和稳定收入且留城意愿较为强烈的农业转移人口，后对间歇性和季节性在城镇务工且留城意愿不坚定的农民工，抑或是务工务农并重、在乡镇企业务工的农民工实施市民化过程。四是分职业：即先让从事制造业、建筑业的农民工群体（占多数）通过职业培训等逐步解决市民化问题，后在服务业领域逐步实施。在公共服务提供方面，也可以逐步实施，先由就业、义务教育到住房、医疗再到养老、公共卫生、公共文化服务等领域，从城镇基本覆盖最后到城乡居民全覆盖。

（二）逐步建立市民化和基本公共服务均等化成本分担机制，明确中央和地方各自的职责

农业转移人口市民化需要巨大的公共成本支出。《城市蓝皮书》预计到2030年之前大约有3.9亿农业转移人口需要实现市民化，政府需要支出约51.1万亿元公共成本，这对政府的财政供给能力提出了巨大挑战。因此，一方面，要以政府财政支出为主，建立健全户籍制度改革的成本分担机制和基本公共服务财政投入保障机制。如前所述，以“人地挂钩”政策破解农业转移人口市民化难题，加大对农业转移人口市民化的财政支持力度。建立财政性建设资金补助机制，加快实施中央预算内投资安排向吸纳农业转移人口落户数量较多的城

镇倾斜的政策。如在城市基础设施建设和运营、公共服务设施提供、保障性住房建设等方面，统筹考虑安排农民工的住房和就业问题，从财政上保障新型城镇化的顺利进行。另一方面，要不断拓宽资金的筹集渠道，加快建立地方政府、企业、个人共同参与的融资体系，提高财政资金的使用效率，提高地方政府基本公共服务供给水平和管理水平，加快建立资金的良性循环机制。

除此之外，还必须重视公民权，赋予农业转移人口自由迁徙权，充分尊重农民意愿，宜城则城，宜镇则镇，宜乡则乡。

二、促进以土地流转为核心的土地制度创新

“人”的城镇化不仅是要注重解决转移到城里的“人”的城镇化问题，而且还要关注留在农村里的“人”即农民的问题。农民问题的核心仍是土地问题，或者说是土地流转中的农民利益问题。转移到城里的人的问题主要是住房和就业等问题。中央文件明确规定，土地经营权流转不得违背农户意愿，要坚持依法、自愿、有偿原则，不得损害农民权益。然而，在地方利益驱动下，一些地方政府的农村土地制度改革尝试并没有真正尊重农民意愿，有些地方甚至强制规定农民以放弃土地承包权或宅基地使用权为条件进行土地流转，严重违背了广大农民的意愿。有的地方则在土地流转运作流程和管理中缺乏规范性。但土地制度改革必不可少，改革建议如下：

（1）在农村土地确权的基础上，继续推进所有权、承包权和经营权的有效分离。即所有权归农村集体所有，始终不变，包括对农村集体土地的占有、使用、收益、处分的权利及依法发包、调整、监督、收回承包地等各项权能；承包权归承包农户所有，承包农户享有对承包土地的占有权、使用权和收益权，有权通过转让、出租（转包）、入股、抵押等形式流转承包土地或退出承包地；经营权归经营主体所有，经营主体有权使用流转土地自主从事农业生产活动并取得相应收益。由“两权分离”的家庭联产承包制到目前的“三权分置”，是我国农村土地制度的又一重大创新。放活土地经营权，不仅有利于优化土地资源配置，提高土地使用效率，而且有利于促进农村非农产业发展，还能满足农户对土地权益的渴求；不仅顺应了现代农业发展的要求，也可为农村的精准扶贫开辟一条切实可行的新路。

（2）建立完善的农村产权流转市场体系，提高土地流转效率。要按照产权清晰、自愿有偿、用途管控等原则，采取灵活有效的多种手段，支持和引导进城农户对“三权”的自愿有偿退出，通过出租、抵押、转包或入股等形式开展土地流转；可以探索采取土地置换或土地银行等方式，实现农民土地资产化，以激活土地资源配置，促进土地的规模经营。

（3）建立统一的城乡建设用地交易市场。规范土地征用行为，提高土地出让补偿标准，提升农村集体土地在城镇化建设中的权益比重；完善农地产权的保护；促进城乡土地的同价同权；建立补偿机制，确定合理的征地拆迁补偿标准，进一步规范政府行为，切实保护农民利益并分享新型城镇化的成果。

三、着力解决农业转移人口市民化住房问题

推进农业转移人口市民化，加快提高户籍人口城镇化率，解决其住房问题是重中之重，也是当务之急。近年来国家虽然出台了一系列调控措施，但迄今为止，住房价格依然使普通工薪阶层难以承受，更使农业转移人口望而却步。国家统计局发布的2014~2015年《中国农民工监测调查报告》显示，我国东部和中西部地区农民工的消费支出中，住房支出仍占一半左右，而且绝大多数农业转移人口的住房模式是租房。农业转移人口市民化中住房问题的政策建议如下：

（1）建立政府保障和市场配置相结合的多元、多层次住房供给体制。70年的实践证明，解决城镇住房问题，必须建立市场配置和政府保障相结合的住房制度，必须坚决避免全部依赖市场让市场包打天下，或者更多依靠政府让政府包打天下的两个极端。解决农业转移人口市民化进程中的住房问题，其基本原则应该以个人为主、政府给予一定的支持。无论是住房市场还是住房保障，都需要建立一个统一多元的住房供给体系，以满足不同居民的住房需求。对于农业转移人口群体，政府保障部分可适当倾斜。

（2）探索农业转移人口市民化进程中的公共租赁住房政策，建立购租并举的城镇住房体系。公共租赁住房是城镇基本住房保障的主体，要转变重销售轻租赁的传统观念，大力发展住房租赁市场，提高租赁市场比重和地位，并规范租赁市场的管理，保障租户权益。在政策层面，对于符合条件的农业转移人口

应考虑与城镇居民一样享有公共租赁住房政策，并允许其先租后买，或实行共有产权直至最终拥有完全个人产权。

（3）完善住房金融制度，增强对农业转移人口市民化的住房金融支撑。我国城乡二元体制所导致的金融体系的分割，尤其是现有住房金融制度和手段的缺陷，严重削弱了农业转移人口通过金融支持获得住房服务的能力（毛丰付、赵奉军，2014）。为了增强农业转移人口解决住房问题的支付能力，首先是要研究将其原有的农村土地等资产权益带进城市。其次是完善住房公积金制度。将住房公积金的适用范围和覆盖范围扩大到新一代农业转移人口中来，即将其纳入住房公积金制度。如河南省郑州市已出台政策，将灵活就业人员纳入住房公积金范围，在一定程度上提高了非城市户籍人员的租住房的支付能力。最后是要研究对农业转移人口在城市购买首套住房的贷款优惠政策，降低首付款的比例，或允许农业转移人口以农村集体土地或宅基地的权益用于银行住房贷款抵押。

从长期看，农业转移人口住房问题的解决在于促进土地等生产要素在城乡之间的自由和公平流动，深化土地制度改革，消除城乡二元土地制度，最终形成城乡统一开放的住房市场。

加强对农业转移人口的职业技能培训，鼓励农业转移人口自主创业，为自主创业的农业转移人口提供技术和资金支持；鼓励农业转移人口群体积极参与社区活动，促进农业转移人口及子女与城市居民的交流互动，使他们更好地、真正地融入城市生活和文化，这也是人的城镇化的重要体现。

第二节　产城融合互动

——产业支撑，集群发展

新型城镇化是以产业支撑带动的产城融合发展。产城融合是新型城镇化发展进入新阶段所形成的一种新理念，是新型城镇化与产业化协同发展的新思路，也是提升新型城镇化质量水平的一种重要方式。城镇化实质上是产业集聚与人口集聚协调发展的最终产物。产城融合的本质就是通过产业聚集和人口聚集，以城市为载体，以产业为支撑，使城市发展和产业发展相互促进、相互融合，实现产业、城镇、生产、生态等功能融为一体。

关于产城融合的内容，目前没有统一的界定。根据学者研究的侧重点的不同，大致可以分为三种：一是认为产城融合是产业、人口和城市三者的融合，以人为本、以产兴城、以城促产，最终实现产业、人口和城市的协调互促发展；二是认为产城融合是以人为核心，产业结构优化升级与新型城镇化的互动发展过程；三是基于空间视角的产业聚集区与城市功能的协调发展理念。从实践上看，目前主要有产业聚集区（产业园区、经济功能区）推动城镇化、产业集群促进城镇化等形式。本章认为，产业集群（产业聚集区）在新型城镇化中起着支撑、引领、彰显特色、先行先试的作用。

一、产业集群和城镇化两者的互动关系

产业集群和城镇化都是集聚的过程。产业的发展带动着农村劳动力不断转移，产业集群成为农村人口转移的载体，影响城镇化的进度。而城镇化的快速推进又为产业集群的发展创造了良好条件。产城融合正是两者间相互影响、相互促进的互动过程。

（1）产业集群可以强化城镇的产业支撑，提高城镇吸纳农村转移劳动力的容量。产业集群可以吸纳大量农业转移人口，加速劳动力转移。据测算，到2020年我国的城镇化率将达到60%左右，每年将有1000万以上的农村人口转化为城镇人口。因此，转移人口的就业问题将是城镇化面临的一个亟待解决的难题。产业集群为这一问题的解决提供了重要途径。企业规模的扩大和专业化程度的提升，导致工业在一定范围内的集聚，而由生产要素集聚带来的溢出效应，会使产业链加长，从而带动更多的劳动人口的集聚，使城镇人口占总人口的比例不断增加。如果再考虑到抚养系数，那么人口集聚的规模会更大。

（2）产业集群提升城镇区域竞争优势。一方面，集群内企业劳动生产率会提高，而交易和服务成本则会降低。另一方面，集聚使企业共享知识溢出效应，共享技术信息和经营经验，从而获得产业集聚效应。此外，产业集群发展的辐射带动能力以及产业配套和基础设施的建设，都会提高整个地区的区域经济竞争力。

（3）产业集群有利于城镇化质量的提高。随着产业集群根植性的增强，其能够吸引更多的上下游企业入驻，由此带动第三产业的发展，从而使产业结构得到优化和升级，而这是保持产业集群长期竞争优势的关键。产业集群还有利于促进区域交流、合作。城镇人口不断增加，地域扩张，也使城市的价值观念、生活习惯等不断向城镇附近传播和扩散，人口素质也不断提高。产业结构的变化、产业集群健康发展推动城镇空间结构的优化是城镇化重要的动力机制。依靠产业集群发展起来的城镇，才能健康与可持续地发展。依据我国经济发展的数据，产业集群发达的地区对应较高的城镇化水平。

（4）城镇化对产业集群具有拉动作用。城镇化的聚集效应为集群发展提供物质保障。由政府推动的工业园区和开发区，需要城镇化带来的劳动力转移。而企业发展需要的资本、信息、技术创新也需要城镇提供。城镇既是产业的集聚地，也是人力、物力、资金等要素的集聚地。城镇把生产要素集中在一起，城镇的劳动力市场、方便的交通设施、完善的基础设施、发达的信息交流对产业起到了吸引的作用，城镇化高的区域对生产要素的引力也就越强。而产业结构和基础服务设施又会因城镇规模的逐渐扩大而更加完善，城镇以其公共服务为集群提供生产要素，使集群更加稳定、健康地发展下去。

城镇化为集群发展创造市场需求。城镇化是社会经济发展的增长点。城镇化发展释放出的市场需求是无法估量的。首先，城镇的基础设施相对完善，为产业集群的发展提供生产环境，城镇数量和城镇人口的增多也带来了产品需求的增加，创造了新的市场和消费空间。其次，人口的集聚、城镇集聚效应的不断增加会带来消费结构的变化，能够有力地提升消费总量，为集群发展创造需求。最后，消费水平和需求结构的不断提升，也会为集群向高级化方向发展提供动力。

二、促进产业集群和城镇化互动发展的措施

根据上述分析可知，产业集群与城镇化之间可以相互促进、联动发展，这是实现新型城镇化的重要路径。据对全国部分地区产业集群及河南省 180 个产业集聚区的调查研究发现，大多数地区的产业集群发展存在诸多问题：产业规划缺乏前瞻性，布局不合理，分散凌乱，产业间关联性不强，产业“集”而不“群”；主导产业不明确，带动能力不强；过于强调发展高新技术产业，从而对劳动力的吸

纳能力不够；产业链条延伸不够，尤其是上下游和外围服务企业配套不紧密，缺乏完善的产业发展软硬件环境，整体市场竞争优势不突出；集群创新能力弱，可持续发展能力不足以及政府过度干预等。从基础设施来看，部分产业集聚区由于相关基础设施投入不足，道路、供水、供电、供暖、污水处理、绿化等基础工程投入不及时，环境条件脏乱差，缺乏招商引资吸引力，更难以支撑现有入驻企业不断增加的需求。从服务平台建设来看，多数集聚区仅注重发展核心产业本身，至于支撑企业发展的诸如金融、研发、营销策划、广告、管理咨询等外围服务业的发展严重滞后，特别是资产评估、法律咨询、物业管理、人才培训、物流配送、会展机构、娱乐休闲等组织机构普遍缺乏，无法满足现代企业高效、快速发展的要求，进而影响与新型城镇化的互动发展。为此提出以下四点建议：

（1）科学规划，合理布局，为产业集群和城镇化两者互动发展提供物质基础。产业集群和城镇化建设，要建立在合理的规划基础上。做好产城规划，既要考虑产业集群的发展空间，又要考虑以产业集群为支撑的城镇化的规模。对产业集群硬件设施的科学规划，要与当地的能源、交通、通信和城镇的土地规划衔接起来；对产业集群内软件环境的规划，要考虑到资源的共享性，符合完善产业链和提升产业层次的要求。基础设施也是发展产业集群和城镇化的基础条件，基础设施的水平影响区域的竞争力和集聚程度，基础设施的建设也要建立在科学规划的基础上。金融、物流、电子商务及中介服务等生产性服务业以及其他公共产品的提供，都需要科学规划、合理布局，从而为产业集群和城镇化的良性互动发展创造有利条件。

（2）充分发挥产业园区（产业集聚区）的载体作用，推动园区经济向集群经济转型。产业园区（包括各类高新技术产业开发区、经济技术开发区、科学园、工业园、特色工业小区、技术示范区等产业集聚区）是产业集群发展的重要载体和平台。其基本特征是要体现集聚（如河南省产业集聚区主要体现在项目集中布局、产业集群发展、资源集约利用等内涵上）。但从产业关联性来看，园区经济并不强调关联体系。而产业集群则强调大量同类或相关联企业的聚集及其服务功能的集合相交。也就是说，集群经济与园区经济比较，其优势在于，通过创造规模效应、聚集效应、学习创新效应等协同效应发挥出更大的竞争优势，提升区域可持续发展能力。

作为产业转移、产业集群和新型城镇化的重要载体，产业园区或产业集聚区必须坚持差异化发展战略，即遵循产业集群发展规律，坚持有所为、有所不为，变盲目引进开发为理性引进开发，变无序一般发展为有序特色发展，突出科技园区各自的个性化特色，把特色优势变为竞争优势，在“错位”发展的基础上形成合理分工与密切协作。因地制宜，合理引导，有序承接，完善环境，为集聚区提供良好的基础设施和其他公共产品服务，推动城镇化与产业的互动发展。选择适合的主导产业，努力构建现代产业体系，着力引进一批关联度高、带动力强而又低碳环保的基地型、龙头型大项目，不断完善主导产业链条，并注重提高园区对劳动力的吸纳能力。发挥集群协同效应，降低企业发展成本；优化服务环境，构建园区产业集群支撑：一是建立完善多元化的投入体系，强化资金支撑。二是加快中介服务体系建设，强化服务体系支撑。三是特别要发展现代商品流通市场，构建科技园区产业发展物流平台。四是加强“产学研”结合，吸纳人才集群，形成产业集群的品牌优势。五是始终坚持以科技创新为主导思想，形成产业集群的核心竞争力。通过提高园区发展质量，把园区打造成为新型城镇化的桥头堡、示范区和吸纳劳动力的蓄水池。

（3）树立新理念，打造新经济，培育新业态，为产业集群和城镇化两者互动发展提供新动能。创新发展居五大发展理念之首，创新也是产业集群可持续发展的核心动力源泉。要提高产业集群的自主创新能力，推动传统产业集群转型升级。首先，要加快创新平台建设，鼓励发展创业中心、研发中心、重点实验室、孵化中心等各种创新载体。支持国内外科研机构、高等院校和大公司、大集团在产业集聚区尤其是高新技术园区建立研发中心，引导园区构建科技服务体系，加快培育技术咨询、技术转让、知识产权代理等中介机构，为企业提供相关服务。其次，专项实施重大科技创新。在加大产业技术研发的投入力度时，要突出主导产业发展的共性和关键技术，促进传统产业升级和产业链条的延伸。形成企业之间专业化分工与协作的网络体系，加强相关产业集群的有机联系，引导企业之间建立技术战略联盟，鼓励企业自主创新，努力培育具有自主知识产权的技术品牌，增强产品核心竞争力。在政府采购过程中，对产业集群内具有知识产权的高新技术产品给予优先支持。再次，完善科技创新体系，发挥财税等政策的杠杆导向作用，引导鼓励园区企业加大科技投入，并完善以企业为主体的科技投入体系和技术创新服务体系，重视和加强创新人才培养和队伍建设。最后，努力打造新经济，培育新业态，重点培育高端制造业集群，大力发展现代服务业，利用物联网、大数据、云设施等新技术，推动集群由技术到产品，到企业再到产业的整体转型，为新型城镇化发展提供新的驱动力。

（4）政府合理引导，为产业集群和城镇化互动发展提供制度保障。产业集群和城镇化的建设需要市场机制的调节，但也离不开政府的协调引导作用。一方面，在科学规划和有序推进的过程中，离不开政府的合理引导。城镇化过程中对基础设施的规划、产业的合理布局、资源如何有效配置等问题，都需要政府作出合理规划，避免“拆了建、建了拆”的重复建设的错误方式。另一方面，政府需要为产业集群和城镇化的发展提供良好的、公平的市场环境和创业环境；产业集群和城镇化发展过程中基础建设需要政府的支持，不同区域间相同产业链之间的恶性竞争需要政府进行化解，招商引资、扩展及延伸产业链的过程需要政府进行引导。应着力改善投资环境、提高人力和技术资本、提供健全的服务体系。政府在促进产业集群和城镇化互动发展的过程中，既不要过度参与，也不能置之不理，合理引导，为两者的互动发展提供制度的保障。应本着高效、精简的原则，优化职能配置，提升运行效率。

第三节　城乡一体化发展
——协调统筹，全面融合

“十三五”规划建议指出：“推动城乡协调发展。坚持工业反哺农业、城市支持农村，健全城乡发展一体化体制机制，推进城乡要素平等交换、合理配置和基本公共服务均等化。”党的十九大报告作出乡村振兴的战略决策。这意味着新型城镇化建设不能以乡村的落后为代价，乡村要振兴，城乡要协调统筹、融合发展，最终实现城乡一体化的最高目标，推动城乡关系发生质的转变。

一、统筹城乡规划，实现城乡空间结构一体化

其一，道路等交通基础设施、土地利用及居民点的布局等要纳入整个城市

规划和区域规划中，统筹安排，科学布局，不断改善农村水、电、路等生产生活条件，全面繁荣农村经济；其二，强化农村公共服务，创新公共服务运行机制，构建城乡一体的公共服务体系；其三，加强基本农田水利建设，提高农业生产能力和抗风险能力；其四，加大资金投入，完善农村生态治理设施建设，通过完善治理机制，推动农村生态治理，建设美丽乡村。

二、努力搭建平台，实现城乡市场一体化

我国城乡二元结构形成的根本原因在于城乡之间各种要素市场的分割，即没有形成统一的要素大市场，包括劳动力市场、土地市场和金融市场等。因此，推进新型城镇化和城乡融合发展，必须切实推进城乡要素平等交换和公共资源均衡配置。首先，要深化改革，促进和确保城乡要素流动的自由性。例如，在劳动力市场方面，逐渐放开户籍制度，提高劳动力的流动性，建立统一的城乡劳动力就业市场；土地资源市场方面，通过深化土地流转制度等改革，建立统一的城乡建设用地市场；金融市场方面，建立和完善多层次的金融市场体系，促进正规金融和非正规民间金融市场的共同发展，促进金融要素向农村的转移等。其次，要保障农民在生产要素交换上获得平等权益。如在就业市场上、土地交易市场上等。但这离不开农民在知识技能素质方面的提高。随着农村劳动力大量转移，农业劳力力结构性短缺问题突出，务农劳动力素质出现结构性下降。国家统计局公布的数据显示，2017 年全国农民工总量约 2.87 亿人。其中，属于“80 后”“90 后”的新生代农民工占 70% 以上。而留在农村的妇女和中老年劳动力小学及以下文化程度所占的比重高达 50% 以上。农业后续乏人问题将严重影响我国现代农业的发展。因此，在搭建城乡一体化平台和政策制定时，要加大农村教育投入，注重不断提高劳动力的素质，解决好农民教育问题。

三、加大农业供给侧结构性改革，实现农业产业结构高端化、多样化

一要继续调整农业生产结构，不断提高农产品的附加值，实现农业从初级

产品向加工产品的转变，实现农产品从低质量向高质量转变；二要通过科技创新、规模经营等加快现代农业的发展；三要推进农业市场化改革，提高市场活力，完善农产品市场体系，形成一批辐射面广、吞吐量大的农产品物流中心；四要健全农业支持保护体系，加大惠农富农政策力度，赋予农民更多的财产权利；五要积极探索新的组织模式，有序流转土地承包经营权，提高土地适度规模经营效益；六要优化农业生产布局，发挥农产品生产基地和示范区的带动作用；七要鼓励各种资本投资农业和农村建设，提高现代农业的标准化和集约化经营水平。

四、全面深化城乡综合配套改革，实现城乡经济社会发展一体化

一是实行城乡统一的养老保障、医疗保障、失业保障和最低家庭生活保障体制机制。二是建立和完善城乡统一的户籍登记制度、土地管理制度、就业管理制度、社会保障制度以及公共服务体系和社会治理体系，促进城乡要素自由流动和公共资源均衡配置，推进城乡基本公共服务均等化，实现城乡居民生活质量的等值化（魏后凯，2016）。三是积极探索多种农村扶贫方式，除了产业扶贫、项目扶贫外，通过教育扶贫、健康扶贫等多种方式解决贫困问题。四是构建城乡和谐的发展环境，让城镇先进的文化和思想渗透到乡村中去，加强城乡间的文化联系和合作，实现城乡共同发展、互相促进的局面。

第四节　优化区域空间结构

——点—线—面结合，构建新型城市群系统

城镇化是一个动态演化过程，从空间结构来看，随着城镇化进程的推进，我国将在全国范围内形成规模大小不一的聚集空间体系，其主体形态表现不一，有的以城市群的形式出现，有的以中心城市、县城和特色小城镇等空间载

体出现。依托中心城市建设大都市，依托大都市进而依次形成都市圈、城市群、经济区是地域空间开发的基本演进过程和特征。推进新型城镇化仅仅依靠单个城镇无法做到，必须依托具有一定数量、一定差异性和互补性的城镇体系乃至区域网络体系。要优化城镇化布局，坚持依托大城市、大中小城镇协调发展、城市群推进和依托中小城镇、县城推进的均衡协调城镇化战略。

一、构建县（镇）域经济新格局，推进本地城镇化

中小城市和小城镇在新型城镇化中具有重要地位，县域经济发展，也是促进城乡统筹和本地城镇化的重要途径，在城乡统筹和一体化发展中发挥着重要的枢纽作用。据测算，到 2030 年，如果按照 70% 的城镇化水平计算，我国城市人口约为 10.15 亿，农村人口约 4 亿。这么多的农村人口，其公共服务还需要靠小城市和县城来提供，小城市和小城镇都是重要的依托，所以，未来的小城市和小城镇是支撑农村地区现代化的重要基地。要加强小城镇特别是要加强县城及建制镇的城镇建设投入，增强县域和小城镇的产业功能、公共服务功能与居住功能，增强城镇综合承载力。以县域城镇化作为未来 10~15 年中国城镇化发展的重要环节，促进城乡资源统一配置，要素平等交换。努力构建县域经济新格局，因地制宜大力发展特色小城镇。鼓励发展具有地方特色的县域经济，围绕特色产业，打造特色产业链和特色产业集群，提高县域产业聚集度，形成专业化、特色化、集群化、社会化分工协作的县域经济发展新格局。在产业转移和产业支撑方面把大城市和特大城市的传统或中低端产业转移到中小城市和小城镇，以此吸纳人口，形成从直辖市到地级市，再到县级市和小城镇的产业转移链，由此形成就业岗位转移链，真正做到以业兴城（镇）、以人兴（城）镇。

二、以特色小镇为依托，打造新型城镇化的新载体

新型城镇化要求大中城市和小城镇协调发展。特色小镇是实现新型城镇化的一条有效路径，是城乡一体化发展的基本平台及区域经济发展的创新载体。加快特色小镇建设步伐，也是破除传统小城镇弊端、破解城乡二元结构的重要

抓手，对推进国家新型城镇化发展战略具有重大意义。国家颁布的《关于开展特色小镇培育工作的通知》提出，特色小镇原则上应为建制镇。此外，还要求特色小镇具有文化内涵、旅游功能、社区功能以及需要有特色产业作为支撑，来发挥提升区域竞争力、推进新型城镇化发展的作用。

笔者通过考察浙江、云南、河南等地的特色小镇，特别是通过对浙江玉皇山南基金小镇的调研，得出了以下几点结论与启示：

（1）作为新型城镇化建设背景下的一种全新的发展模式，特色小镇以其绿色、创新的发展理念，正在成为新常态下加快新型城镇化建设、提升城镇化质量的一个新的突破口和新路径。

（2）特色小镇的创建要依靠资源优势，挖掘文化内涵，因地制宜，精准定位，培育并壮大特色产业、形成主导产业。充分依托特色优势产业并向集群化方向发展，把产业集群作为特色小镇创建的核心，以创新发展为驱动力，发挥要素的聚集效应，提升区域竞争力。

（3）注重功能融合，因地制宜，打造多样化“特色”小镇。特色小镇不仅需要强化特色产业，而且更需要形成特色文化，营造完备的社区生活功能，还要生态与景色优美，具备多样化的“特色”，从而使特色小镇宜业、宜居、宜游（宜业则业，宜游则游）。更多地打造（高端）产业小镇，将特色小镇打造成一个新型的产业生态体系，产城、人文与生态融合发展的新型社会功能综合体。

（4）“自下而上”与“自上而下”相结合。按照“政府引导、企业主体、市场运作”的原则，既要发挥政府的引导、支持与协调作用，更要注重激发市场活力，充分发挥市场机制作用。并通过发挥政府资金的杠杆作用，充分撬动社会资本参与，建立多元融资模式，并做到风险共担，利益共享。

（5）防止盲目跟风、一哄而上。自从“特色小镇”被提出以后，全国各地纷纷响应，甚至出现遍地开花现象。一些乡镇在不具备申报条件的情况下，为了申报特色小镇而临时寻找项目；有的地方政府单纯以绩效为导向，对特色小镇的建设要么缺乏科学、统一规划，要么缺乏准确的功能定位，要么功能分区混乱，出现千镇一面，难以发挥特色优势和聚集效应。有的地方政府对特色小镇的运营模式、功能机制、法律法规等了解的深度不够，缺乏风险防控意识，容易盲目跟风，或者盲目追求“高大上”的项目。

总之，特色小镇的核心要素在于“特”和“新”。只有把握和处理好特色小镇创建过程中的主要问题，才能真正形成特色鲜明、体制灵活、文化厚重、功能融合、环境优美、宜业宜居的“特色小镇”（产业小镇、旅游小镇等），才能真正发挥特色小镇对区域经济和新型城镇化发展的引领带动作用。

三、促进区域性中心城市的发育和成长，强化国家中心城市的服务功能和辐射带动作用

区域性中心城市的发育和成长的过程，实质上是生产要素由向城市聚集为主到扩散为主的动态转变过程（郭文轩，2004），也是聚集由量变到质变、由极化效应到扩散效应的过程，主要表现为中心城市的产业、资金、人才、技术、信息等经济要素向周边地区的溢出，从而实现对周边地区的带动，实现区域经济一体化与协调发展。要做大做强中心城市，不断拓展中心城市的腹地，提升中心城市的经济规模、产业规模和人口规模，提升中心城市的首位度；促进城市功能由生产型向服务型转变；产业结构向以现代服务业为主导的阶段转变；高质量、高标准编制好中心城市规划，以及卫星城、中小城市、中心镇规划，加强规划对中心城市建设的指导，增强规划的前瞻性和科学性，明确中心城市的发展定位，建立结构合理、布局有序的城市体系，形成与周边县级市、卫星城镇优势互补、错位发展的格局，以进一步提高区域性中心城市的可持续发展与城镇化质量。

国家中心城市作为城市体系中综合实力最强的“塔尖”城市，是国家组织经济活动和配置资源的中枢，一般具有集聚辐射、服务带动、国际竞争、交通通达、科技创新、可持续发展等综合能力，发挥国家中心城市的多项综合性功能，对整体提升区域发展水平至关重要。2010 年住建部确立了北京、天津、上海、广州、重庆五大国家中心城市的规划和定位。2016 年 5 月至 2018 年 2 月国家发改委和住建部先后发文支持成都、武汉、郑州、西安建设国家中心城市。截至 2017 年底，九大国家中心城市的 GDP 在全国 GDP 中的占比为 19.64%，常住人口占全国总人口的比重为 11.01%。其综合经济实力和科技创新能力等都居于全国城市平均水平之上。国家中心城市应立足于国内、面向世界，强化集聚、服务和扩散功能，成为国家的科教、文化和创新中心。同时作为国家城市

的代表，积极参与全球竞争，建立全球影响力。

四、充分发挥交通经济带、经济区的纽带支撑和辐射带动作用，积极推进重点城市化地区的城镇化进程和质量

随着区域性中心城市和重要交通干线的建立，人流和物流迅速增加，生产和运输成本降低，形成了有利的区位条件和投资环境。因此，要依托区域性中心城市和交通干线、交通主轴，以重点开发区为战略重点，以其他城市化地区为重要组成，以快速铁路沿线和高速公路网络节点上的重点城市为支撑（郑长德，2014），促进产业和人口向交通干线聚集，使交通干线连接地区成为新的经济增长点或增长极、要素聚集区和新型城镇化重点引领示范地区。重点打造长江经济带、珠江经济带、“一带一路”沿线地区尤其是节点城市（镇）地区以及京津冀、辽宁沿海、山东黄河三角洲生态经济区、江苏沿海经济区、海峡西岸经济区和广西北海经济区及粤港澳大湾区等重点经济区，使其成为新型城镇化的先行地区。

五、强化统一规划，构建多层次、多形态的新型都市圈、城市群系统

随着新型城镇化的深入推进，越来越多的城市化区域发展成为都市圈、城市群、城市带。城市群的形成过程实际上也是各城市之间、各区域之间关系越来越紧密的过程。发达的交通条件使生产要素加速流动，在城市群区域范围内实现规模经济和聚集效应。美国、日本以及欧洲国家的城市群发展经验证明，城市群在国家和区域经济发展中具有举足轻重的作用，城市群以其完善的城市功能、强大的经济实力和优越的投资环境等优势，形成了强劲的吸引力和凝聚力，往往成为一个国家或地区的经济社会发展中心。综观我国城市空间分布，在“东密西疏”的总体格局下，东部地区出现了多个城市群、城市带，城市的分布也较为密集。长江三角洲、珠江三角洲、京津冀、山东半岛等城市群已有较大规模，发展较成熟，而且前三个已成为国家级城市群。相比之下，中西部地区城市群则发展不足。就城市群内部而言，城市之间及核心城市与周边地区

尚缺乏有机高效的经济联系，核心城市或大城市的整体功能及辐射带动能力不强，城市产业结构趋同，尤其是中小城市特色不突出，产业分工和协作网络缺乏等问题依然较为突出。

作为新型城镇化的主体形态，城市群今后应在推进城镇化质量提升、促进城乡融合等方面发挥更大作用。一是要在坚持统一规划、多元融合和功能互补相结合的原则基础上，合理界定城市群范围，打破行政区划对城镇化的桎梏，加快构建一批有潜力的新型城市群、重点在中西部地区培育几大城市群：以郑州为核心的中原城市群、以武汉为核心的长江中游城市群、以西安为核心的关中平原城市群、以重庆和成都为双核心的川渝城市群等。此外，以合肥为中心的江淮地区、以长春和吉林为中心的吉林中部、以哈尔滨为中心的黑龙江西南部、以南宁为中心的北部湾地区、以乌鲁木齐为中心的天山北坡地区以及贵阳城市圈、昆明城市圈以及兰州—西宁一带等都有潜力发展成为规模较大的城市群，由此将解决 2 亿人左右的城市化问题（肖金成，2015）。二是根据城市群现有的空间区位、规模结构、战略地位、经济能级和发展潜力等条件，构建多层次、多形态的城市群系统：从辐射空间范围看，包括世界级、国家级和区域级在内的城市群层级系统；从核心城市特点看，包括单中心、双中心和多中心在内的城市群体系；从空间形态看，包括圈状的、群状的、带状的城市群在内的多形态城市群空间系统。在现阶段，要以都市圈的构建和发展作为城市群系统建设的重要模式。现代化的都市圈是城市群的核心，是从城镇化到城市化的重要空间载体，也是解决大城市病的有效途径，对于加强区域治理、城市分工与协同、促进城乡要素融合及城镇化高质量发展等具有重要作用。三是构建区域性基础设施网络，进一步提高都市圈、城市群综合交通运输一体化水平，加强中小城市和小城镇与交通干线、交通枢纽城市的连接；构建统一的大市场，提高城市群的整体创新能力，培育城市群的核心竞争力，促进各城市产业合理分工和城市一体化发展等，形成基础设施完善、经济支撑有力、服务功能健全、产业分工合理、人居环境优美的现代化新型城市群体系。通过城市群的建设和引领，带动城乡融合发展以及城镇化的高质量发展。

第五节　完善社会治理结构

——构建“政府—社会—居民”三个层面的城镇公共治理体系

随着城镇化的快速推进，城市流动人口增加迅猛，社会矛盾交织复杂，从而给社会管理带来了严峻的挑战。因此，如何加强和完善城镇化进程中的公共治理，为城镇发展提供多元化的基本公共服务，不断提高地方政府在基本医疗、公共卫生、公共安全、基础教育、住房保障、公共交通、城市环境等方面向公众提供优质服务的能力和水平，提高政府的社会治理水平和效率就成为一个需要解决的突出问题。各地区治理结构的主要约束虽有所不同，但一般都涉及政府、市场和社会的功能与关系（樊刚、武良成，2012）。构建包括“政府、社会、居民”三个层面的社会治理体系，完善社会治理结构，将有利于新型城镇化的推进。

一、发挥政府治理的主导作用

政府治理的主导作用主要体现在：一是制定有效的社会治理政策与治理法规，提高政府科学行政、依法行政水平；二是加强对国内社会组织的监管力度，规范其运作；三是在市场机制条件下，建立政府提供与市场提供相结合的多样化的城镇公共服务提供方式，完善政府治理方式；四是通过运用现代化手段或技术创新，如构建统一的信息资源中心、建立和完善电子政务平台或智能化方法等，推进政府治理能力现代化和精细化，提升政府的城镇公共治理能力和水平；五是转变职能，更好地发挥各级政府，尤其是中央政府的宏观调控作用。要致力于通过制度建设，运用法律手段和政策手段，强化政府规划和调控职能，构建以市场推进城镇化的机制，消除人口和生产要素自由流动和优化配置的制度障碍。强化大气污染和水污染治理、垃圾分类处理、地下管网建设、信息通道建设与监管、空气质量监测与预警、共享单车治理、突发事件应急处理等方面的治理。完善对新型城镇化的管理，如构建完善的涵盖建设、产业、财政、环保、能源等的政策体系和协调机制，促进相关配套措施协同推进。

二、推进社会治理体制创新，提高社会组织的社会治理能力

一方面，要正确认识社会组织（即 NGO、第三大部门）的作用，理顺政府与社会组织的关系，加大对社会组织的培育力度和资金支持，为社会组织发展创造空间，培育各类社会组织主体快速发展等；另一方面，创新社会组织的监管模式，提高对社会组织的监管水平。完善相关法律法规体系，如建立社会组织信息披露制度、重大事项报告制度以及社会组织的自律机制等，建立权责明确、协调运转的内部治理结构。

新型城镇化内涵下的社会治理创新既包括城镇管理创新、城镇化相关配套制度的创新，也包括文化观念、生活方式的变迁。与技术创新相比，它更是新型城镇化软实力的代表，提升了新型城镇化的内涵，为城镇化内部各系统的协调营造了良好的发展环境。城市管理通过应用物联网、下一代互联网、无线网络、云计算等新技术新手段，可以提高整个城市的运行效率，调控和优化城市资源和能源配置，提供和谐宜居的生活环境和人文环境。另外，通过加强城市发展的预测分析和城市规划管理能力，可以提高城市运行管理和综合服务水平，保障城市健康可持续发展。

三、提高公共治理的民众参与度

完善的社会治理结构离不开公众的参与。在政府的主导下，应拓展公众参与社会管理的领域，广泛吸纳民意，拓展社会治理主体的外延，将公众（居民）纳入城镇治理体系中，逐步完善公众参与制度（如对流动人口的管理、对城乡接合部问题的管理、提升城乡社区的协商能力等），从而使政府的决策和管理更加规范和透明，更加科学和民主。

第六节　构建金融支撑体系

——多元可持续投融资机制，服务实体经济，提升经济质效

新型城镇化建设与现代金融业的发展相互影响、相互促进、共同繁荣。一方面，金融市场的繁荣可以促进现代经济社会高效地发展，在城镇化进程中发挥不可或缺的作用；另一方面，城镇化发展为金融市场结构的升级、体系的完善提供了可能（郭新明，2004）。范立夫（2010）认为，金融市场主要通过三个途径来支持城镇化建设：农村产业升级、为城镇基础设施建设提供支持、为人口转移提供就业支持。

作为经济运行的中枢和新型城镇化建设的要素条件，金融的重要性不言而喻。但长期以来，我国金融发展与实体经济发展的不协同，金融资源的供给和需求在空间上的非均衡性，尤其是中西部地区金融市场发育程度低，体系不健全等，导致了我国区域经济增长和城镇化发展水平与质量的非均衡特征。国家开发银行预计，未来三年我国城镇化建设所需资金将达 25 万亿元，资金需求量巨大。目前，我国已形成了较完备的地方政府融资模式，主要包括土地财政、地方融资平台和银行贷款三种形式。土地财政模式已不可持续。近年来，随着地方融资平台融资规模的快速扩大，已经形成了巨大的地方政府债务风险。作为地方政府融资的主要形式，银行贷款存在债务期限与项目回收期限错配问题，而这会提高银行不良贷款率从而增加银行系统的风险。因此，面对新型城镇化对资金巨大需求的压力，只有通过不断深化金融体制改革，优化金融结构，改善投融资模式，建立多元可持续投融资机制，拓展金融服务功能，提升金融服务质效，建立完善的金融支撑体系，才能保障新型城镇化的可持续和高质量发展。

（1）建立和完善多元化、多层次的金融机构服务体系，满足新型城镇化建设多样性的金融需求。服务实体经济是金融业的本质和核心。金融机构的支持

应该涵盖政策性、开发性、商业性、合作性金融机构和村镇银行等各类型的金融机构，以形成互相独立与互补的多样化的金融服务体系。推进政策性金融机构改革，各金融组织如股份制商业银行和城市商业银行、合作社等应各司其职，分别定位自己的服务市场，互为补充。加大开发性金融机构（国家开发银行）的支持力度，重点支持“三农”、城镇化重点项目及基础设施建设。充分发挥政策性银行的引导作用，发挥国有控股商业银行的资金优势和服务优势。同时还要积极引进区域性非国有商业银行和外资银行，适当放宽外资银行的准入条件，缓解资金短缺状况。积极发挥农村信用社、农村商业银行和村镇银行支持农业和农村基础设施建设的作用。进一步发挥非银行金融机构（如融资租赁机构、信托企业等）的作用。

（2）拓宽融资渠道，构建新型城镇化建设灵活的、多元化的投融资模式。投资主体的多元化必将带来投融资模式的多元化。积极建设与新型城镇化相协调发展的金融机制，充分拓宽社会资源融资渠道，各金融主体可以有多种进入渠道和模式：完善资本市场体系，建立多层次的资本市场，包括创业板市场、风险投资、商品期货市场及证券服务中介机构等，促进资本市场的有效运行；创新并构建新型投资模式和融资平台，探索建立投资基金、信托基金及政府专项引导基金等方式，吸引民间闲散资金间接参与基础设施和公益性项目建设；国有企业通过兼并重组和参股等形式引入民间投资进行股份制改造；按照市场化、规范化的原则，建立健全地方债券发行管理制度，增加地方政府债券的发行试点，组建城镇化发展的项目或专项基金，进一步为新型城镇化的发展提供资金保障。

（3）促进金融创新，增强金融业对新型城镇化能源和基础设施建设的资金支持。水电工程、天然气、道路、通信、环卫以及养老服务等基础设施和公共服务领域投资一般具有投资规模大、回收期长、成本高等特点，不可能全部依靠政府财政性资金解决。据统计，到 2020 年，仅由于城镇人口的增加而新增的市政建设资金需求大约为 16 万亿元。和一些发达国家相比，我国的人均基础设施投入仍处于较低水平。许多地区基础设施投入不足，特别是一些中小城市和小城镇的基础设施投入不足，不仅影响产业的发展，而且也降低了这些地区对人口的吸纳能力，从而阻碍了新型城镇化进程。因此，金融支持的重点领域和项目首先应该是基础设施的建设。应按照“政府推动、社会参与、市场运作”的原则，通过多元投融资体制的建立和完善，鼓励社会资本参与城市公用设施投资运营。加强金融创新，积极探索适合自身发展的项目模式。借鉴深圳、上海、浙江等地的经验，根据不同项目采取不同的融资模式。

政府和社会资本合作（Public-Private Partnership，PPP）是一种有效的投资运营模式，不仅可以解决基础设施建设资金的来源问题，还可以减轻地方政府性债务压力。截至 2017 年第一季度末，全国已有 12287 个 PPP 项目入库，累计投资已达 14.6 万亿元。目前，上海、浙江等地已进行了有益的尝试。2016 年底，浙江纳入国家级的 PPP 示范项目 22 个，已落地 17 个，投资额 374 亿元，落地率达到 77.3%，位居全国首列。由中建联合体与上海市青浦区重固镇两级平台公司合资成立的“中建（上海）新型城镇化投资发展有限公司”，作为项目的实施主体，以重固镇整体为单元，负责项目范围内从规划设计、土地整理到公共设施建设、城镇更新、产业发展等服务，整体开展全镇域的新型城镇化建设。可根据项目情况尝试 BOT（建设—经营—转让）、TOT（转让—经营—转让）、LBO（租赁—建设—经营）、BBO（购买—建设—经营）、BOO（建设—拥有—运营）、BTO（建设—转让—运营）、PFI（利用民间资本进行公共项目的开发，即民间主动融资）、ABS（资产证券化融资）等多种模式，以减轻政府财政负担，提高政府公共物品的产出水平和项目建设效率。

值得注意的是，近年来各种地方融资平台、PPP 项目，由于不透明、不规范的运作而成为地方债务隐身之处和风险最集中的地方（特别是中西部及东北各省，例如，贵州、辽宁、内蒙古、云南、陕西的债务率都超过了警戒线）。在中央“去杠杆”和强监管的背景下，2017 年 11 月 16 日，财政部发布 92 号文要求集中清理 PPP 已入库项目。截至 2018 年 4 月 1 日，PPP 管理库清库项目合计 609 个，涉及投资额 6114.39 亿元。2018 年 4 月，在财政部主导的三批次总计 697 个国家级 PPP 示范项目中，84 个项目直接被剔除示范项目名单。银保监会称，截至 2017 年末，又有 136 家融资平台直接退出。最新资料显示，2018 年 7 月 17 日，财政部连发 4 份通报，公布了云南、广西、安徽、宁波等地政府存在违法违规举债担保行为，不少负有直接责任的官员被撤职。

因此，在探索城镇化新的融资模式的同时，如何通过深化体制改革和机制创新，防范和化解地方政府债务风险，建立可持续的城镇化金融支持体系，是一个值得高度关注并迫切需要解决的问题。

（4）完善促进产业结构优化升级的相关金融服务措施。可以（借鉴广西经验）探索利用产业投资基金的方式聚集社会资本，其长期资金来源可以包括商业银行的储蓄资金、政策性银行软贷款、民间资本、社保基金和保险公司的长期资金及境外投资者的部分资金等。可以通过“投资补贴”和“就业补贴”的方式，重点支持落后地区、城市新区、开发区、产业集聚区等主导产业、水利、电力、农业、资源性产业、节能环保产业、高新技术产业的发展以及城镇的就业问题。尤其要加强对中小企业的金融支持，致力缓解中小企业的融资难、融资贵的问题，提高服务实体经济的效率。在创新金融服务品种，不断扩大信贷服务的同时，制定相关金融风险分担政策，注重降低金融中介机构的风险。

（5）健全农村金融服务体系，积极探索服务“三农”经济新模式，推进农业供给侧结构性改革。第一，积极探索农业发展与金融发展相结合的农村金融模式，完善金融服务体系，继续推进农村普惠金融建设；以农村金融科技创新为驱动力，推出更多的金融产品和服务，如金融机构可以探索推出“三农”电商金融服务平台等，提升服务的便捷性，以推动“互联网＋农业”的发展。鼓励金融机构创新服务方式和产品，加大对现代农业企业的信贷规模，降低贷款利息，增加补贴，努力探索和开发存货、仓单、动产、农村土地经营权抵质押品种，扶持一批有发展前景的涉农企业在新三板、中小板甚至主板上市，增强金融支撑，从而促进农业现代化发展。第二，制定与新型城镇化相适应的信贷融资政策。一是农村产业结构升级中金融市场的资金支持，如建立现代农业生产和经营体系，加快推动农业科技创新步伐，加快培育新型农业经营主体，发展特色农业、生态农业、乡村休闲旅游等方面的金融支持；二是农村小城镇经济发展规模扩大、产城融合中所需要的金融政策，如特色小镇建设、古城遗址文物保护、城镇产业集群发展等方面；三是农业人口离开农业生产向城镇的工业和服务业转移的金融支持，如加大城镇转移人口在文化教育、职业技能培训等方面的金融支持力度，扶持农民工在城镇的创业、再就业。第三，大力发展农业社会化服务；加强农村金融市场主体培育；充分发挥财政资金政策导向作用，鼓励和引导金融资本更多地投向“三农”；完善外部支持体系，如建立“三农”融资担保体系，完善农业保险制度，积极探索把新型城镇化建设与乡村振兴和扶贫攻坚结合起来的新模式，探索农产品期货和农业保险联运机制（如“期货＋保险”新模式，后附案例），加大对农户和农村实体经济的扶持力度。

第四，优化农村金融监管制度，实施差异化监管政策。在坚守风险底线的前提下，适当地放权，适当地增加支农再贷款额度，适当简化支农再贷款手续、放宽条件等。总之，新型城镇化金融支撑体系的构建，要充分考虑区域差异，根据不同区域金融机构、金融工具、融资方式和融资机制的特点，通过采取非均衡的区域金融手段，推动区域金融结构的优化和金融要素配置效率的提高及金融资源的均衡运行演化，以提高金融要素在区域经济发展中的贡献，最大限度满足新型城镇化建设中对资金的多元化需求。在金融政策制定上，要因地制宜，实行有差别的金融政策（如差别存款准备金率政策、贴现率政策、利率政策，房地产信贷政策、消费信贷政策等）；在信贷投放的空间结构上，采取倾斜性信贷政策，对中西部地区、中小城市和小城镇基础设施建设以及落后地区给予重点支持（如对企业贷款提供担保等）。在金融市场结构上，建立起包括城市金融与农村金融、正规金融与民间金融、政策性金融与商业性金融、国内金融与国外金融、传统金融与新型金融（电子商务、互联网金融等）、开发性金融与产业金融和消费金融等并存的完整的金融市场结构体系。

本章小结

本章基于前面各章的实证分析，提出新型城镇化质量提升、协调发展的总体战略举措，共包括六大方面：

第一，人的城镇化——以农业转移人口市民化为核心。重点在于：一是改革户籍制度，完善人口流动差异化政策，分类实现农业转移人口市民化；逐步建立市民化和基本公共服务均等化成本分担机制，明确中央和地方各自的职责。二是促进以土地流转为核心的土地制度创新，在农村土地确权的基础上，继续推进所有权、承包权和经营权的有效分离；建立完善的农村产权流转市场体系，提高土地流转效率；建立统一的城乡建设用地交易市场。三是着力解决农业转移人口市民化住房问题，建立政府保障和市场配置相结合的多元、多层次住房供给体制；探索农业转移人口市民化进程中的公共租赁住房政策，建立购租并举的城镇住房体系；完善住房金融制度，增强对农业转移人口市民化的住房金融支撑。

第二，产城融合互动——产业支撑，集群发展。一是科学规划，合理布局，为产业集群和城镇化两者互动发展提供物质基础。二是充分发挥产业园区（产业集聚区）的载体作用，推动园区经济向集群经济转型。三是树立新理念，打造新经济，培育新业态，为产业集群和城镇化两者互动发展提供新动能。四是政府合理引导，为产业集群和城镇化互动发展提供制度保障。

第三，城乡一体化发展——协调统筹，全面融合。一是统筹城乡规划，实现城乡空间结构一体化。二是努力搭建平台，实现城乡市场一体化。三是加大农业供给侧结构性改革，实现农业产业结构高端化、多样化。四是全面深化城乡综合配套改革，实现城乡经济社会发展一体化。

第四，优化区域空间结构——点—线—面结合，构建新型城市群系统。包括以下举措：构建县（镇）域经济新格局，推进本地城镇化；以特色小镇为依托，打造新型城镇化的新载体；促进区域性中心城市的发育和成长，强化中心城市的服务功能和辐射带动作用；充分发挥交通经济带、经济区的纽带支撑和辐射带动作用，积极推进重点城市化地区的城镇化进程和质量；强化城市群统一规划，构建多层次、多形态的新型城市群系统等。

第五，完善社会治理结构——构建“政府—社会—居民”三个层面的城镇公共治理体系。一方面要发挥政府治理的主导作用；另一方面要推进社会治理体制创新，提高社会组织的社会治理能力，注重提高公共治理的民众参与度。

第六，构建金融支撑体系——多元可持续投融资机制，服务实体经济，提升经济质效。这是推进新型城镇化高质量发展的必要条件。一是建立和完善多元化、多层次的金融机构服务体系，满足新型城镇化建设多样性的金融需求。二是拓宽融资渠道，构建灵活的、多元化的新型城镇化建设投融资模式。三是促进金融创新，在能源和基础设施建设方面增强金融业对新型城镇化的资金支持。四是完善促进产业结构优化升级的相关金融服务措施。五是健全农村金融服务体系，积极探索服务“三农”的经济新模式，推进农业供给侧结构性改革。

第十二章

新型城镇化发展的实践探索与启示
——基于河南省的三个调研案例

新型城镇化强调城乡统筹和融合发展，与农业现代化、新型工业化良性互动，妥善解决“三农”问题，提高农民收入，带动乡村振兴。金融支撑体系构建中也必须体现这一要求。如何更好地发挥金融服务“三农”和实体经济的功能、如何将新型城镇化建设与乡村振兴、农业现代化发展甚至是精准扶贫联系起来，实现城乡融合发展等问题，是需要不断进行探索和实践的重大课题。

作为中部大省、农业大省，河南省近年来在新型城镇化发展方面不断实践和探索，积累了一些可资借鉴的经验。笔者进行了大量的实地调研，得到许多宝贵的一手资料，从而进一步丰富了课题研究内容成果。本章在新型城镇化发展与金融支持、城乡一体化发展及现代产业体系培育等方面选取了三个不同类型的调研案例进行分析。

第一节　郑州商品交易所“保险+期货”的金融扶贫模式创新

为贯彻落实2016年中央一号文件关于“探索建立农产品期货和农业保险联动机制，稳步扩大‘保险+期货’试点”的政策精神，响应证监会关于期货市场“服务‘三农’”和“精准扶贫”的号召，郑州商品交易所与地方政府、国家部委、保险公司和期货行业合作，开始试点探索一种通过“政府+市场”的机制解决精准扶贫问题的新模式。据了解，该交易所目前开展了约30个试点项目建设，覆盖5个省区、14个国家级贫困县，资金支持总额为6000万元左右。

郑州商品交易所（以下简称郑商所），是经国务院批准成立的我国首家期货市场试点单位，全国四家期货交易所之一，也是中西部地区唯一的一家期货交易所。郑商所实行会员制，截至2017年底，郑商所共有会员164家，分布在全国26个省（自治区、直辖市）。其中，期货公司会员149家，占会员总数的91%；非期货公司会员15家，占会员总数的9%。郑商所目前上市交易的期货品种有小麦、棉花、白糖、苹果、油菜籽、动力煤、甲醇、精对苯二甲酸（PTA）、玻璃等18个品种，以及白糖期权，基本形成了覆盖农业、纺织、能源、化工、建材和冶金等国民经济重要领域的综合性品种体系。

郑商所注重加强对外交流与合作。自1995年6月加入国际期权（期货）市场协会、2012年10月加入世界交易所联合会以来，又先后与美国芝加哥期权交易所、芝加哥商业交易所、纽约泛欧交易所集团、印度多种商品交易所、尼日利亚证券与商品交易所、香港交易及结算所有限公司、墨西哥衍生品交易所等多家期货交易所签订了友好合作协议，定期交换市场信息，进一步扩大了其在国际上的影响力。目前郑商所正在积极推进引进PTA境外交易者（已经获批并已启动），在创新发展、开放发展方面又将迈出坚实的一步。

以白糖期货试点为例。在郑商所的大力支持下，由安信农业保险股份有限公司、五矿经易期货有限公司与云南省文山州西畴县人民政府三方紧密合作，针对西畴县甘蔗价格波动而导致的种植农户增产不增收的产业风险，2017年推出了“保险+期货+扶贫”的新模式进行试点，致力于推进“白糖期货价格指数扶贫保险”项目，通过实体产业与金融体系的融合，为试点地区的脱贫攻坚贡献力量。

一、试点项目主要内容

（一）试点地区基本情况

试点地区云南省文山壮族苗族自治州（以下简称文山州）地处滇东南丘陵地区，是一个以少数民族人口为主的地区，其下辖的文山市、富宁县、西畴县、砚山县、丘北县、麻栗坡、马关县、广南县共八个县市均为国家级贫困县，是集中连片的“老、少、边、穷”地区。该地区纬度与海拔较低，适宜糖蔗生长，近十年来糖蔗种植面积增长迅速，成为除广西基地以外我国最大的糖蔗种植区域之一。甘蔗是当地农户的重要收入来源，而近年来国内白糖价格受种植面积和国际糖价的影响，波动幅度较大，进而使甘蔗的收购价格产生较大波动，农民经常面临增产不增收的情况，农民收入缺乏保障。

根据调研掌握的情况，2016年末，文山州尚有建档立卡贫困户74765户，27.67万人。文山州甘蔗种植面积为54.3万亩，甘蔗产量183.7万吨，平均亩产3.38吨。其中，西畴县甘蔗种植面积19000亩，种植一亩甘蔗的成本大约为1200元，收购价一般是440~480元/吨。西畴县实有贫困人口140037人，其中建档立卡户30756人。按照政府计划，2017~2018年，八个县市要全部完成脱贫摘帽目标，任务艰巨。

（二）项目参与主体

“保险+期货”的全称为“价格保险+场外期权+场内期货”试点。模式共涉及四方主体，即投保农户或新型农业经营主体、保险公司、期货公司、商品交易所及地方政府。

参保主体：云南省文山州西畴县建档立卡贫困户。试点品种：试点面积范围内种植的糖料蔗。试点品种规模：白糖 3000 吨，折合糖料蔗面积 4640 亩。保险周期：2017 年 9 月 15 日至 12 月 15 日，时长 3 个月。

保险公司：安信农业保险股份有限公司（以下简称安信农保）、中国太平洋财产保险股份有限公司云南分公司（以下简称太平洋财险云南分公司）、诚泰财产保险股份有限公司（以下简称诚泰保险）。其中，安信农保总部位于上海，成立于 2004 年 9 月，是全国第一家专业性农业保险公司，其股东是中国太平洋保险（集团）股份有限公司和上海市国有资产监督管理委员会。目前农业保险险种多达 57 个，农业保险服务体系已涵盖全国市、区（县）、镇以及村的多级网络，保险金额约 193 亿元，占全国农业总产值的 56.2%。在农业价格保险方面安信农保是最先尝试、最富经验的保险公司。

期货公司：五矿经易期货有限公司（以下简称五矿经易期货）注册资本人民币 27.15 亿元，是国内注册资本最大的期货公司之一。公司控股股东中国五矿集团有限公司，是世界 500 强企业之一，也是我国最大、国际化程度最高的金属矿业企业集团。五矿产业金融服务（深圳）有限公司（以下简称五矿产业金融），是五矿经易期货的全资子公司，经中国期货业协会备案的期货风险管理子公司，注册资本 6 亿元。五矿产业金融的定位是，以更贴近企业经营实际的方式来为产业客户提供风险管理服务，更好地发挥期货服务实体经济的功能。

安信农保与五矿经易期货是紧密的战略合作伙伴关系，双方优势互补，在多领域开展了深入合作，积累了丰富的合作经验。

郑商所：这是本项目顺利开展的重要基础。一方面，在郑商所上市的商品期货（白糖）是整个风险分散链条中重要的一环，没有白糖期货品种就无法将风险分散给市场；另一方面，郑商所响应中央一号文件精神，积极推广扩大“保险 + 期货”模式创新试点，并给予各类资金支持补贴，为项目开展提供了坚实的后盾。

（三）操作流程

（1）由政府发文落实推进并牵头组织投保工作，以西畴县糖料蔗建档立卡的贫困种植户为试点主体。

（2）由安信农保和太平洋财险云南分公司、诚泰保险三方共保。

（3）政府和农户出资 20% 左右，五矿经易期货公司补差配套 80% 左右，保费由三方共同负担，进入政府专项账户统一调配。

（4）安信农保根据风险对冲的数量，购买五矿产业金融对应的白糖场外期权，五矿产业金融负责在期货和期权市场上进行风险对冲，实现风险闭环。

（5）保险到期，五矿产业金融按场外期权约定条款跟安信保险进行现金结算。

（6）本保险无须保险人投保报案，由安信农保根据保险期内白糖平均现货价，核定保险责任，计算赔款，并由有关部门审核后直接赔至西畴县被保险人账户。

（四）项目实施效果

截至 2017 年 12 月 15 日，保险期间昆商糖网的昆明白糖现货均价为 6298 元 / 吨，较目标价 6495 元 / 吨下跌 197 元 / 吨。按照保险要素，保险公司实际赔付给建档立卡户的折合白糖是 80 元 / 吨，共计 24 万元；保险期间郑商所期货 1801（SR801）合约每日收盘算术均价为 6330 元 / 吨，较目标价 6352 元 / 吨下跌 22 元 / 吨，按照期权要素，五矿经易期货对安信农保赔付 40 元 / 吨，共计 12 万元。达到预期效果。

二、试点项目的特色和亮点

（1）精准扶贫。保险目标锁定西畴县因病、因残致贫的建档立卡户，将建档立卡户的糖料蔗种植纳入价格保险的范围，以充分体现试点项目点对点精准扶贫的特色。

（2）农民购买保险成本低。该项目本着尽量减少甘蔗种植户的保险成本和尽量增加赔付率的原则设计，最终采取的是农民出保险费的一小部分，由五矿经易期货为主出资人、政府补贴的模式，最大限度地降低了农民的成本。

（3）实行保底赔付。保险条款在设计时，做了特别约定：赔付金额低于保费的 10% 时，保险公司将按照保费的 10% 进行赔付。如果保险到期后由于白糖价格上涨没有发生赔付，则保险公司将农民所出保费退还给农民。因此，无论价格涨跌，种植糖料蔗的农户均能得到赔付，从而解除了政府和建档立卡户的后顾之忧，也能真正将扶贫资金用于建档立卡户。

（4）保险类型与蔗农销售模式匹配。采用保平均价的模式，匹配蔗农在甘蔗收割期的连续销售模式。此外，由于参考价格合理，赔付概率高，采取保收入的模式（糖料蔗的目标价格 470 元 / 吨，对应的白糖平均销售价的目标价为 6700 元 / 吨，远高于农民种植成本），从而也很好地保证了农民收益。

（5）政府参与。为确保项目进度，西畴县政府代农户缴付保费的 10%，共计 6.67 万元。

（6）试点项目软硬件条件完备。该项目团队人员齐备、配备合理；风控流程科学严谨，对应措施得当；对冲交易系统先进；合作保险公司实力雄厚、经验丰富等，为项目顺利实施提供了重要保障。

尽管项目落实过程中也存在一些问题，如立项项目缺少整体协调、规划，同行竞争带来了负面影响；相关税收、补贴方式及制度设计需进一步完善等。但总体来看，项目实施效果良好，既有效保护了农民利益，又发挥了金融衍生工具的作用。

除了云南西畴县试点项目以外，郑州商品交易所还与国信期货有限责任公司（以下简称国信期货）、中国人民财产保险股份有限公司（以下简称人保财险）在新疆喀什地区巴楚县联合推出棉花“期货 + 保险”试点项目，并取得良好效果。

巴楚县阿克萨克马热勒乡距巴楚县城 46 公里，全乡现有耕地 30.9976 万亩，辖 20 个行政村，共有 8032 户、3.25 万人；全村低保户 3002 户、5033 人，城镇低保户 234 户、523 人；建档立卡贫困户 765 户、2726 人。2016 年农村居民人均纯收入 9669 元，是全国 14 个连片贫困区之一。全乡棉花种植面积约 26.71 万亩，年产皮棉量约 2.5 万吨，目前尚未成立棉花种植合作社。试点项目共涉及 4 个村 699 户建档立卡的贫困户，覆盖棉花种植面积 10043.8 亩。

该项目 60 万元保费由当地政府补贴 5 万元，国信期货垫付保费 55 万元，699 户农户无实际支出保费。2017 年 11 月 3 日，农户棉区销售基本完成，保险标的 CF1805 合约均价 15102.61 元 / 吨，低于棉花价格保险目标价 15620 元 / 吨。人保财险向 669 名被保险人赔付总额 519657.48 元，人均赔付 776.77 元，达到预期目标。

三、思考与启示

（1）“保险 + 期货”是农产品价格保险或收入保险的前期实践，如何根据国内“三农”实际优化业务模式，探索长效发展机制是当前面临的一个课题。从经济社会效益来看，这种通过“保险 + 期货 + 精准扶贫”跨区域、跨行业合作的试点项目，一方面，拓宽了期货公司、保险公司等金融机构的业务范围，鼓励期货公司探索利用金融衍生品工具保障农民收入、切实服务“三农”的业务模式；另一方面，将农户与期货、期权有效对接，用市场手段规避农产品种植户的价格波动风险，提高了涉农企业、农民专业合作社等新型农业经营主体化解市场风险的能力，还为政府节省了财政支出，从而探索出一条市场化的精准扶贫、金融扶贫之路，也是农产品价格风险管理新模式的有益探索。同时，这一创新模式也需要在实践中不断完善。比如，如何更好地通过市场化的途径解决保费分担问题，发挥市场机制配置金融资源要素的重要作用，以进一步提高市场化水平等。

（2）产业扶贫项目的顺利实施，既要进行市场化的探索，又离不开政府的主导和参与。在本项目的运作过程中，自始至终都有政府的组织和推动。只有依靠政府才能动员各级力量，引起上级政府部门的持续关注，吸引当地的龙头企业加入进来，扩大种植规模，形成上下合力；只有依靠政府，才能有效探索我国在农产品种植、收储、良种推广中的财政补贴如何由“黄箱补贴”转至“绿箱补贴”。

（3）金融衍生工具只有更好地为实体经济服务，为“三农”服务，强化扶贫效果，才能践行金融机构的社会责任。郑州商品交易所支持期货公司进行“保险 + 期货”的试点，意在推动和落实期货行业践行社会责任。参与试点项目的各方主体应该目标一致，舍弃各自的机构利益，齐心协力，共同完成用产业扶贫推动脱贫攻坚的大业。

（4）作为国内四家期货交易所之一、中西部地区唯一的期货交易所，郑州商品交易所正在努力打造品种工具丰富、场内场外协同、运行安全高效、功能发挥充分，位居世界前列的期货及衍生品交易所。我们有理由相信：未来郑商所也必将在服务实体经济、支持“三农”、精准扶贫、带动乡村振兴、实现农业现代化、新型城镇化以及区域经济的创新和高质量发展等方面发挥更大的引领作用。

第二节　改制后的河南省淮滨农村商业银行

2016~2017 年，笔者与部分成员多次深入河南省淮滨县农村商业银行，在其体制转型、制度规范、风险控制、业务发展与支持“三农”等方面进行了深入调研。

河南淮滨县，地处淮河中上游，豫皖两省交界处，因居淮河之滨而得名，素有“淮上江南”之美称。淮滨土地肥沃，资源丰富，盛产小麦、水稻、玉米、大豆、红薯，是一个有着 70 多万人口的农业大县。工业门类以轻纺、造船、食品为主，其中造船业是淮滨县传统优势产业，也曾是河南省重点支持的装备制造业。淮滨县属于大别山革命老区的一部分，是国家级贫困县，行政区划上隶属于河南省信阳市。

河南淮滨农村商业银行股份有限公司的前身是河南省淮滨县农村信用合作社，其经过多年不懈努力，终于在 2017 年 5 月 16 日获批筹建淮滨农村商业银行，6 月 13 日召开创立大会，9 月 19 日正式挂牌开业，成为全省当年批筹、当年开业的第一家农商银行，具有里程碑的意义。作为这一时刻的见证者，笔者深切感受到：淮滨农村商业银行的组建成立，对于我国建立健全多元化、多层次的农村金融机构服务体系，对于探索服务“三农”的新模式，对于完善银行法人治理结构，对于提升农村商业银行的竞争力，对于更好地服务实体经济、支持乡村振兴和新型城镇化建设等都具有重要的历史意义和现实意义。我们也欣喜地看到，改制后的淮滨农村商业银行，在资本实力、地位形象、业务拓展等方面都彰显了新的竞争优势。在支持“三农”、聚集普惠金融新能量、服务实体经济和小微企业及新型城镇化建设等方面正在发挥新的更大作用。

一、总体运行情况

（一）机构设置

自河南淮滨农村商业银行股份有限公司（以下简称淮滨农商银行）成立以来，截至2017年末，总部设办公室、人力资源部、党群工作部、信贷管理部、财务会计部、信息科技部、稽核监督部、纪检监察部、风险管理部、金融市场部、电子银行部、安全保卫部、金融扶贫部、普惠金融部、资产保全部、风险管控中心、贷款营销一部、贷款营销二部18个职能部门；所辖1个营业部，28家支行，共29个营业网点。全行现有在岗员工352名，其中，研究生学历3人、本科学历153人、专科学历105人、高中及以下学历91人；高级职称1人、中级职称50人、初级职称58人。

（二）制度建设和规范运作

改制后的淮滨农商银行成立了董事会、监事会，按照现代企业制度的组织架构规范运作，向完善法人治理结构迈出了坚实的一步。开业一年来，在制度建设和规范运作方面，淮滨农商银行充分发挥董事会的决策和战略管理作用，一是建立和完善风险防范机制，监督并确保高级管理层有效履行管理职责。构建了股东大会—董事会—管理层之间通畅高效的决策传导机制，董事会督促并检查管理层严格执行董事会批准的各项战略、政策、制度和程序。高级管理层根据章程及董事会授权开展经营管理活动，确保银行经营与董事会所制定批准的发展战略及其他各项政策相一致，对董事会负责。二是完善内控制度，加强关联交易管理，自觉接受监事会的监督，以保证董事会决策的合法性和合规性。2017年，共召开2次董事会和股东大会，其中创立大会1次，临时股东大会1次，董事会依法、公正、合理地安排股东大会的议程和议案，确保股东大会能够对每个议案进行充分的讨论，股东大会决议均已得到执行或实施。三是重视加强董事会自身建设，全体董事都能恪尽职守，忠实勤勉地履行职责。2018年度董事会召开了2次会议，共形成了21项决议，充分发挥了董事会的决策指导作用。董事会设立战略发展委员会、提名和薪酬委员会、会计和审计委员会、风险管理和关联交易委员会、“三农”金融服务委员5个专门委员会。董事会及风险管理委员会定期听取管理层关于银行风险状况的专题报告，对风险水平、风险管理状况、风险承受能力进行评估，并提出全面风险管理意见。董事会及会计与审计委员会审查与监督银行的财务报告、内部审计及内部控制程序、合规管理，对合规管理进行日常监督、评价，关注案件防控、合规风险、反洗钱工作。四是制定和审批重大战略投资方案。2017年，董事会根据股东大会的授权，审议通过入股商城联社3000万元的重大投资，迈出了淮滨农商银行战略投资的步伐，有利于降低风险和优化资源配置。各专门委员会充分发挥专门议事职能，为董事会科学高效决策提供了有力保障，从而确保了董事会的规范运作，也有力地促进了公司的稳健发展。

为加快转型升级步伐，淮滨农商银行积极引导员工牢固树立“以市场为导向、以客户为中心、以效益为目标”的经营理念，紧紧围绕有关金融法规和省联社制定的规章制度，结合淮滨农商银行实际，对各项内部管理制度、业务操作流程、岗位工作职责等进行了系统归纳和梳理，先后建立和完善了法人治理、“三会一层”、信贷管理、财务管理、安全保卫、信息科技、人力资源、审计监察等内控管理制度，形成了一套贯穿业务经营和管理全过程的内控体系，确保每个环节和层次都能在授权范围内，在制度的制约和监督之下进行。尤其是2017年淮滨农商银行开业后，外部监督约束机制得到进一步加强，经营决策机制更加民主，职工面貌焕然一新，激发了改革发展内生活力。为建立有效约束激励机制，进一步完善全面绩效管理，按照“业绩为王”的管理理念，统筹兼顾，突出重点，实施绩效管理，突出业务贡献度，多劳多得，将绩效薪酬全额与个人岗位业绩挂钩，基本形成了以价值创造为导向和核心的绩效薪酬考核体系，激励干部员工在有效防范风险的前提下加快业务创新发展。

（三）风险管控

为满足不断提高的资本监管要求，应对各类风险，淮滨农商银行制定了三年发展规划，继续强化内部管理，完善内控制度，制定各类风险对策，并建立了资本补充机制，将提高盈利能力、增加利润积累作为提高资本的首要途径。同时，不断优化资产结构，努力实现经营战略转型，进一步增强抗风险能力。

信用风险对策：信用风险主要表现在贷款、债券投资两个方面。该行建立了分工合理、职责明确、相互制约的信用风险管理组织架构。董事会下设关联交易控制委员会和风险管理委员会，分别负责关联交易管理、全行风险管理战略的制定、报告期内信用风险管理措施。一是完善组织架构，逐步构建市场营销、风险控制、资产保全和贷款操作相互分离、相互制约的组织体系和审贷分离、风险集中控制的内控机制。二是建立审贷分离、互相制衡的风险控制体系，建立大额贷款审查管理委员会审贷制度。三是根据中国银行保险监督管理委员会单一客户、单一集团客户、单一行业贷款集中度监管要求，实施贷款限额管理。四是对信贷资产质量实行风险分类管理，对不良贷款明确专人跟踪管理，及时清收，完善对支行机构和有关信贷人员的责任考核管理。

市场风险对策：针对市场风险，进一步建立完善市场风险管控机制，加强对市场风险的识别、计量、监测和控制能力；按照收益覆盖风险的原则，进一步完善利率定价机制，切实防范利率风险；积极关注各类金融市场变化尤其是债券等价格敏感性业务，依法合规拓展资金市场业务；始终坚持只在中国人民银行、银监部门规定的银行间同业市场和银行间债券市场办理规定的业务，如同业存放、同业拆借、购买国债和金融债券、购买银行间债券市场的企业债券等，绝不允许直接或变相让资金进入股市；按照服务县域经济的定位，树立“以客户为中心”的营销理念，加大金融产品创新力度，增加有效信贷投入，大力开办低风险业务，进一步提高应对市场风险的能力。

操作风险对策：对于人为错误、技术缺陷或不利的外部事件所导致的风险，主要采取以下四项措施防范。一是加强教育引导，不断提高全体员工的依法合规经营意识，进一步加强从业人员教育培训，提高从业人员的思想道德、文化知识和业务技能，确保胜任发展需要。二是继续深入开展案件专项治理。进一步认真贯彻银保监会案件专项治理工作要求，狠抓金融市场乱象整治，不断完善内控制度，强化检查和监督，切实加大对存在违规违纪行为员工的惩处力度，逐步建立“查防堵惩教”的长效机制，不断提升案件防范能力。三是深化稽核监督体制改革。进一步完善“垂直管理、一岗双责，稽核部门与业务部门相分离”的稽核监督体系，不断提高稽核审计工作力度和效率，确保内部稽核审计工作的独立性、权威性、及时性和有效性。四是加强流程银行建设。按照银保监会“事前防范、事中控制、事后监督和纠正”的要求，全面推进专业化、制度化、精细化的流程银行建设，逐步向精细化管理迈进。

同业竞争风险：随着金融市场对外开放和金融体制改革的深入，银行同业竞争越来越激烈，银行普遍面临客户流失、市场份额下降等挑战。针对同业竞争风险，淮滨农商银行力图通过建立高效、灵活的经营机制，调整营销策略，合理确定市场定位，寻找市场空缺，加强服务手段创新，提升核心竞争能力，培养并逐渐扩大基本客户群，稳定优质客户群，争取更大的市场份额，继续加强业已形成的规模和机构网点优势，保持在同业竞争中的领先地位。

（四）业务发展

由于制度健全、运作规范，风险管控有力，淮滨农商银行在推进改革发展的进程中，各项工作亮点频现，成效显著，业务方面也取得突破。截至 2018 年末，各项业务指标超额完成，各项存款余额、贷款余额、业务总收入、经营利润等都比上一年有较大幅度增长（增速都在 10% 以上）。其中，资产规模达到 93.35 亿元，较年初增加 10.28 亿元；全行各项存款余额 80.67 亿元，较年初净增 8.38 亿元，增幅 11.60%，存款余额占淮滨县金融机构的 40.44%。各项贷款余额 40.21 亿元，较年初净增 3.94 亿元，完成年计划的 72.36%，增幅 10.87%。贷款余额占淮滨县金融机构的 53.65%，存款余额占 40.60%；实现总收入 4.92 亿元，其中，贷款利息收入 3.3 亿元，实现净利润 4637 万元，缴纳各项税费 2393 万元。在省联社 2018 年度 139 家行社综合考核排第 37 名（较 2016 年上升 9 个位次），居信阳市第 2 名。同时，不良贷款率控制良好，不良贷款余额控制在 8520.29 万元，占比 2.35%；各项风险监管指标都达到监管标准。资本充足率、拨备覆盖率、不良贷款率、欠息 90 天以上贷款占比等十项省联社分配的指标任务全面完成。

在服务“三农”、支持县域经济发展方面，截至 2018 年底，该行涉农贷款余额 39.49 亿元，较年初增加 4.05 亿元，占各项贷款的 98.18%；小微企业贷款余额 11.64 亿元，较年初增加 2.47 亿元，占各项贷款的 28.95%。2018 年累计投放产业集聚区贷款 2.09 亿元，信贷支持全县粮油产业发展 1.78 亿元，全面完成“支农支小”目标，有力发挥了服务“三农”、小微企业金融主力军作用。

在普惠金融方面，2018年共发放扶贫贷款3.45亿元，带动近1800户贫困户脱贫致富。淮滨县运行自助设备达到78台，其中，刷脸取款ATM 71台。建设农民金融自助服务点22个，逐步构建“营业网点+自助银行+银行超市+流动银行”四位一体的基础金融服务体系。全力推进电子银行业务，金燕卡存量56.07万张，其中，金燕IC卡11.04万张，社保IC卡29.79万张；卡业务存款余额19.86亿元，较年初增加2.83亿元；卡业务收入181.4万元；电子银行客户存量67071户，较上年增加18734户；电子银行交易替代率达81.74%；ETC开户数527户。各单项指标综合考核排名位于信阳市前列，其中电子银行业务替代率在河南省居于高位。

淮滨农商银行成功挂牌，彰显了新的竞争优势，资产规模不断壮大，经营业绩实现跨越，企业风范和形象得到有力彰显，初步实现了存贷业务快速增长、经营效益稳步提高的目标，有力地促进了县域经济的发展。

二、存在的主要问题

通过对淮滨农商银行的实地调研，笔者发现其存在一些突出问题，主要表现在：

一是法人治理结构的框架虽已建立，但由“形似”向“神似”转变尚有一段距离；对企业员工的激励约束机制还不够健全；业务产品单一，核心竞争力不足；合规审慎经营的观念还需要加强，内控和风险管理水平还需要提升，一些业务短板和发展不平衡问题也亟须解决，优质服务有待进一步提升。

二是关联交易行为（指既是股东、董事又是贷款客户）、股权质押登记问题、股东股权乱象以及信息披露方面的不规范行为等仍然存在。

三是业务及管理费用增加较快。受宏观经济形势影响，银行业竞争日趋激烈，同时2017年筹备“社改行”事宜，组织存款资金成本和组建农村商业银行宣传等方面的费用开支较上年有所增加。2018年业务及管理费用11832万元，较上年净增613万元，增幅5.46%。

四是存贷比较低，制约业务发展。贷款投放非常缓慢，大量资金富余，存贷比非常低，形成资金成本倒挂现象，已经严重影响了淮滨农商银行的改革与发展。截至2018年底，淮滨农商银行贷款余额为40.21亿元，存款余额为80.67亿元，存贷比不到50%。由于存贷比较低，闲置资金只能通过存入同业、买入债券来取得较低的利息收入，这既影响了收入的增加，也导致对“三农”的金融支持有限，不能充分发挥农村金融服务“三农”、支持乡村振兴和新型城镇化建设的作用。

五是存款结构不合理。2018 年全年利息支出 17063 万元，较上年净增 1606 万元。由于高成本存款比重较大，总体上增加了存款利息支出，给银行各项经营指标的完成带来了较大的账务压力。

六是员工队伍素质有待进一步提高。从银行员工学历结构看：研究生学历 3 人；本科学历 153 人，占在职员工的 43.46%；大专学历 105 人，占在职员工的 29.83%；高中及以下学历员工 91 人，占在职员工的 25.85%。从职称情况看：具备职称资格的有 109 人，占比 30.97%。其中，高级职称 1 人，占比 0.28%；中级职称 50 人，占比 14.20%；初级职称 58 人，占比 16.48%。可见，具有本科以上学历和中高级职称的员工比例不高。

针对上述问题，结合实际，根据河南省农村信用社联合社的工作总要求和淮滨农商银行创建“双一流”（一流业绩、一流银行）及区域标杆银行的总目标，确定了未来几年改革与发展的工作重点。

三、未来发展方向和重点

（1）在推进体制机制转型方面，一是全面完善管理流程，对人员进行合理调配，建立垂直管理的运行体系、严格的岗位流程控制和科学的绩效薪酬考核机制。二是转换经营机制，实施信贷业务流程再造，对小额信贷实行全流程管理，确保业务操作规范化；加强贷后管理，统筹拓展市场和服务客户两个方面，打造两头大、中间小的“哑铃型”信贷管理机制。同时，紧紧围绕县域经济发展的热点和重点项目，提供资金支持，在精准扶贫、普惠金融方面进行深度合作，借助当地党委的力量，巩固农村金融阵地，不断提高信贷质量。三是进一步优化公司治理制衡机制和运行机制，进一步发挥董事会在战略管理、风险管理、资本管理、内部控制等方面的关键职能，进一步提高公司治理能力和水平。

（2）聚焦主业主责，着力夯实业务经营基础。一是抓好资金组织，抓好政银合作，着力吸收低成本存款，积极争取财政性、系统性对公存款资源，同时争取代收代缴等新兴业务。二是做好信贷投放，逐步优化信贷结构，向小微企业及个人贷款倾斜，把“支农支小支特色”作为信贷工作的立足点和出发点，作为长期战略和经营定力。把支持乡村振兴战略作为调整结构、优化投向、提高质量、增强服务功能的一项重要工作来抓，全力做好金融扶贫工作，构建长效机制，实现扶贫效果和自身信贷管理水平的共同提高。三是进一步提高信贷管理能力和管理水平，大力增收节支；强化风控管理，加大不良资产清收化解力度，加大对表内、表外贷款的清收力度，明确清收主体责任，落实支行责任制、总行督办制，切实做到责任层层落实，任务到人到岗。对贷款形成风险的，严格按照《河南省农村信用社联合社关于进一步从严管理贷款的意见》（豫农信贷〔2017〕13 号）落实问责措施。确保风险管理能力跟上经营机制转型和业务创新的步伐。四是畅通电子渠道。要加大 ATM、POS 机等机具布放和网上银行、手机银行、微信银行的推广力度；提高电子银行替代率，增加客户经理、大堂经理的配置，着力提高银行超市机具覆盖面和使用率。

（3）加强人才队伍建设，建立人才库，进行后备人才的储备和培养。紧紧围绕“人才兴行”战略发展目标，建立淮滨农商银行人才库，进行后备人才的储备和重点培养，为后备人才尽快成长搭建平台，着力培养选拔具有专业能力、专业精神、在基层扎实历练、在关键岗位和艰苦地区经受磨炼、业绩突出的干部，努力提升员工素质，激发内生动力。

四、思考与启示

（1）淮滨农商银行的改制成功说明，完善的制度体系和规范运作是农村金融机构稳健发展的重要保障。这为我国农村金融机构体制机制转型、业务拓展和竞争优势的提升等积累了宝贵的经验；也是金融服务“三农”新模式、支持乡村振兴战略途径的有益探索。农村商业银行，对于构建新型城镇化的金融支撑体系而言，无疑将是具有重要现实意义的一股新生力量。

（2）新形势下，我国农村金融工作呈现许多新特点、新变化，农村金融发展将面临更为严峻的挑战。今后我国经济要从高速增长转到高质量发展，发展方式也要从规模速度型转向质量效益型，银行业面临的经营风险和利润压力随之加大。同时，随着监管部门从严监管政策的出台和落地实施，金融监管工作呈现很多新变化、新特点，对银行业提出了新的更高要求；资金业务、贷款业务约束不断加强，“紧箍咒”越念越紧，银行业正经历前所未有的金融政策和市场规则的剧变。从客户需求来看，由于经济发展和人民生活水平的提高，农村金融客户的产品需求、消费能力、习惯偏好也在不断变化，对银行的专业化、个性化服务要求越来越高。此外，一部分年轻优质客户资源在异地逐渐沉淀、异化，老年客户因年龄增长也在不断流失。从竞争格局来看，县域金融市场竞争激烈趋势日益凸显，邮储银行、村镇银行、农业银行、中原银行等经营重心持续下移，农业银行在乡镇设立自助银行、中原银行设立银行超市、村镇银行设立新物理网点等动作频频，大力抢夺农村商业银行既有的优质客户和业务市场，农村商业银行作为农村主力军的地位已经受到各大商业银行尤其是邮储银行的强势挑战。这种挑战对淮滨农商银行来说同样在所难免。

（3）我国经济发展总体向好的基本面没有变、加快中原城市群建设的大方向没有变、县域经济快速发展的大趋势没有变，加上淮滨县“一城一区三基地”建设、百城建设提质工程和航运及临港经济区建设等一些重大项目为淮滨农商银行发展提供了强力支撑，区域发展优势突出。从淮滨农商银行实际看，其与农民朋友具有良好的天然联系，深厚的感情基础，人熟地熟情况熟，网点覆盖面广，对地方经济支持力度大，与地方经济发展融合度高。同时，淮滨农商银行成功改制后，迎来了新的发展机遇，发展路径更明确、空间更广阔。

（4）淮滨农商银行改制后业务运作中出现的种种问题也反映了当前我国农村金融机构改革进程中普遍存在的现象。如何建立真正意义上的现代银行体制，如何进一步完善法人治理结构，如何使农村金融机构更加规范有效运作，如何更好地、真正地发挥农村金融机构服务“三农”、支持乡村振兴和支持新型城镇化建设等问题，都需要进一步探讨和解决。

（5）对于淮滨农商银行而言，唯有正确把握当前面临的形势、压力和机遇，唯有在进一步深化体制机制改革、业务拓展和创新中认真面对和有效解决上述问题，才能真正打造成为“战略定位清晰、法人治理有效、内控制度严密、财务状况优异、金融服务优质”的区域性标杆银行。相信只要结合淮滨实际，突出淮滨特色，用好淮滨优势，开展错位竞争，淮滨农商银行一定能够赢得主动，取得业务发展和体制机制转型双突破，在乡村振兴、县域经济发展和新型城镇化建设中发挥更大的作用。

第三节　商丘市睢阳区的城乡一体化综合实践探索

商丘市位于河南省东部，素有“豫东门户”之称，是豫、皖、鲁三省交界的重要物资集散中心和综合交通枢纽，河南省最大的煤炭能源基地。商丘市是华夏文明和中华民族的重要发祥地和中国重要古都，也是著名的长寿之乡。商丘市粮食产量常年在 120 亿斤以上，被称为“豫东粮仓”。在行政区划上，商丘市现辖睢阳、梁园两区，夏邑、虞城、柘城、宁陵、睢县、民权六县，及永城市（省直管），总面积 10704 平方公里，2015 年常住人口 725.8 万。

睢阳区总面积 913 平方公里，人口 86 万，分别占商丘市总面积和总人口的 8.5% 和 11.8%，是小麦、玉米、棉花、瓜果、蔬菜等农产品的主要种植区。作为农产品主产区以及连接城市与乡村的纽带，近年来，商丘市睢阳区在河南省新型城镇化总体战略指导下，在扎实推进农业供给侧结构性改革、推进城乡一体化和融合发展、培育现代农业产业体系、巩固发展高效特色农业、提高农业综合效益和市场竞争力、推进农村土地流转、推进产业集聚区建设、推进特色小镇培育建设以及精准扶贫等方面不断探索和实践，取得了较显著的成效，也积累了宝贵的经验。

一、产业发展的总体规划和布局

根据睢阳区产业发展的基础和实际现状，睢阳区政府制定了全区总体产业发展规划，进一步明确发展目标，重点扶持特色产业、产业集聚区、新型农业主体和特色小镇建设，并制定了可行性措施以保证规划的落实。

（一）农业产业化发展现状

培育发展农业龙头企业，推进农业产业化经营，是在市场经济条件下推动农业结构调整、增加农民收入的一条有效途径。近年来，睢阳区通过招商引资、财政支持、金融政策支持等措施，培育发展了一批带动能力强、辐射范围广的农业产业化龙头企业。睢阳区现有各类农产品加工企业 379 家，其中，规模以上企业 84 家，包括国家级示范基地 1 个（银花棉业）、国家级农业产业化重点龙头企业 1 家（诚实人）、省级农业产业化重点龙头企业 6 家（银河纺织、宏星牧业、银河棉业、九源制麦、中原牧业、广益食品）、市级农业产业化重点龙头企业 23 家，涵盖了粮、棉、油、肉、蛋、蔬菜、水果、木材、药材等多个行业，形成了面及面制品、畜牧养殖、木材加工、纺织服装、屠宰及肉类加工、饮品六大产业集群。目前产业规模不断扩大，效益不断提高，企业辐射带动能力显著增强。以国家级农业产业化重点龙头企业——诚实人食品有限公司为支撑的面品产业集群已被河南省政府批准成为第一批农业产业化集群试点，打造出了“诚实人”“香君”“敦煌”“高老庄”“爱咯达”等一大批知名品牌。30 家国家级、省级、市级重点龙头企业从业人数达到 13469 人，资产总额 247077 万元，固定资产 114388 万元。年销售收入 260913 万元，同比增长 20.6%；完成工业增加值 65447 万元，同比增长 13.6%；实现利润 14843.1 万元，同比增长 20.4%；上缴税金 4558.4 万元，同比增长 27.3%。出口额 1351.1 万元。基地种植面积 61.051 万亩，养殖量 335.2 万头（只）。睢阳区农产品加工龙头企业已带动 20 多万农户发展相关产业。

（二）农业产业化发展目标

通过资金投入和政策扶持，力争 2~3 年，睢阳区西瓜、马铃薯、芦笋等优势农产品集约化程度和市场竞争力进一步提高；蔬菜产业提档升级，推广蔬菜分级、预冷、包装、冷藏储运技术，培育、发展冷链物流产业；无公害农产品、绿色农产品、有机农产品和地理标志产品显著增加；区域布局更加合理，依托现有优势资源，率先在 105 国道、商鹿路、商柘路、古宋河、大沙河、商周运河两侧，集中建设 6 个生态高效、集中连片的优势产业带；农业产业化水平进一步提高，一二三产业深度融合，农民收入持续增长，为城乡一体化和城乡融合发展提供产业支撑。

（三）重点扶持发展的项目

1. 扶持发展特色产业

围绕市民“菜篮子”、城市“南花园”的定位，大力发展蔬菜产业、园艺产业等，高起点规划和高标准建设集农产品供应、休闲娱乐、生态景观为一体的农业基地和旅游精品，把古城文化游、商祖文化游、火文化游的线路延伸至田间、沟河，着力打造具有睢阳乡土文化特色的旅游目的地，国道、省道等主干道沿线重点发展优质花生、优质蔬菜、优质水果、绿化苗木和食用菌等特色经济作物。蔬菜产业大力发展无公害蔬菜、绿色蔬菜，推广“五代棚”“六代棚”等“4.0 版”温棚蔬菜，加快形成专业化的生产基地，发展集约化生产，提高质量和安全水平，扶持发展蔬菜加工企业，重点发展古宋街道和宋城街道南部的蔬菜产业带。重点抓好建业集团投资 20 亿元、占地 5000 亩，集高档花卉、高端蔬菜、恒温大棚、特色小镇为一体的两河湾田园综合体项目，加快推进碧桂园投资 200 亿元、占地 1 万亩的“春华秋实”田园综合体项目。

2. 扶持发展农业特色乡镇和旅游特色小镇

在特色乡镇建设方面，按照基地扩规模、保障上水平、产品无公害、经营增效益的思路，打造特色农业板块，打造以近郊乡镇为重点的温棚蔬菜基地。以郭村镇为重点，辐射临河店镇、路河镇、勒马镇、毛堌堆镇等乡（镇）的脱毒土豆基地；以李口镇为重点，辐射娄店镇、闫集镇、高辛镇、冯桥镇等乡（镇）的无公害早熟西瓜基地；以冯桥镇、路河镇为重点，带动周边乡镇的优质红薯基地；以坞墙镇、郭村镇为重点，带动周边乡镇的食用菌种植基地；以娄店镇、高辛镇为中心的芦笋生产基地；以坞墙镇、李口镇、临河店镇、闫集镇等乡镇为重点，辐射周边乡镇的优质水果基地。每个乡镇都要有自己的特色产业带，建成 2~3 个特色产业园区。

林河镇依托林河酒厂和半塔遗址，倾力打造文化旅游特色小镇。突出半塔古文化和林河酒文化，通过半塔古井水系把两者有机地串联在一起，形成一个整体。新建林河文化大街、文化广场，提升了镇区品位，宣传了林河文化。聘请商丘市城乡规划设计院和同源设计院专家，对林河镇 2017~2030 年进行了高标准规划。在建筑风格上，依据林河镇独有的徽派建筑风格统一绘制房屋图纸，统一主次街道建筑风貌。在路网设计上，规划了三纵六横街道 9 条，计划在 105 国道西开通南北一至两条工业大道，东隔 105 国道与财富街、长安街、康庄一路、康庄二路相通，南与 326 省道相接，北与宋包路相连，形成“井”字形交通轮廓，打造可容纳 3 万人定居的高标准中心镇区。在服务设施上，新规划大型交易市场 2 个、物流中心 1 个、农贸市场 1 个、大型游乐园 1 个，千方百计完善服务功能。

李口镇的两河湾特色小镇，以田园风格为特点，主要发展新型农业科技园、采摘园、地方小吃、游乐园等乡村旅游项目。目前已建成采摘园 1 座，休闲垂钓场所数处。通过不懈努力，2018 年成功吸引建业集团在两河湾的北侧清河口村、李口村、张集村、任楼村四个行政村投资 18 亿元兴建田园综合体项目，计划占地 3000 亩。目前一期工程占地 1377 亩，投资 10 亿元，主要包括一个智能温控大棚项目和一个包含各种地方特色小吃的建业大食堂项目。最终把两河湾打造成一个休闲放松、体验自然、享受慢生活的旅游胜地。

3. 扶持发展特色村庄

发挥资源优势，突出地域特色，围绕“三品一标”“一村一品”创建，支持有条件的村庄积极申报无公害、绿色、有机农产品，创建市级、省级、国家级名优产品和地理标志产品，提高知名度，扩大影响力，增加市场份额。打造一批专业村，创建一批国家级“一村一品”示范村，培育一批整村脱贫致富典型。

4. 扶持发展新型经营主体

培育壮大种养大户、家庭农场、农民合作社、龙头企业等新型农业经营主体，深入开展示范合作社、示范家庭农场创建活动，规范管理，整合提升，切实提升新型农业经营主体的自身发展水平，支持运用新技术、新工艺、新装备发展农业的精深加工，推动产品转型升级和品牌化建设，提高市场竞争力。每个乡镇都要培育一批依靠合作社、龙头企业、种养大户带动而脱贫致富的典型。

（四）采取的主要措施

（1）发展“互联网 +”现代农业。在专业村建设益农村级服务站，为群众及时提供技术咨询、农资供应、产品销售等全方位服务，提高产业选择的实效性、准确性，使优质农产品卖得出、卖得好。

（2）推进“保险 + 现代农业”发展。鼓励保险公司围绕特色产业大力开发保障适度、保费低廉、保单通俗的农业保险产品，积极探索保险合作机制。推广金乡大蒜目标价格保险的做法，鼓励开发价格指数保险、农产品质量保险等新型产品，降低农民发展特色产业的风险。

（3）财政扶持现代农业。睢阳区财政设立农业结构调整奖励基金 300 万元，设立一等奖、二等奖、三等奖，对主导产业突出、集中连片种植总面积达 50% 以上的乡镇分别给予 30 万元、20 万元、10 万元奖励；对成功创建“一村一品”、带动贫困户脱贫成效显著的村给予 20 万元的奖励；对从事高效特色产业、经营效益好、带动贫困户脱贫成效显著的新型经营主体给予 5 万元的奖励。设立品牌建设基金 100 万元，满足乡、村申报“三品一标”产品所需。同时，整合农业项目支持高效农业发展。

（4）土地流转助推现代农业。将农村土地流转工作纳入综合目标考核，每完成 1 宗 1 千亩规模流转，奖励流转大户 5 万元；每完成 1 宗 5 千亩规模流转，奖励流转大户 10 万元；每完成 1 宗 1 万亩规模流转，奖励流转大户 15 万元。对完成全年目标任务、综合排名前三的乡镇，分别给予 10 万元、8 万元、5 万元的资金奖励。另外，对土地流转大户、新型经营主体和龙头企业在政策扶持、项目安排上给予倾斜。

（5）加强对高效农业发展工作的领导。按照一个产业、一个方案、一套班子、一抓到底的思路，分别成立由区领导、区直有关部门，有关乡镇主要领导组成的农业产业领导小组，具体负责产业发展、规划制定、政策扶持、督促检查等工作，确保特色产业持续健康发展。

二、产业集聚区的规划和建设

作为新型城镇化的载体，产业集聚区建设受到河南省各级政府部门的高度重视。睢阳区产业集聚区定位准确、布局合理、措施得当，因而取得骄人的成绩，成为河南省十大重点产业集群和“十快产业集聚区”。

（一）发展定位与发展现状

商丘市睢阳产业集聚区是省级产业集聚区之一，位于商丘市南部，规划面积 13.6 平方公里，主导产业为纺织服装、生态化工和新型材料。产业集聚区总体定位为中原地区现代化、生态型、高科技产业园区，商丘市新兴高端产业集聚区和经济增长极，它是睢阳南部新区的重要组成部分。其产业发展定位为：以生态维护为前提，以纺织服装、新型材料产业为主导，以现代生产服务、生活服务为支撑，完善配套功能，形成以第二产业为主，二三产业协调发展的产业体系。在功能定位上，东产业园以纺织服装为主导，西产业园以新型材料为主导。规划到 2020 年，睢阳区基本建成综合性、开放式、现代化的高新技术产业集聚区。

目前，园区入驻企业 200 余家，其中规模以上企业 89 家，建成区面积 6 平方公里，从业人员 5 万人。根据集聚区的规划，未来几年，产业集聚区内居住用地将容纳 6.9 万人，就业人口约为 10 万人。目前园区已形成六纵五横网状道路格局，实现了园区水、电、气、通信等全覆盖，现拥有 1.5 万吨 / 天的污水处理能力，成为商丘市南部新兴的现代化产业园区。产业集聚区内已形成纺纱、织布、印染、内衣及服装加工一条龙的产业链，年产针织内衣 6.5 亿套，综合生产能力位居全国针织内衣行业前列。通过与中国建材股份有限公司合作，打造中建材（商丘）光电材料产业园，与河南能源集团合作，做大做强商丘碳纤维产业园；与山东大学、北京理工大学、北京航空航天大学等知名院校合作，大力发展新型材料产业，打造产业集聚区新材料科技创新和成果孵化基地。

目前，华润集团、中国建材集团、河南能源集团等世界 500 强企业已落地睢阳产业集聚区。建设以来，其先后获得河南省知名纺织产业集聚区、河南省循环经济试点单位、河南省构建劳动关系和谐示范园区、河南省十大重点产业集群、河南省十快产业集聚区、中国针织服装名城、中国纺织服装十大活力集群、省级大数据专业园区、省级科技孵化器、省级中微企业创业创新示范基地等荣誉称号。

（二）空间布局结构

规划确定睢阳产业集聚区总体用地规划布局结构为“二轴、二区、二组团”。

（1）“二轴”：产业配套发展轴（对接商丘城市发展主轴线连通神火大道，园区神火大道南沿段形成园区产业配套发展轴线）、产业发展轴（产业大道东西贯通整个园区，形成产业发展轴线）。

（2）“二区”：基于纺织产业发展现状，基地东侧布局纺织服装综合片区；基地西侧布局新型材料产业综合片区。

（3）“二组团”：高技术产业组团（沿神火大道北侧，以科技研发等高技术含量的产业为主，打造双创中心）、生活配套组团（沿神火大道南侧，布局配套居住组团，打造生活核心，体现产城融合的思路）。

在产业集聚区的带动引领下，睢阳区产业转型升级开始提速，工业主导行业由纺织、服装行业向食品、医药、建材等行业转变。此外，新材料、新能源和节能技术、汽车及上下游配套产业方兴未艾。高新技术产业板块提速：2018年上半年，睢阳区规模以上工业企业高新技术产业增加值完成6.3亿元，同比增长24.2%，增速高于全区工业增加值16.1个百分点，占全区规模以上工业增加值总量的13.8%。其中，生物与新医药技术完成增加值3.5亿元，同比增长25.6%；新材料制造完成增加值2.1亿元，同比增长67.1%；新能源和节能技术同比增长47.1%，高新产业异军突起，全区工业经济增长实现“质”的提高。

三、农业结构调整

近年来在区委、区政府的正确领导下，睢阳区紧紧围绕种植业增收目标，按照“东南钱袋子、西部米囤子、城郊菜篮子”的总体思路，通过积极开展农业先进技术推广、土地流转、无公害农产品认证、农业产业化龙头企业申报等工作，发挥示范带动作用，结合农产品市场供求现状和农作物种植效益，进一步调整优化种植业结构。

（一）种植业结构调整情况

在种植业结构调整上，坚持以市场为导向，以增加农民收入为目的，立足区情，发挥优势，大力实施示范带动、科技推动、市场牵动、加压驱动战略，突出重点抓落实，加快睢阳区种植结构调整步伐。一是狠抓经济作物面积落实。抓住当前换茬的有利时机，大力推广种植高效经济作物。全区共落实经济作物面积 33.9 万亩，其中棉花 6.7 万亩、蔬菜 9 万亩、瓜类 6 万亩、土豆 3 万亩、花生 3 万亩、芦笋 1.2 万亩、三樱椒 3 万亩、烟叶 1.2 万亩、药材 0.8 万亩，发展食用菌大棚 200 余座，共计 20 万平方米。近年来通过大力实施农业结构调整，粮经比例达到 53∶47。郭村脱毒马铃薯、李口早熟西瓜、坞墙食用菌、娄店芦笋、三樱椒等无公害基地规模进一步扩大、集约化水平进一步提高。二是在优化品种、品质结构上实现突破。优质专用玉米主要推广了隆平 206、先玉 335、蠡玉 16、蠡玉 35、伟科 702、新掖单 4 号、秋乐 151、平舆 8 号等优质高产品种。棉花良种主要推广了中棉 41、中棉 75、中棉 79、郑农棉 4 号、豫杂 37 等，良种率达到 100%，优质抗虫棉率达 90% 以上。蔬菜在以大众菜为主导的基础上，精细菜、特色菜、反季节菜等逐步发展壮大。三是狠抓现代农业小区基地建设，在区域化布局、规模化生产上组织突破。把脱毒土豆、早熟西瓜、食用菌、名优水果、烟叶、中药材、三樱椒、芦笋、温棚蔬菜、桑蚕 10 个“名、优、特、新”生产基地建设当作农民收入新的增长点，摆上突出位置，抓紧抓实。四是着力推进农产品质量安全管理工作。重点抓好郭村土豆，李口早熟西瓜，坞墙食用菌，临河店名优水果，古宋温棚蔬菜，娄店三樱椒、芦笋六个农产品基地建设，在已认证 5 个绿色食品（诚实人系列挂面）、5 个无公害农产品的基础上又申报了 3 个农产品认证，市级现代农业种植小区总共达到 7 个，新增 2 个，申报绿色食品 2 个，大大促进了睢阳区农村经济的发展。

（二）采取的主要措施

（1）切实加强组织领导。成立了睢阳区农业产业结构调整工作领导小组办公室，负责指导督促产业结构调整工作，协调解决相关具体问题。各乡（镇、办事处）把农业产业结构调整工作作为“一把手”工程来抓，成立相应的组织领导结构，制定工作措施，明确工作任务，加大工作力度，精心组织，狠抓落实，确保农业产业结构调整工作落到实处，取得成效。

（2）加大资金投入。区、乡两级财政均拿出一定资金作为现代农业种植小区建设专项资金，用于支持区、乡特色农业产业结构调整和奖补兑现。整合水利、交通、土地整理、农业综合开发等项目资金，切实增强配套基础设施建设。围绕农业产业结构调整，降低农户贷款门槛，增加农业信贷投入，积极引导社会各类资金投向农业产业化建设。

（3）加大招商引资力度，加快土地流转。以招商引资为突破口，加快农村土地流转进程。引进综合实力较强的生产、加工、销售企业，集中连片承接流转农村土地，把土地适度集中到农业产业化龙头企业、家庭农庄、农民专业合作社和种植大户之中，扎实推进睢阳区特色、高效农业产业发展的规模化、标准化、专业化、集约化水平。

（4）抓好重点示范，实施示范带动。区直各相关部门及各乡（镇、办事处）从人力、物力、财力上重点倾斜，切实抓好重点产业核心示范区（基地），示范带动全区农业产业结构调整持续、健康发展。核心示范区（基地）要求科技高，达到 5 个 100%，即良种普及率 100% 、规范化种植 100%、绿色防控技术普及率 100%、测土配方施肥 100%、订单生产 100%。

（5）大力培育扶持涉农企业和专业合作组织，推进农业产业化发展。围绕重点建设城区近郊蔬菜产业带，大力培育扶持蔬菜生产、加工、销售企业和专业合作组织，加快推动农业产业化经营，着力提升农业生产组织化程度和市场竞争能力。以市级产业化龙头企业商丘广益食品有限公司为主体，成立睢阳区蔬菜、果品加工公司。引导扶持建立以蔬菜公司为龙头、专业合作社为纽带，基地农户积极参与的现代农业生产经营模式，开展农产品市场流通服务，拓宽农产品销售渠道，大力发展订单生产，降低市场风险，提高农民经济收入。

（6）实施品牌战略。认真搞好农产品产地认定、产品认证，无公害食品、绿色食品、有机食品认定，积极开展无公害、绿色、有机生产技术规程的推广应用。扎实抓好农特产品商标注册与品牌培育，努力实施品牌战略。在 5 个无公害农产品、5 个绿色食品的基础上，发展有机食品。

（7）完善配套服务，加大宣传力度。搞好农业实用技术的指导服务工作，加大技术培训、技术推广和信息服务力度。加大农业执法力度，加强农资市场管理，保障农业产业结构调整所需种子（种苗）、肥料等农资的数量充足，质量可靠。做好农机服务，认真落实农机购机补贴政策，积极开展农机新技术示范推广，扎实提高农业机械化水平。广泛开展多种形式的宣传工作，营造调整农业结构，促进农民增收的良好氛围，促进农业结构调整工作顺利进行。

（8）强化目标考核。建立农业结构调整工作目标责任制，把农业结构调整工作作为各乡（镇、办事处）和区直相关部门综合考核的重要内容，列入区委、区政府年度工作考核。对按标准完成目标任务的，给予表彰和奖励；对非因不可抗力没有完成任务的乡（镇、办事处）和相关部门的主要领导、分管领导及有关人员，按照有关规定严肃问责。

四、农村土地经营权流转机制探索

2017 年以来，睢阳区以中央一号文件精神为指导，以农业供给侧结构性改革为主线，认真贯彻落实国务院、省、市《关于引导农村土地经营权有序流转发展农业适度规模经营的实施意见》精神，积极推进农村土地大流转工作，通过区、乡、村三级联动，企业、农户积极参与，实现了快流转、大规模、转方式、增效益、高收入的目标。全区现有耕地 96 万亩，截至目前，全区土地流转面积 33.34 万亩，占耕地面积的 34.72%，比 2016 年提高 24 个百分点；完成了 500 亩规模流转 33 宗，1000 亩规模流转 20 宗，带动 12500 名农民就业。完成了以路河镇银信农民专业合作社小麦良种繁育基地、闫集镇民裕农民专业合作社优质小麦生产基地为代表的 5000 亩规模经营 3 宗，以勒马镇万亩花生生产基地、临河店镇万亩花生生产基地、林河镇两万亩药材生产基地、娄店镇万亩蔬菜生产基地为代表的万亩以上规模经营 6 宗；引进了正邦集团、牧原集团、建业集团、隆平高科等一批上市公司、500 强企业和专业公司，以转租、股份合作和托管服务等为主要模式，在睢阳区发展田园综合体、旅游观光和生态循环农业，为睢阳区乡村振兴注入了强大活力。

土地流转虽然是新型城镇化进程中破解农业发展难题的必然选择，但是，调研发现，基于以下因素，睢阳区的土地流转仍然面临不小的困难：一是融资难，土地流转大户贷款渠道不畅，扩大流转规模受到制约；二是受市场因素影响较大，2017 年，土豆、洋葱、大蒜价格走低，效益下降，流转大户扩大规模的愿望不高；三是形象有待提升，部分地块划分零散问题突出，规模效应没有充分发挥；四是管理有待进一步规范，合同有代签现象，乡镇流转办备案不及时等。

针对上述问题，睢阳区政府积极探索农村土地合理流转机制，健全和完善“企业 + 基地 + 合作社 + 农户”的农业产业化运行模式，在此基础上推进土地流转的市场化运作，制定了 2018 年农村土地流转的基本思路和具体措施：以农业供给侧结构性改革为主线、以培育载体为抓手、以引进龙头为重点、以发展产业为根本，流转比例在 50% 以上，每个乡镇完成 300 亩以上规模流转 7 宗，新增家庭农场、专业合作社、种养大户 10 家，引进 1 个大型龙头企业建设规模在千亩以上的园艺农业、生态农业、观光农业园区或田园综合体，带动农业规模化、集约化、专业化、标准化、优质化加快发展。相应措施有：

（1）加快培育有文化、懂经营、会管理的新型职业农民，支持有条件的种养能手、专业大户围绕主导产业、特色产业，组建农民专业合作社、兴办家庭农场，以以奖代补的方式鼓励其就近就地流转农户土地，扩大经营规模，为土地流转注入强劲动力。

（2）积极引进涉农企业参与土地流转，切实抓好五个乡镇牧原农牧养殖、郭村正邦高老庄万亩生态农业、李口两河湾建业田园综合体、包公庙隆平高科育种基地等项目的跟踪服务，确保早落地、早建设、早见成效。持续把招商引资嫁接到土地流转工作，再引进一批自身实力强、市场前景好、带动能力大的龙头企业，积极推进现代农业、生态农业、特色农业的发展。

（3）建立土地流转价格信息交易平台，增加交易透明度和公平性，大力促进土地流转效益提高、形象提升。

（4）采取多种方式，尽力消除土地流转地块“插花”、零碎现象，促进流转地块主导品种相对集中，鼓励有条件的地方开展整村、整乡流转试点，创建“一村一品”“一乡一品”示范村镇，把推进土地流转与本地工业化和城镇化建设结合起来，让更多离地不离家的农民实现原地就业，以实现农民增收、农业增效的目标，为乡村振兴探索出一条新路。

五、加强基础设施建设，推进城乡一体化发展

为切实推进城乡一体化发展，睢阳区政府不惜投入大量资金，着力打造七大重点工程并取得了显著实效。

（1）道路畅通工程。近年来，睢阳区完成投资 6527.6 万元，其中，扶贫专项资金 3051.6 万元，整合交通部门资金 3476 万元，解决了 19 个贫困村出行难问题。2018 年已经投入扶贫资金 1760 万元，对 7 个贫困村进行道路提升。投资 8000 万元，打通全区 86 个非贫困村断头路工程 113 公里。

（2）水利设施建设工程。水利工程投入资金 540.5 万元，实施贫困村地埋管、机井、沟、桥等建设，投资 122.9 万元对贫困户安全饮水进行改造，已完成 1803 个贫困户因毁坏、漏改而需要免费安装自来水的任务。2018 年投入 901.8 万元，完成未达到饮水安全的 674 个贫困户和 10 个村的改水任务。

（3）电网改造工程。电力部门完成投资 1682 万元，为 19 个贫困村配变压器 50 台，配变容量 10.6 兆伏安，架设 10 千伏线路 14.7 千米，低压线路改造长度 86.11 千米，贫困村电网脱贫建设达到 100%，智能电表覆盖率提升至 100%，动力电实现 100% 覆盖。全面解决了贫困村电网“卡脖子”“低电压”等突出问题，满足了农村生产、群众生活用电需求。

（4）危房改造工程。2017 年住建部门实施危改资金 868.56 万元，改造危房户 564 户。2018 年投资 673.2 万元，为 396 户贫困户实施危房改造；乡镇负责投资完成剩余 594 户贫困户的危改任务。

（5）信息化建设工程。睢阳区已实现贫困村互联网宽带网络和农村信息员全覆盖，全面解决义务教育学校宽带接入问题，利用“互联网 +”，大力发展电商等新业态、新模式，为贫困村提供快捷的农业生产技术、市场信息、致富政策服务。在全区范围内大力实施电商扶贫战略，已培育出三樱辣椒、脱毒土豆、早熟西瓜、芦笋、菌类、杂果、童车、摇篮等网销品牌。参加扶贫电商企业 2 家、到农村设置电商服务站点 578 家，覆盖 196 个行政村，在贫困村设置服务站点 36 家，电商从业人员 3390 人。

（6）文化惠民工程。已经投资 1529.75 万元在 19 个贫困村实施文化惠民工程，新建标准化村室 19 座、文化广场 19 座，确保每个贫困村都有文化活动室、图书室、文化广场，能够满足村民发展生产的知识及娱乐需求。正在实施

已脱贫村建设村室和文化广场10个，目前主体工程已完工。

（7）人居环境整治工程。近年来，睢阳区全面贯彻落实《河南省人民政府办公厅关于全面推进农村垃圾治理的实施意见》（豫政办〔2016〕205号）文件精神，以争创省级农村垃圾治理达标县区为目标，切实加强组织领导，积极创新农村环卫长效机制，不断加大资金投入，完善垃圾治理设施设备，农村垃圾治理取得显著成效，路容路貌、镇容镇貌、村容村貌、户容户貌明显提升，群众幸福指数明显提高。2018年由商丘市睢阳区发展投资有限公司独资建立的商丘市宋都清洁服务发展投资有限公司已经开始运营，公司以市场化方式运作，实现了城乡环卫一体化。全区配备保洁员1732人，达到农村人口的3‰。共配备垃圾桶13636个、垃圾清运车1732辆、垃圾转运车153辆、封闭式大型垃圾运输车8辆，新建压缩式垃圾中转站13个，配备24个封闭式垃圾周转箱，分4条线路每天将垃圾运输到垃圾处理场；购置8辆清扫洒水车，对集镇区和村庄道路进行清扫。这些先进设施设备的投入，避免了生活垃圾的二次污染，实现了农村生活垃圾的日产日清。2018年共清理垃圾10.9万平方米，拆除残墙断壁7103处，美化墙体26.8万平方米，村庄绿化24.7万平方米，硬化村庄道路41.4万平方米，安装路灯8306盏，建设文化广场80个，全区广大农村基本达到了“三无一规范一干净”[①]标准。成立了农村垃圾治理城乡一体化调度指挥中心，通过智慧平台监管保洁员保洁效果、垃圾桶清理情况、中转站垃圾存放、运转车辆运行等情况，第一时间反映指挥中心，指挥中心即时调度、下达指令，确保各个环节正常运转，实现了农村垃圾治理的标准化、制度化、长效化。农村人居环境的改善促进了脱贫攻坚和乡村振兴工作的开展。

六、多种有效扶贫方式的探索

自脱贫攻坚工作开展以来，区委、区政府坚决学习贯彻习近平总书记关于扶贫开发重要战略思想，始终把脱贫攻坚当作最大的政治任务和第一民生工程，

① 村内及周边无垃圾堆放、无污水横流、无杂物挡道，日常生产生活物品堆放规范有序，主次干道两侧环境干净整齐。

以脱贫攻坚统揽全区“三农”工作，紧盯目标、苦干实干，大力开展“6633”[①]晋位争优活动，脱贫攻坚工作取得了新进展、新成效。

（1）就近就地就业，扶贫车间全覆盖。投资1740万元，在13个乡镇19个贫困村、10个已脱贫村、29个非贫困村新建扶贫车间61个，提升改造扶贫车间4个，吸纳贫困人口就近就地就业1125人，带动就业贫困户人均月稳定增收1800元左右。在积极打造贫困村扶贫车间的同时，各乡镇积极根据实际情况打造1~1.5平方公里的产业园，形成了以藤编、服装加工、食品加工、雨具生产等为主导产业的扶贫就业基地50多家，带动全区732名贫困人口就业。2018年已经投入资金210万元，新建扶贫车间5个。通过实施该类项目，使贫困人口实现了家门口就业，解决了许多贫困群众因需要在家照顾老人、照看孩子，不能或不宜外出务工的难题，极大地加快了贫困人口脱贫致富的步伐。

（2）实施教育扶贫工程。已经实现了全面覆盖贫困家庭学生的各项教育保障和资助政策，对学前教育、义务教育、普通高中教育、中等职业教育、高等教育的学生按规定标准给予资助，2017年发放资金270.134万元，受益学生2876人。投资453.24万元改造4个贫困村小学幼儿园。2018年春季，针对贫困户发放各类教育补贴484.185万元，受助贫困学生6176人，已实现符合条件的应享尽享。

（3）健康扶贫工程。从“预防”入手，做好做足“服务”“减支”和“保障”，积极落实新型农村合作医疗、大病保险、大病补充医疗保险、大病救助医疗措施，建立区乡村三级诊疗体系，实行贫困户定期体检制度。投资248.9万元在19个贫困村新建标准化卫生室19座。2018年利用区级财政资金197.6万元，按照每人200元的标准为所有贫困户购买了医疗保障扶贫保险，按照每人30元的标准购买了人身意外伤害保险，对建档立卡贫困人员住院发生的费用给予第五次兜底报销，保证贫困户不再因病致贫、返贫。截至目前，已为401名贫困人口兜底报销89万元，贫困群众住院报销比例达到93%。

---

① 围绕对标扶持对象精准、项目安排精准、资金使用精准、措施到户精准、因村派人精准、脱贫成效精准“六个精准”，落实对问题一村一村查找、对档卡一户一户校准、对帮扶一项一项落实、对资金一笔一笔审核、对政策一条一条落地、对责任一级一级到人“六个一”举措，通过集中整改，实现贫困户识别、贫困户退出、扶贫资金使用“三个零差错”，做到脱贫攻坚精准度、社会认同度、群众满意度“三个明显提高”。

（4）围绕产业发展，切实增强龙头企业带贫能力。为了切实搞好产业培育，抽调38名高级职称以上技术人员分包19个贫困村，具体指导贫困户产业选择和技术服务。按照“一村一品”“一乡一业”的思路，积极培育主导产业，支持建设一批生态好、效益高、质量优、品牌强的特色农产品生产基地，扶持农牧产业项目23个，其中建设养殖小区12个、温室大棚120余座。通过在贫困村着力发展地域优势突出的特色种植业、养殖业、农产品加工业，带动19个贫困村162户309人脱贫。李口镇早熟西瓜，娄店镇三樱椒、芦笋，郭村镇脱毒马铃薯、辣椒、生猪养殖，临河店镇小杂果，坞墙镇食用菌、药材种植，包公庙镇蛋鸡养殖、烟叶，路河镇蔬菜，冯桥镇红薯种植，高辛镇木材加工、芦笋种植等特色产业基地面积发展到28万亩。

（5）围绕增加村集体收入，大力发展光伏扶贫。2017年在发改部门完成备案，2018年投入1900万元，在19个贫困村每村投入100万元，建设19座光伏发电站，每村年收益20万~25万元，可提高贫困户稳定收入，提升乡村自我发展能力，近期将并网发电。

（6）围绕金融扶贫，大力推行“4+1”模式。实施“4+1”（区政府、金融部门、企业、合作社＋贫困户）的模式推动金融扶贫工作，依托牧原集团、商丘华商农村商业银行已发放贷款1668万元，带动556户贫困户年收益2400元，2018年上半年每户分红1200元已全部发放到位。第二期金融扶贫贷款2700万元项目已经启动，目前正在与群众签订协议，睢阳区将实现符合要求的贫困户全覆盖。

七、思考与启示

从商丘市睢阳区在现代产业发展、产业集聚区建设、土地流转等方面的探索与实践经验中得出如下七点思考与启示。

（1）发展现代农业、构建现代产业体系离不开龙头企业的示范带动作用。无论是新型农业经营主体的培育，还是农业结构调整，或是土地流转，睢阳区都非常重视发挥重点企业或龙头企业的示范带动作用，通过招商引资、财政支持、金融政策支持等措施，培育发展了一批带动能力强、辐射范围广的农业产业化龙头企业或专业公司，通过深入开展示范合作社、示范家庭农场创建活动、产业核心示范区（基地）建设，示范带动全区农业产业结构调整持续、健康发展。

（2）在建立现代农业生产经营模式中，专业合作组织成为重要的纽带。睢阳区通过大力培育扶持蔬菜生产、加工、销售等涉农企业和专业合作组织，培育壮大种养大户、家庭农场、农民合作社、龙头企业等新型农业经营主体，积极推进了农业产业化发展。这种以专业公司为龙头，专业合作社为纽带，基地农户积极参与的现代农业生产经营模式的形成，提升了农业生产组织化程度和市场竞争能力。通过开展农产品市场流通服务，拓宽农产品销售渠道，大力发展订单生产，也降低了市场风险，提高了农民经济收入。

（3）通过加大投资，倾力打造道路、水利基础设施及惠民工程、人居环境整治工程等大工程，推进城乡一体化发展和基本公共服务均等化，是新型城镇化整个系统工程的重要环节。在这方面，睢阳区进行了全方位的探索和实践并且取得实效，这也为其他地区尤其是农业主产区提供了可贵的经验。

（4）解决脱贫问题有多种方式。由于方法得当、工作扎实、措施有效，睢阳区的扶贫工作成效显著，也为其他地区提供了经验。除了产业扶贫、金融扶贫以外，教育扶贫、健康扶贫等也是从长远上、根本上解决贫困问题的重要手段。因此，大力发展农村教育，增加对农民知识技能的培训，增强农民的健康水平，提高农村人口素质等，应是农村人口脱贫致富从而使乡村振兴的根本途径之一。

（5）金融支持力度尚需加强。虽然有区、乡两级财政资金作为现代农业种植小区建设专项资金，用于支持特色农业产业结构调整以及扶贫资金投入等，但由于财政资金有限，同时农业信贷资金投入不足，一些中小涉农企业仍面临融资难问题。在土地流转中也存在同样的问题，由于土地流转大户贷款渠道不畅，扩大流转规模受到制约，进而影响了土地的规模经营效应发挥。在农业生产中，由于缺乏相应的保险保障措施，由农产品价格波动而导致的农民收入的不确定性风险仍然存在。因此，金融约束仍是当前困扰农业主产区进一步发展的最主要因素之一。对睢阳区来说，金融服务需要进一步加强，金融产品也需进一步创新。例如，在睢阳区提出的“保险 + 现代农业”的措施基础上，可借鉴其他地区的经验，尝试探索“保险 + 期货”的试点模式。

（6）产业集聚区内产业的关联效应有待加强。睢阳区产业集聚区的主导产业为纺织服装和新型材料，产业集聚区总体定位为中原地区现代化的高科技产业园区和商丘市的新兴高端产业集聚区。但是，作为传统产业，纺织服装业如何与新型材料等新型产业融合关联？如何通过科技创新实现对传统产业的改造升级？如何进一步提升和发挥产业集聚区的聚集效应？如何推动园区经济向集群经济方向转型以助推新型城镇化建设等？这不仅是睢阳区产业集聚区面临的问题，也是河南省乃至全国多数产业集聚区（园区）面临的共性问题。

（7）土地流转运作和管理需要进一步规范。睢阳区政府积极推进农村土地大流转工作，通过区、乡、村三级联动，企业、农户积极参与的方式，使土地流转取得了实效。但在流程和管理中暴露出的不规范问题也是不容忽视的。其实，这一现象在其他地区的土地流转中也普遍存在。因此，如何加强土地流转等农村土地制度改革运作和管理的规范性，充分发挥土地流转所带来的规模效应，是一个需要认真解决的现实问题。

本章小结

本章基于河南省近年来在新型城镇化建设方面的综合探索与实践，选取了三个不同类型的调研案例进行了深入剖析，每一个案例都能给人以重要启示和思考。郑州商品交易所“保险＋期货”的金融扶贫试点模式无疑在金融支持“三农”、服务实体经济、带动乡村振兴等方面是一种有益的尝试与创新，也是用“政府＋市场”的机制解决扶贫脱贫问题的有益探索。淮滨县农村商业银行的改制成功，对于推动农村金融机构体制机制转型，建立健全多元化、多层次的农村金融服务体系，更好地支持“三农”等也具有重要的里程碑意义。在如何通过培育现代农业产业体系、促进城乡一体化发展、产业集聚区建设、土地经营权流转、多种扶贫方式等，以进一步推动新型城镇化高质量发展等方面，商丘市睢阳区的综合实践探索，更是为农业主产区特别是中部农业大省积累了宝贵的经验，提供了有益的借鉴。

第十三章

研究结论与未来研究方向

第一节　研究结论

通过本书的研究，得出以下几点结论：

第一，从演化经济学的视角重新构建一个新型城镇化的理论分析框架，进一步揭示城镇化演进的内在逻辑关系与动态规律。新型城镇化是对传统城镇化模式的突破和发展，是一个从低水平均衡到高水平均衡、从时间到空间再到质态的“三维”动态演化过程，并依次表现出三种不同的本质规律特征。即从时间维度看，表现为城乡人口随着工业化进程发展的有序变化的阶段性规律特征；从空间维度看，表现出空间的交织性运行规律特征，即城乡二元结构与三元结构的交织、聚集机制和扩散机制的交织；从质态维度看，表现为城镇化质量不断提高的持续性规律特征。

第二，新型城镇化是质量型城镇化。新时期新型城镇化具有特殊的本质特征，在民生、产业、空间效能、资源环境以及创新要素等方面体现出重要的质量特征。新型城镇化是经济城镇化、人口城镇化、空间城镇化、生活城镇化、社会城镇化、生态城镇化等统一、协调的过程，并且包括人口结构、地域结构、经济结构、生活方式等多方面的转换；新型城镇化是以产业为支撑，产城融合、城乡融合的城镇化。新时代又赋予新型城镇化以新的内涵和历史使命，即新时期新型城镇化战略与乡村振兴、精准扶贫战略构成了一个有机整体。从动力机制看，产业结构的变迁和聚集经济是城镇化的内生动力。新时期新型城镇化要实现新旧动能转换，即从要素驱动转向创新驱动。同时，城镇化也需要外部推力和区域耦合力的作用。

第三，新型城镇化与传统城镇化相比，无论是在发展理念、发展目标，还是在发展方向、空间布局、推进方式以及城乡关系等方面都存在质的差异。中国传统城镇化是以一种较高增长速度但较低质量水平的非均衡演化方式推进。中国城镇化走过了一条曲折发展的道路，总体来看，发展速度快，成效显著，但发展不平衡不充分，发展模式粗放，政府主导性强，市场内生发展和创新发展动力不足，各种结构性矛盾突出，致使城镇化发展质量较低。

第四，传统城镇化模式表现出多重失衡现象：一方面表现为经济城镇化、空间城镇化、人口城镇化内部的失衡，另一方面表现为“三个城镇化”之间的失衡。通过耦合协调度模型，计算了2006~2016年中国31个省份的经济城镇化、人口城镇化和空间城镇化耦合强度及耦合协调度，并从全国尺度层面，对耦合强度和协调度及其时空演变进行了分析，得出的基本结论是：各城镇化子系统呈现低耦合强度、低协调水平、空间差异大的状态；耦合度和协调度具有明显的东、中、西梯度递减的空间分布格局。研究表明，城镇化在时间、空间和质态三个维度方面没有表现出同步推进的均衡演化规律特征。

第五，重新建立一套由6个子系统、15个准则层指标和47个具体指标构成的新型城镇化质量评价指标体系，对全国31个省份的城镇化质量进行了测度，结果表明：2012~2016年，城镇化总体上发展不平衡，从质量看呈现出“东高西低”的梯次分布和非均衡特征，而且这种空间格局基本固化，即意味着城镇化质量不均衡状况没有明显改善，而且东部与西部的差距较大。这与耦合协调度模型计算的结果一致。

第六，新型城镇化均衡演化的实现路径在于：时间维度上促进城镇化水平增长，空间维度上推动城乡一体化发展，质态维度上促进城镇功能提升。转型发展的机制与路径在于：创新驱动，协调推进，市场主导，内生发展，制度层面上包括土地制度和户籍制度的转型。全面促进城镇化质量提升的具体战略举措应当包括：发展以人为核心的城镇化、推进产城（镇）融合互动、促进城乡一体化和融合发展、优化区域空间结构、完善社会治理结构、构建金融支撑体系等。

第二节　未来研究方向

鉴于目前的研究期限、研究能力以及相关数据的可获得性等局限，今后的研究可在以下六方面进行拓展：

（1）新型城镇化的理论创新。目前，国内对新型城镇化问题的研究成果已十分丰富，但是，理论研究尚显滞后。本书虽从演化经济学视角在此方面进行了尝试和探讨，但仍有待于进一步的实证检验。同时，新型城镇化是一个复杂的系统工程，其研究仍需要新的理论拓展与创新，这样才能更好地把握其本质和规律，指导新型城镇化实践。

（2）城镇化质量提升的新动力来源。聚集经济、技术进步等是城镇化的内生动力来源，但未来中国城镇化质量的全面提升仍需要培育新的增长动能。从空间结构上看，如何在中西部地区和转型困难的内陆地区培育新的经济增长极以带动城镇化水平和质量的提升？如何发挥大城市群和特色小镇两级载体在城镇化质量提升中的作用？如何发挥国家中心城市和区域中心城市在城镇化建设中的引领作用？在规划和创建新型经济区的同时，如何通过创新驱动来改造和提升传统产业经济区（聚集区），以推动传统产业的转型升级？

（3）缩小城镇化增长水平与发展质量的空间差异，实现区域间城镇化水平与质量的“双协调”。如何将区域差异与城镇化水平和质量的差异联系起来，采取什么样的更为有效的手段推动区域经济增长与城镇化发展、实现城镇化水平与质量提升的“双协调”？

（4）让新型城镇化的成果和福利惠及更多的人群。如何通过区域一体化、同城化等区域合作的新模式促进要素更加多元化的流动和合理配置，以降低城乡间、区域间基本公共服务的不均等化程度？如何通过体制机制创新将新型城镇化发展与生态文明建设、与精准扶贫和精准脱贫及全面建设小康社会目标联系起来？

（5）金融机构业务模式的创新和支持潜力的挖掘。在构建新型城镇化金融支撑体系中，如何更好地吸引民间资本参与到新型城镇化建设中来？农村金融机构应如何准确地定位并更好地服务“三农”和农业现代化建设？如何通过业务模式创新和市场化的机制更好地发挥期货公司、证券公司、保险公司等金融机构在新型城镇化和乡村振兴中的支持作用？如何有效解决中小民营企业融资难、融资贵问题？

（6）以新型城镇化建设为抓手和突破口，发挥其引领作用，实现结构优化、区域协调、城乡融合、生态友好、效率提升的区域经济高质量发展目标。如何通过新型城镇化的引领来推进区域经济实现高质量发展？新型城镇化质量与区域经济高质量发展如何互促互进？

上述问题都有待进一步深入探讨。

参考文献

References

[1] Alchian A. A. Uncertainty Evolution of Economics Theory [J]. Journal of Political Economy, 1950 (58): 211-221.

[2] Chenery H., M. Syrquin. Patterns of Development: 1950—1970 [M]. London: Oxford University Press, 1975.

[3] D. W. Jorgenson. Productivity Trend in the United States [M]. Princeton: Princeton University Press, 1961.

[4] Daly, Hand J. B. Cobb. For the Common Good [M]. Boston: Beacon Press, 1989.

[5] Davis J. C., J. V. Henderson. Evidence on the Political Economy of the Urbanization Process [J]. Journal of Urban Economics, 2003, 53 (1): 98-125.

[6] Diener E. Subjective Well-Being [J]. Psychology Bulletin, 1984, 95 (3): 542-575.

[7] Douglas Webster, Larissa Muller. Urban Competitiveness Assessment in Developing Country Urban Regions: The Road Forward [J]. Paper Prepared for Urban Group, INFUD, The Word Bank, 2000.

[8] Edwins Mills, Bruce W. Hamilton. Urban Economics (Fourth Edition) [M]. London: Scott, Foresman and Company, 1989.

[9] Friedman J. R. Regional Development Policy: A Case Study of Venezuela

[M]. Cambridge：MIT Press，1966：56-58.

[10] Gallup J. L.，Sacks J. D.，Mellinger A. Geography and Economic Development [J]. International Regional Science Review，1999（22）：179-232.

[11] Krey V.，Oneill B. C.，Van Ruijven B.，et al. Urban and Rural Energy Use and Carbon Dioxide Emissions in Asia[J]. Energy Economics，2012，34（3）：272-283.

[12] Krugman P. Increasing Returns and Economic Geography [J]. Journal of Political Economy，1991（99）.

[13] L. Wirth. Urbanism as a Way of Life[J]. American Journal of Sociology，1989（49）：46-63.

[14] Lewis W. A. Eeononic Development with Unlimited Supply of Labor[J]. The Manchester School of Economic and Social Studies，1954（5）.

[15] M. Paulo，S. C. Ana. Evaluation of Perpormance of European Cities with the Aim to Promote Quality of Life Improvements [J]. Omega，2011，39（4）：398-409.

[16] Moomaw R. L.，A. M. Shatter. Urbanization and Economic Development：A Bias Toward Large Cities?[J]. Journal of Urban Economics，1996，40（1）：3-7.

[17] Northam R. M. Urban Geography [M]. New York：John Wiley Sons，1975.

[18] Richard Register. Eco-city Berkeley：Building Cities for a Healthy Future [M]. Berkeley：North Atlantic Books，1987.

[19] Robert E.，Lucas. On the Mechanics of Economic Development[J]. Journal of Monetary Economics，1988（12）：3-22.

[20] Spencer H. The Principles of Sociology [M]. New York：Appleton and Company，1897.

[21] Witt U. Evolutionary Economics：An Enterpretative Survey [A] //Kurt Dopfer. Evolutionary Economics：Program and Scope [M]. Springer Netherlands，2001.

[22] Yang X.，Rice R. An Equilibrium Model Endogenizing the Emergence of a Dual Structure Between the Urban and Rural Sectors [J]. Journal of Urban Economics，1994（25）.

[23] W. 阿瑟 · 刘易斯 . 经济增长理论 [M]. 上海：上海三联书店，1990.

［24］约翰·齐曼．知识的力量　科学的社会范畴［M］．许立达等译．上海：上海科学技术出版社，1985.

［25］阿尔弗雷德·韦伯．工业区位论［M］．李刚剑等译．北京：商务印书馆，1997.

［26］阿弗里德·马歇尔．经济学原理［M］．北京：商务印书馆，1997.

［27］埃比泽·霍华德．明日的田园城市［M］．金经元译，北京：商务印书馆，2010.

［28］艾伯特·赫希曼．经济发展战略［M］．曹征海，潘照东译，北京：经济科学出版社，1994.

［29］安虎森．新区域经济学［M］．大连：东北财经大学出版社，2008.

［30］巴顿．城市经济学：理论和政策［M］．北京：商务印书馆，1984.

［31］保罗·克鲁格曼．规模经济、产品差异化与贸易方式［J］．美国经济评论，1980（12）.

［32］蔡之兵，周俭初．中国城乡统筹发展模式研究［J］．江苏社会科学，2014（3）.

［33］曹广忠，刘涛．中国省区城镇化的核心驱动力演变与过程模型［J］．中国软科学，2010（9）：86-95.

［34］陈飞，颜银根，何文．新型城镇化与经济发展——开放经济下的战略抉择［M］．广州：广东经济出版社，2014.

［35］陈明星，陆大道，查良松．中国城市化与经济发展水平关系的国际比较［J］．地理研究，2009（6）.

［36］陈明星，陆大道，张华．中国城市化水平的综合测度及其动力因子分析［J］．地理学报，2009，64（4）：387-398.

［37］陈真玲．生态效率、城镇化与空间溢出——基于空间面板杜宾模型的研究［J］．管理评论，2016（11）：66-74.

［38］单卓然，黄亚平．“新型城镇化”概念内涵、目标内容、规划策略及认知误解析［J］．城市规划学刊，2013（2）：16-22.

［39］邓宇鹏．经济结构、城市结构与中国城市化发展［EB/OL］．http：// www.3edu. net.

［40］樊纲，武良成．城市化——要素聚集与规划治理［M］．北京：中国经济出版社，2012.

［41］范立夫．金融支持农村城镇化问题的思考［J］．城市发展研究，2010（5）．
［42］费景汉，古斯塔夫·拉尼斯．劳动力剩余经济的发展［M］．北京：华夏出版社，1999．
［43］冯·杜能．孤立国同农业和国民经济的关系［M］．吴衡康译，北京：商务印书馆，1997．
［44］冯俊新．经济发展与空间布局：城市化、经济集聚和地区差距［M］．北京：中国人民大学出版社，2012．
［45］弗朗索瓦·佩鲁．略论增长极概念［J］．经济学译丛，1988（9）．
［46］冈纳·缪尔达尔．世界贫困的挑战：世界反贫困大纲［M］．北京：北京经济学院出版社，1997．
［47］宫本宪一．环境经济学［M］．东京：岩波书店，1989．
［48］辜胜阻，刘江日．城镇化要从“要素驱动”走向“创新驱动”［J］．人口研究，2012（3）．
［49］辜胜阻．新型城镇化强调人的城镇化要朝 6 个方向发展［EB/OL］．中国网，2015．
［50］辜胜阻．新型城镇化与经济转型［M］．北京：科学出版社，2014．
［51］顾朝林，吴莉娅．中国城市化研究主要成果综述［J］．城市问题，2008（4）．
［52］郭克莎．中国工业化的进程、问题与出路［J］．中国社会科学，2002（3）．
［53］郭文轩．河南省辖市经济发展个性与战略选择［M］．郑州：河南人民出版社，2004．
［54］郭新明．金融支持我国城镇化战略的政策思考［J］．西安金融，2004（2）．
［55］国家城调总队，福建省城调队课题组．建立中国城镇化质量评价体系及应用研究［J］．统计研究，2005（7）：15-18．
［56］中共中央国务院．国家新型城镇化规划（2014—2020 年）［Z］．2014-03-16．
［57］韩增林，刘天宝．中国地级以上城市城市化质量特征及空间差异［J］．经济地理，2009（11）：1508-1516．
［58］郝华勇．基于熵值法的湖北省地级市城镇化质量实证研究［J］．湖北行政学院学报，2011（6）：76-80．
［59］郝华勇．山西省市域城镇化质量实证研究［J］．理论探索，2011（11）：25-31．

［60］胡星，何宇鹏．新型城镇化质量指标体系的构建与实证测度——基于全国42个主要城市的研究［J］．中国名城，2018（6）：19-29.

［61］胡星．新型城镇化时空质演化规律、结构转型与内生发展——一个演化经济学的分析框架［J］．发展研究，2017（1）：49-58.

［62］胡序威．略论中国的现代化与城市化［J］．现代城市研究，2007（7）.

［63］华生．城市化转型与土地陷阱［M］．北京：东方出版社，2014.

［64］黄端．理清虚实关系　振兴实体经济［J］．发展研究，2017（1）：4-7.

［65］黄凯南．演化经济学的发展历史、现状和未来展望［N］．光明日报，2010-01-12.

［66］加尔布雷思．丰裕社会［M］．北京：商务印书馆，1965.

［67］贾根良．演化经济学导论［M］．北京：中国人民大学出版社，2015.

［68］江克忠．中国经济、城市化和行政管理支出同步高速增长的动态计量分析［J］．统计与决策，2010（17）：42-50.

［69］杰克·J. 弗罗门．经济演化［M］．北京：经济科学出版社，2003.

［70］克里斯塔勒．德国南部中心地原理［M］．常正文等译，北京：商务印书馆，1998.

［71］蓝庆新．新型城镇化推动产业结构升级了吗？——基于中国省级面板数据的空间计量研究［J］．财经研究，2013（7）.

［72］李笔戎．城市化规律与中国城市化发展战略基本问题探讨［J］．人文杂志，1988（4）.

［73］李雪东．中国新型城镇化演变分析［J］．行政事业资产与账务，2018（7）.

［74］理查德·R. 纳尔逊，悉尼·G. 温特．经济变迁的演化理论［M］．北京：商务印书馆，1997.

［75］刘静玉，孙方，杨新新等．河南省城镇化质量的区际比较及区域差异研究［J］．河南大学学报（自然科学版），2013（5）：271-278.

［76］刘素东．对我国城市化质量的深思［J］．天津城市建筑学院学报，2006（1）：69-72.

［77］刘阳．演化经济学研究综述［J］．学术交流，2010（10）：142-147.

［78］刘振宇，魏旭红．我国城镇化动力机制研究进展：基于结构视角的文献综述［J］．区域经济评论，2013（3）：130-136.

[79] 陆大道 . 我国的城镇化进程与空间扩张 [J]. 城市规划学刊，2007（4）.
[80] 迈克尔 · P. 托达罗 . 经济发展 [M]. 北京：中国经济出版社，1999.
[81] 迈克尔 · 波特 . 国家竞争优势（下）[M]. 李明轩，邱如美译，北京：中信出版社，2012.
[82] 毛丰付，赵奉军 . 新型城镇化与住房发展 [M]. 广州：广东经济出版社，2014.
[83] 倪鹏飞 . 新型城镇化的基本模式、具体路径与推进对策 [J]. 江海学刊，2013（1）.
[84] 彭红碧，杨峰 . 新型城镇化道路的科学内涵 [J]. 经济研究，2010（4）：75-78.
[85] 钱文荣，黄祖辉 . 转型时期的中国农民工 [M]. 北京：中国社会科学出版社，2014.
[86] 藤田昌久，保罗 · 克鲁格曼，安东尼 · J. 维纳布尔斯 . 空间经济学城市、区域与国际贸易 [M]. 梁琦主译，北京：中国人民大学出版社，2005.
[87] 童华胜，陈俊玲 . 中国城市化质量评价体系及应用研究 [J]. 统计研究，2005（7）.
[88] 王德利，赵弘，孙莉，杨维凤 . 首都经济圈城市化质量测度 [J]. 城市问题，2011（12）：16-22.
[89] 王发曾 . 中原经济区的新型城镇化之路 [J]. 经济地理，2010（12）：72-75.
[90] 王儒 . 中国传统城镇化结构失衡与新型城镇化结构转型研究 [D]. 河南财经政法大学硕士学位论文，2016.
[91] 王忠诚 . 城市化质量测度指标体系研究——以我国直辖市为例 [J]. 特区经济，2008（6）：32-33.
[92] 魏后凯 . 新常态下中国城乡一体化格局及推进战略 [J]. 中国农村经济，2016（1）：2-16.
[93] 魏后凯 . 中国城镇化质量研究报告 [J]. 经济研究参考，2013（31）.
[94] 魏亚儒 . 中国城镇发展动力历史演进研究 [D]. 西北农林科技大学博士学位论文，2014.
[95] 魏冶 . 21 世纪以来中国城镇化动力机制分析 [J]. 地理研究，2013（9）.
[96] 文贯中 . 重归内生型城市化道路——关于中国特色与普遍规律的辨析 [J].

城市经济，2014（3）.

［97］西川润．内生发展论［M］．东京：东京大学出版会，1989.

［98］习近平．走高效生态的新型农业现代化道路［R］．2007.

［99］向延平．区域内生发展研究：一个理论框架［J］．商业经济与管理，2013（6）：89-91.

［100］肖金成，欧阳慧等．优化国土空间开发格局研究［M］．北京：中国计划出版社，2015.

［101］谢文蕙．城市经济学（第三版）［M］．北京：清华大学出版社，2008.

［102］徐匡迪．中国特色新型城镇化发展战略研究［M］．北京：中国建筑工业出版社，2013.

［103］许学强等．城市地理学［M］．北京：高等教育出版社，1997.

［104］杨丹辉．绿色发展　提升区域发展质量的“胜负手”［J］．区域经济评论，2018（1）.

［105］叶莲松等．再论新型城镇化　着力提高城镇化质量［M］．北京：中国经济出版社，2014.

［106］叶裕民．中国城市化质量研究［J］．中国软科学，2001（7）：27–31.

［107］于涛，张京祥，罗小龙．我国东部发达地区县级市城市化质量研究——以江苏省常熟市为例［J］．城市发展研究，2010（1）：7–13.

［108］袁晓玲，王霄，何维炜等．对城市化质量的综合评价分析——以陕西省为例［J］．城市发展研究，2008（3）：38–41.

［109］张玮哲．河南省城镇化质量研究［J］．洛阳理工学院学报（社会科学版），2014（1）：58–61.

［110］张晓青，张晓婉．第三产业内部层次在城镇化发展中的作用［J］．经济经纬，2016（6）：25–30.

［111］张英洪．以市民化率作为衡量城市化质量的指标［A］//张英洪．赋权富民：张英洪自选集（2012~2016）［M］．北京：社会科学文献出版社，2017.

［112］张占斌．中国新型城镇化健康发展报告（2014）［M］．北京：社会科学文献出版社，2014.

［113］张宗益．新型城镇化对产业结构升级的影响效应分析［J］．工业技术经济，2015（3）.

[114] 赵海燕，王吉恒，王结．黑龙江省城市化质量问题研究［J］．商业研究，2007（2）：86–88.

[115] 赵君，肖洪安．农村城市化动力机制和战略思路探讨［J］．农业现代化研究，2004，25（1）：22–25.

[116] 赵雪雁．提高质量是西北地区城镇化的关键［J］．未来与发展，2002（4）：34–36.

[117] 郑长德．空间经济学与中国区域发展：理论与实证研究［M］．北京：经济科学出版社，2014.

[118] 中国社科院城市发展与环境研究所．中国城镇化质量综合评价报告［R］．2013.

[119] 周加来．城市化、城镇化、农村城市化、城乡一体化——城市化概念辨析［J］．中国农村经济，2001（5）.

[120] 周天勇．高级发展经济学［M］．北京：中国人民大学出版社，2006.

[121] 周艳妮，尹海伟．东营市城镇化发展质量测度研究［J］．河北师范大学学报（自然科学版），2011（2）：204–206.

[122] 周一星．城市地理学［M］．北京：商务印书馆，1995.

[123] 周一星．城市化与国民生产总值关系的规律性探讨［J］．人口与经济，1982（1）：28–33.

[124] 朱传耿，孙姗姗．中国人口城市化的影响因素与空间格局［J］．地理研究，2008（1）.

后 记

Postscript

本书是笔者主持的国家社会科学基金一般项目“基于结构转型、时空质均衡演化的新型城镇化质量提升研究”（项目编号：14BJL062）的研究成果。经过几年的辛苦努力，终于得以顺利出版。首先要感谢国家社会科学基金项目的资助，同时感谢经济管理出版社的大力支持，特别是韩峰老师付出的辛勤劳动。除笔者外，对本书的写作做出重要贡献的团队成员还包括：首都经济贸易大学的陈真玲博士、西安交通大学的何宇鹏博士、商丘市睢阳区的吴莲博士、河南牧业经济学院的胡琳副教授，以及我的几位硕士研究生胡浩强、安瑞瑞、王志博等同学，在此，向他们表示诚挚的谢意！还要感谢我的家人与朋友的支持和鼓励，他们也是我完成拙著的动力源泉。

本书在写作和调研过程中，得到了郑州商品交易所、河南省淮滨农村商业银行、商丘市睢阳区政府等相关部门的大力支持，在此一并表示衷心的感谢！

新型城镇化是一个涉及面广、复杂且长远的发展过程，从演化的视角分析这一发展过程属于初步尝试，尚有许多问题有待深入探讨。由于笔者水平有限，书中难免存在疏漏与不足之处，恳请各位专家学者不吝赐教。

胡 星

2020 年 3 月